सचित्र विश्वकोश-1

पृथ्वी • आकाश • खनिज

सम्पादक

डा. बालकृष्ण एम.ए., पी.एच.डी.

शिक्षा भारती

मूल्य : ₹ **185**
ISBN : 978-81-7483-115-6
संस्करण : 2012

SACHITRA VISHWAKOSH VOL-I : (Encyclopaedia)
Edited by Dr. Bal Krishan
मुद्रक : दीपिका एन्टरप्राइज़ेज, दिल्ली

शिक्षा भारती
1590, मदरसा रोड, कश्मीरी गेट-दिल्ली-110006

सचित्र विश्वकोश -1

पृथ्वी • आकाश • खनिज

अंटार्कटिक महाद्वीप (ANTARCTICA) : दक्षिणी ध्रुव प्रदेश में स्थित यह संसार का सबसे ऊंचा, सबसे ठंडा, सबसे तूफानी और सबसे सुनसान महाद्वीप है। इसे अंटार्कटिका भी कहते हैं। यह आस्ट्रेलिया से बड़ा है लेकिन यहां कोई नहीं बसता। इसका काफी हिस्सा ऐसा है जहां आज तक कोई नहीं गया।

दक्षिणी ध्रुव इसके ठीक बीच में है। इस ध्रुव के आसपास के इलाके में सर्दी का बड़ा लम्बा मौसम होता है, जब सूरज भी कभी नहीं उगता। सर्दी में यहां का तापमान शून्य से 87° नीचे रहता है। इसी तरह गर्मी का मौसम भी काफी लम्बा होता है, तब सूरज भी कभी अस्त नहीं होता। केवल इसके किनारे के बहुत संकरे-से भाग में ही प्रतिदिन सूर्योदय और सूर्यास्त होता है। शेष पूरे महाद्वीप में छः महीने का दिन और छः महीने की रात होती है। गर्मी में भी तापमान शून्य के ही लगभग रहता है। लगभग पूरे महाद्वीप पर साल-भर बर्फ की मोटी तह जमी रहती है। कई स्थानों पर बर्फ की तह एक मील मोटी है।

इस प्रदेश के किनारे-किनारे की पतली-सी पट्टी को छोड़कर पूरे महाद्वीप पर कोई जीव-जन्तु या पेड़-पौधा नहीं पाया जाता। समुद्रतट पर कुछ जीव और पौधे पाए जाते हैं।

यहां के कुछ पर्वत ज्वालामुखी हैं।

इस महाद्वीप के भीतरी भागों की खोज में कई अन्वेषक अपने प्राण गंवा चुके हैं। सन् 1901 में कप्तान स्काट ने इसके भीतरी भागों की कई यात्राएं कीं। 1911 में नार्वे का एक दल एमंडसेन के नेतृत्व में दक्षिणी ध्रुव पर पहुंचा। 1912 में कप्तान स्काट का दल दक्षिणी ध्रुव पर पहुंचने

यात्राओं में कुत्तों और मोटर से चलनेवाली स्लेज गाड़ियों तथा वायुयानों का प्रयोग किया जाता है

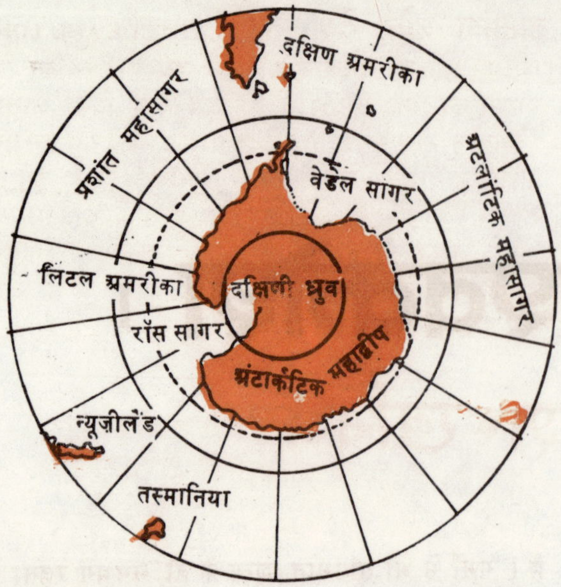

में सफल हुआ, लेकिन लौटते समय इस दल के सभी सदस्य बर्फ के तूफान में फंसकर नष्ट हो गए। सन् 1957-58 में एक बार फिर सर विवियन फुश और एवरेस्ट-विजेता सर एडमंड हिलैरी के नेतृत्व में अलग-अलग दलों ने दक्षिणी ध्रुव पर पहुंचने में सफलता प्राप्त की।

अंतरीप (CAPE) : भूमि का वह कोना या नुकीला भाग जो समुद्र में दूर तक चला गया हो, अन्तरीप कहलाता है। कुमारी अंतरीप भारत का दक्षिणी कोना है। अफ्रीका के दक्षिण में गुडहोप, सोवियत संघ के उत्तर में कानिन, स्कॉटलैण्ड के उत्तर में रॉथ, अलास्का के पास बैरो और दक्षिणी अमरीका के दक्षिण में हॉर्न अन्तरीप, कुछ प्रसिद्ध अन्तरीप हैं।

अंतर्राष्ट्रीय दिनांक रेखा (INTERNATIONAL DATE LINE) : अलास्का और साइबेरिया के बीच दो द्वीप हैं। एक है बड़ा डायोमीड और दूसरा है छोटा डायोमीड। इन दोनों के बीच सिर्फ दो मील का अन्तर है। लेकिन अगर कोई व्यक्ति एक द्वीप से दूसरे द्वीप में जाता है तो उसके साथ एक बड़ी विचित्र बात होती है। जब वह वहां पहुंचता है तो एक तारीख बढ़ जाती है। जैसे, अगर वह सोमवार, 5 तारीख को चला होगा तो दो मील दूर दूसरे द्वीप में जब वह पहुंचेगा तब वहां मंगलवार, 6 तारीख होगी। इसी तरह अगर वह बड़े डायोमीड द्वीप से छोटे डायोमीड द्वीप में जाता है तो वह एक दिन पीछे लौटता है, मंगलवार को चलकर वह सोमवार को, अर्थात् एक दिन पहले पहुंचता है।

इस विचित्र स्थिति का कारण यह है कि इन दोनों द्वीपों के बीच से एक काल्पनिक रेखा गुज़रती है जिसे अन्तर्राष्ट्रीय दिनांक रेखा कहते हैं।

संसार में कहीं भी एक-सा समय नहीं होता। जब दिल्ली में शाम के पांच बजे होते हैं तब लन्दन में दिन के साढ़े ग्यारह बजे होते हैं। इसी प्रकार जब न्यूयार्क में शाम के छः बजते हैं तब लन्दन में आधी रात होती है। इसलिए कोई एक ऐसा स्थान होना चाहिए जहां से आरम्भ करके किसी स्थान का समय जाना जा सके। ऐसा स्थान है अन्तर्राष्ट्रीय दिनांक रेखा।

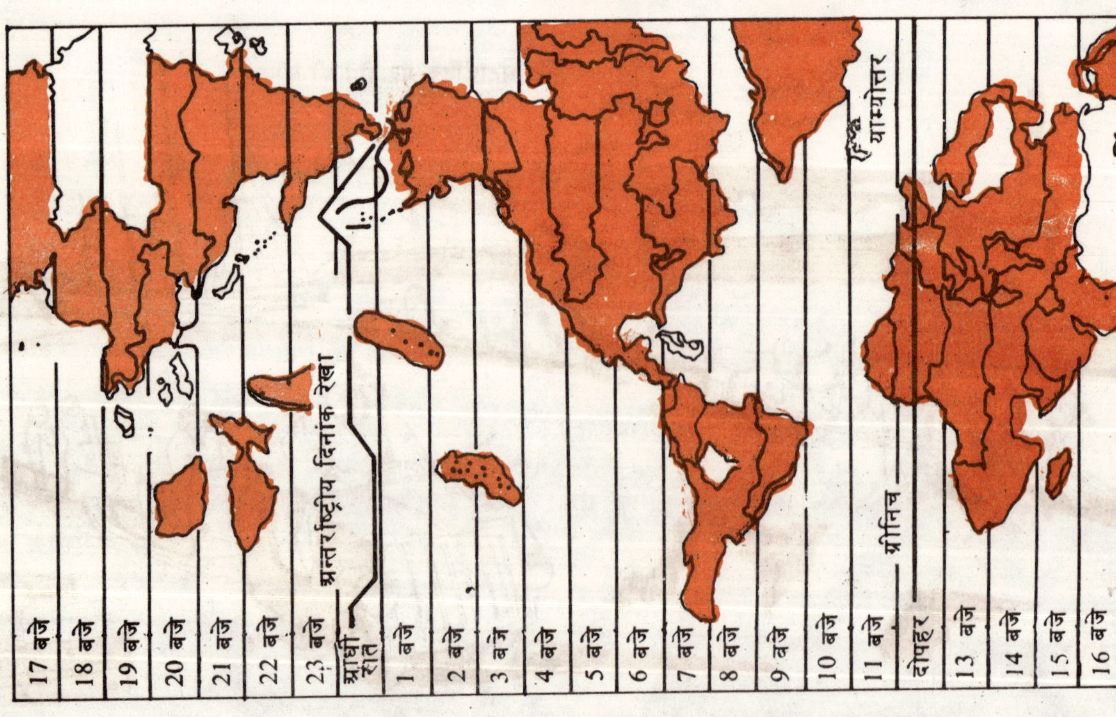

अन्तर्राष्ट्रीय दिनांक रेखा उत्तरी ध्रुव से दक्षिणी ध्रुव तक गई है। इसका अधिकांश प्रशान्त महासागर में से गुज़रता है। जब कोई जहाज़ इस रेखा को पार करता है तो वह अपने कैलेण्डर में या तो एक तारीख बढ़ा लेता है या एक घटा लेता है।

अंतर्राष्ट्रीय भूभौतिक वर्ष (INTERNATIONAL GEOPHYSICAL YEAR) : 1 जुलाई, 1957 से 31 दिसम्बर, 1958 तक की अवधि में पृथ्वी के चारों ओर बहुत-से स्थानों पर पृथ्वी से सम्बन्धित भौतिक घटनाओं को देखने और समझने का कार्यक्रम चलाया गया था। इसमें लगभग 70 देशों ने भाग लिया था। जिन भौतिक घटनाओं का अध्ययन किया गया उनमें मौसम, ध्रुवीय प्रकाश, पृथ्वी की चुम्बकता, कॉस्मिक किरणें, आदि सम्मिलित थीं। ऊपरी वायुमण्डल का ज्ञान प्राप्त करने के लिए राकेट और कृत्रिम उपग्रह छोड़े गए थे। दक्षिणी ध्रुव प्रदेश का भी अन्वेषण किया गया था और समुद्री ज्वार-भाटों तथा धाराओं की जांच-पड़ताल की गई थी।

हमारी पृथ्वी एक बड़ा चुम्बक है। इस चुम्बक शक्ति का 94 प्रतिशत कारण पृथ्वी के भीतर और शेष वायुमंडल के ऊपरी भाग में बहनेवाली बिजली में है। जब इस बिजली की धारा में परिवर्तन होता है तो पृथ्वी की चुम्बकता भी बदलती है। इससे कुतुबनुमा की सुई ठीक काम नहीं करती, और हम कहते हैं कि चुम्बकी तूफान आया है।

इन विद्युत् धाराओं में परिवर्तन सूर्य से निकली विशेष किरणों और विद्युत्धारी कणों के कारण आता है। ये उस समय निकलते हैं जब सूर्य के धब्बे क्रियाशील होते हैं। तीव्र क्रिया वाले ये धब्बे ग्यारह वर्ष बाद पृथ्वी के सामने पड़ते हैं। भूभौतिक वर्ष ऐसे समय में रखा गया था जब सूर्य के धब्बों की क्रिया अधिकतम तेज़ी पर थी।

अंतर्राष्ट्रीय शांत सूर्य वर्ष (INTERNATIONAL CALM SUN YEAR) जब पृथ्वी के आयनमण्डल में कोई गड़बड़ी होती है तो रेडियो-प्रसारण में भी गड़बड़ी पड़ जाती है। इसका कारण वे सूर्य-धब्बे हैं जो पृथ्वी के मौसम, उसकी चुम्बकता, ध्रुवीय प्रकाश तथा दूसरी अनेक बातों को प्रभावित करते हैं।

पृथ्वी के ऊपर सूर्य-धब्बों की तीव्रतम क्रिया का प्रभाव देखने के लिए अन्तर्राष्ट्रीय भूभौतिक वर्ष का कार्यक्रम चलाया गया था। उससे ज्ञात हुआ कि सूर्य के प्रभाव को ठीक-ठीक समझने के लिए उन दिनों भी सूर्य और उससे सम्बन्धित घटनाओं का अध्ययन किया जाना चाहिए जब धब्बों की क्रिया अल्पतम हो। इसलिए 1 जनवरी, 1964 से 31 दिसम्बर, 1965 तक अन्तर्राष्ट्रीय शांत सूर्य वर्ष का आयोजन किया गया और सूर्य का संसारव्यापी अध्ययन किया गया। इसमें 40 देशों ने भाग लिया।

अक्षांश और देशान्तर (LATITUDE AND LONGITUDE) : किसी अनजान शहर में जब कोई व्यक्ति किसी मकान का पता पूछता है तो उसे बता दिया जाता है, "देशबन्धु रोड पर बायें मोड़ के पास।" शहर में इस प्रकार रास्ता बताना बहुत आसान है। लेकिन पृथ्वी इस तरह सड़कों में नहीं बंटी है। हज़ारों मील लम्बे-चौड़े सागरों में किसी प्रकार का कोई मार्ग-सूचक चिह्न नहीं है। इसलिए हमने पृथ्वी के गोले पर कुछ काल्पनिक रेखाएं खींच रखी हैं। इन्हें अक्षांश और देशान्तर रेखाएं कहते हैं।

मान लीजिए, हिन्द महासागर में कोई जहाज़ सकट में फंस गया है। उसका कप्तान रेडियो से संदेश भेजकर सहायता की मांग करता है। अगर वह अक्षांश-देशान्तर के आधार पर अपने जहाज़ की ठीक स्थिति की सूचना न दे तो इतने बड़े महासागर में एक छोटे-से जहाज को खोज पाना असम्भव है। अब वह अपनी ठीक स्थिति की सूचना देता है तो आसपास के जहाज़ तुरन्त उसकी सहायता के लिए चल पड़ते हैं और आसानी से उसे खोज निकालते हैं। जब जहाज़ का कप्तान अक्षांश की सूचना देता है तो उसका मतलब यह होता है कि उसका जहाज़ भूमध्य रेखा के उत्तर या दक्षिण में कहां स्थित है। इसी प्रकार देशान्तर से उसका तात्पर्य मूल देशान्तर रेखा (Prime Meridian) नामक काल्पनिक रेखा के पूर्व या पश्चिम से होता है।

भूमध्य रेखा उत्तरी और दक्षिणी ध्रुवों के ठीक बीच में पृथ्वी के चारों ओर गोलाई से खींची हुई एक काल्पनिक रेखा है। मूल देशान्तर रेखा वह काल्पनिक रेखा है जो उत्तरी ध्रुव से दक्षिणी ध्रुव तक एक अर्ध वृत्त के रूप में खींची हुई है और जो लन्दन के पास ग्रीनिच नामक स्थान से गुज़रती है।

पृथ्वी के चारों ओर की ये काल्पनिक रेखाएं वृत्तों या अर्ध वृत्तों के रूप में हैं और 360 अंशों में बंटी हुई हैं।

पृथ्वी के अधिकांश मानचित्रों में अक्षांश और देशान्तर रेखाएं बनी होती हैं। एक विशेष सारणी की सहायता से इन रेखाओं के अंशों को मीलों में बदला जा सकता है। इस प्रकार इनकी सहायता से किसी स्थान की स्थिति और दूरी मालूम की जा सकती है।

अटलांटिक महासागर (ATLANTIC OCEAN) : यह उन महासागरों में से एक है जो पुरानी दुनिया को नई दुनिया से अलग करते हैं। सदियों तक इसने अमरीका को यूरोपवासियों से छिपाए रखा। किसी ज़माने में जहाज़ी लोग इस महासागर की यात्रा के लिए तैयार नहीं होते थे। उनका विचार था कि यह महासागर इस संसार के अन्तिम छोर तक चला गया है। एक और भ्रम यह फैला हुआ था कि भूमध्य रेखा पर इस सागर का पानी खौलने लगता है।

अटलांटिक आकार में प्रशांत महासागर का आधा है। इस महासागर की दो बड़ी विशेषताएं हैं। इतना बड़ा होने पर भी इसमें बहुत कम द्वीप हैं। इसके अलावा, यह संसार का सबसे खारा महासागर है। इस महासागर में कितना पानी है, इसका अनुमान लगाना कठिन है। लेकिन मान लीजिए कि अगर इसमें वर्षा की एक बूंद भी न पड़े और नदियां भी इसमें पानी छोड़ना बन्द कर दें तो इसे सूखने में लगभग 4,000 साल लगेंगे। इसकी गहराई दो मील से कुछ अधिक है। लेकिन कहीं-कहीं यह इससे भी ज़्यादा गहरा है। सबसे गहरा स्थान पोर्टोरिको के समीप है। यहां इसकी गहराई 30,246 फुट—लगभग छः मील है।

संसार की एक सबसे लम्बी पर्वतमाला अटलांटिक की तलहटी पर फैली हुई है। इसके कुछ पर्वतों की चोटियां समुद्र से बाहर निकली हुई हैं और द्वीप बन गई हैं। अज़ोर द्वीप-समूह इसी प्रकार बना है।

महासागर में बहनेवाली धाराओं को समुद्री नदियां कहते हैं। अटलांटिक की ऐसी एक नदी गल्फ स्ट्रीम कहलाती है। यह गरम पानी की धारा है। दूसरी लैब्राडोर धारा है। यह ठंडे पानी की धारा है। इसमें आर्कटिक महासागर से ठंडा पानी आता है। समुद्री धाराएं जिस भूमि के पास से गुज़रती हैं उसकी जलवायु को प्रभावित करती हैं।

अटलांटिक में आजकल बहुत अधिक जहाज़ चलते हैं। लेकिन इसकी यात्रा हमेशा आरामदेह नहीं होती। इसमें तूफान आते हैं और बड़ी ऊंची-ऊंची लहरें उठती हैं। उत्तर से बहकर आनेवाले हिमशैल या बर्फ की चट्टानें जहाज़ों के रास्ते में आ जाती हैं।

कोलम्बस ने इस महासागर को दो महीने से भी ज़्यादा समय में पार किया था। लेकिन आज ऐसे आधुनिक जहाज़ हैं जो इसे चार दिन से भी कम समय में पार कर लेते हैं।

अभ्रक (MICA) : यह उन शिलाजन्य खनिजों के वर्ग का नाम है जो मनुष्य के लिए बहुत उपयोगी हैं। इस वर्ग के सबसे अधिक जाने-पहचाने खनिज हैं—मस्कोवाइट, बायोटाइट और फ्लोगोपाइट।

अभ्रक की बहुत पतली परतें चीरी जा सकती हैं जो पारदर्शक होती हैं। यह पूर्णतया अग्निरोधक है और अधिक ताप पर भी नहीं कड़कता। यह बिजली का कुसंवाहक है।

अमेज़न नदी (AMAZON RIVER) : यह संसार की सबसे विशाल नदी है। यह दक्षिणी अमरीका की ऐंडीज़ पर्वतमाला से निकलती है और लगभग 4,000 मील लम्बी यात्रा के बाद अटलांटिक महासागर में गिरती है। इसमें 200 से अधिक छोटी-बड़ी नदियां मिलती हैं। अमेज़न इतनी बड़ी है कि इसमें मिसिसिपी, नील और यांगत्सी नदियों के कुल पानी से भी ज़्यादा पानी है। मिसिसिपी-मिसौरी और नील नदियां अमेज़न से ज़्यादा लम्बी हैं, लेकिन वे इसके आकार की बराबरी नहीं कर सकतीं।

कुछ जगहों पर तो अमेज़न का पाट इतना चौड़ा है कि एक किनारे से दूसरा किनारा दिखाई ही नहीं देता। अपने मुहाने पर अमेज़न 150 मील चौड़ी और 200 फुट गहरी है। अपने विशाल आकार के बावजूद अमेज़न बहुत धीमे बहनेवाली एक छिछली नदी है।

अमेज़न जिस क्षेत्र से होकर बहती है वह बहुत गरम है और वहां साल भर वर्षा होती रहती है। यही कारण है कि इसके किनारे सैकड़ों मील लम्बे घने जंगल हैं। अमेज़न में मगर और घड़ियाल बहुत अधिक हैं। मुहाने पर इसका मीठा और गंदला पानी मीलों दूर तक समुद्र में फैला रहता है।

अराल सागर (ARAL SEA) : यह पश्चिमी एशिया की एक बड़ी झील या अन्तर्देशीय सागर है। संसार के ऐसे

सागरों में इसका स्थान चौथा है। इसका क्षेत्रफल 26,000 वर्गमील है। ऐसा माना जाता है कि कभी इसका सम्बन्ध अपने पड़ोसी कैस्पियन सागर से था। इसका पानी अधिक खारा नहीं है। इसमें मीठे पानीवाली मछलियां पाई जाती हैं।

आकाश (SKY) : आकाश हमें नीला दिखाई देता है लेकिन असल में आकाश काला है। आकाश हवा के कारण हमें नीला दिखाई देता है। पृथ्वी के चारों ओर की हवा सूर्य के प्रकाश को छितरा देती है। सूर्य के प्रकाश में सात रंग होते हैं जिनमें नीला रंग भी होता है। हवा इस प्रकाश को कुछ इस प्रकार छितराती है कि हमें नीला रंग तो दिखाई देता है लेकिन बाकी रंग नहीं दीखते। यदि हम हवा की पट्टी के परे अंतरिक्ष में पहुंच जाएं तो हमें आकाश नीले के बजाए काला ही नज़र आएगा।

सूर्य के प्रकाश की ही भांति हवा चन्द्रमा और तारों के प्रकाश को भी छितराती है। चन्द्रमा और तारों के प्रकाश में इतनी चमक नहीं होती कि रात के आकाश को नीले रंग का दिखा सके।

आकाशगंगा तारों का एक विराट् असमान वृत्त है।

आकाशगंगा (MILKY WAY) : रात में अक्सर धुंधले बादल जैसी दूधिया प्रकाश की एक पट्टी आकाश के एक छोर से दूसरे छोर तक फैली दिखाई देती है। इस पट्टी को आकाशगंगा कहते हैं। यह पट्टी वास्तव में एक पूर्ण चक्र का अंग है, जिसका क्षितिज के नीचे का भाग हमें नहीं दिखाई पड़ता। इसके स्वर्गंगा, सुरनदी, देवनदी आदि नाम भी हैं।

यह ग्रीष्म ऋतु के मध्य में और शीत ऋतु के मध्य में, जब चांद न निकला हो और मौसम साफ हो तो, आसानी से देखी जा सकती है। आकाशगंगा करोड़ों तारों का एक विशाल समूह है जिसमें हमारा सूर्य और उसका पूरा परिवार भी शामिल है।

आकाशगंगा का प्रकाश उसके लाखों-करोड़ों तारों का प्रकाश है। ये तारे हमसे इतनी दूर हैं कि शक्तिशाली दूरदर्शक की सहायता से भी उन्हें अलग-अलग नहीं देखा जा सकता। अधिक दूर होने के कारण इन तारों का प्रकाश हमें धुंधला और एक-दूसरे से मिला हुआ-सा दिखाई देता है।

आकाशगंगा बीच में फूली हुई एक विशाल वृत्ताकार पूड़ी के समान है—बीच से मोटी और किनारों पर चपटी। हमारा सौर-मंडल इसके मोटे भाग से दूर चपटे किनारे के सिरे के कुछ पास स्थित है। आकाशगंगा में लगभग 10,00,000 लाख तारे हैं। आकाश में ऐसी अनेक आकाशगंगाएं हैं।

आयनमंडल (IONOSPHERE) : पृथ्वी से साठ मील ऊपर विभिन्न गैसों की एक पट्टी है जिसमें बहुत-से विद्युत्-आविष्ट कण पाए जाते हैं। इन कणों को आयन और इस पट्टी को आयनमंडल कहते हैं।

इन विद्युत्-आविष्ट कणों के कारण ही ध्रुवीय क्षेत्रों में सूर्य का प्रकाश फैल जाता है और उत्तर में उत्तर ध्रुवीय प्रकाश (Aurora Borealis) और दक्षिण में दक्षिण ध्रुवीय प्रकाश (Aurora Australis) दिखाई देता है।

आयनमंडल में गैसों की अनेक विभिन्न परतें हैं। हमारे लिए इनमें से दो परतें बहुत महत्त्वपूर्ण हैं—एप्लेटोन परत और हेविसाइड परत। इनका नाम इनकी खोज करनेवाले वैज्ञानिकों के नाम पर रखा गया है। ये परतें उन रेडियो तरंगों को परावर्तित करती हैं जिनकी सहायता से हम अपने रेडियो सेट पर कार्यक्रमों को सुनते हैं।

आयनमंडल की परतें पृथ्वी की सतह से 60 से लेकर 300 मील की ऊंचाई तक फैली हैं। इस पट्टी में वायु का अंश बहुत ही कम, लगभग नहीं के बराबर है (देखें: उत्तर ध्रुवीय प्रकाश, दक्षिण ध्रुवीय प्रकाश।)

आर्कटिक प्रदेश (ARCTIC REGIONS) : यह संसार का सबसे उत्तरी क्षेत्र है। यहां सर्दियों में बेहद जाड़ा पड़ता है। कुछ इलाकों में तापमान शून्य से 90° नीचे तक पहुंच जाता है। यहां जाड़े की रातें बड़ी लम्बी होती हैं। हफ्तों, यहां तक कि महीनों सूरज नहीं उगता। हम उत्तरी ध्रुव के जितने ही समीप जाते हैं, रातें उतनी ही लम्बी होती जाती हैं। लम्बी रातों में एक प्रकार का प्रकाश फैला रहता है, लेकिन सूरज दिखाई नहीं देता। जाड़े में कभी सूरज दिखाई भी देता है तो वह आसमान में बहुत नीचे रहता है।

एस्कीमो लोगों के घर, इग्लू, बर्फ के होने पर भी बहुत गरम होते हैं।

इसी तरह यहां गर्मियों के दिन लम्बे होते हैं। हफ्तों या महीनों तक सूरज बराबर चमकता रहता है। आधी रात में भी सूरज चमकता रहता है। अधिकांश स्थानों पर सूरज की गर्मी से बर्फ पिघल जाती है। लेकिन गर्मियां इतनी लम्बी नहीं होतीं कि सारी बर्फ पिघल जाए।

यहां बहुत कम लोग बसते हैं। उत्तरी अमरीका और ग्रीनलैण्ड में एस्कीमो लोग और यूरोप में लैप लोग रहते हैं। इन लोगों ने इस इलाके में रहने के ढंग निकाल रखे हैं। इनमें से अधिकांश मछली मारते हैं और शिकार करते हैं। कुछ लोग रेनडियर नामक बारहसिंगों को पालते हैं। बर्फीले इलाकों में ये लोग बर्फ की चट्टानों के घर बनाते हैं। इन विशेष प्रकार के घरों को इग्लू कहते हैं। ये अन्दर से काफी गरम और आरामदेह होते हैं।

बर्फ के पिघलने पर एस्कीमो लोग शिकार और मछली मारने के लिए निकलते हैं। उनकी नावें चमड़े की और बहुत हल्की होती हैं।

आर्कटिक प्रदेश के थोड़े-से हिस्से में जंगल भी हैं, लेकिन अधिकांश 'टुंड्रा' प्रदेश है जहां सिर्फ घास ही होती है। उत्तरी ध्रुव प्रदेश में ध्रुवीय भालू पाए जाते हैं जो जीवन-भर बर्फीले इलाकों में रह सकते हैं।

आर्कटिक प्रदेश का हमारे मौसम से बहुत अधिक संबंध है। इसलिए यहां कई मौसम केन्द्र स्थापित हो चुके हैं। यहां तेल, तांबा, कोयला और लोहा भी मिला है और युरेनियम के मिलने की भी आशा है। सम्भव है कि आगे आनेवाले दिनों में और भी बहुत-से लोग इस बर्फीले इलाके में रहने लगें।

आर्कटिक महासागर (ARCTIC OCEAN) : यह महासागर पृथ्वी के धुर उत्तर में है। उत्तरी ध्रुव इसके बीच में स्थित है। यह लगभग चारों ओर से ज़मीन से घिरा हुआ है। एशिया, यूरोप और उत्तरी अमरीका के उत्तरी किनारों ने इसे तीन तरफ से घेर रखा है। चौथी तरफ ग्रीनलैण्ड का विशाल द्वीप और अन्य छोटे-छोटे द्वीप हैं। इसका अधिकांश साल-भर बर्फ से ढका रहता है। खुले समुद्र में भी बर्फ की चट्टानें तैरती रहती हैं।

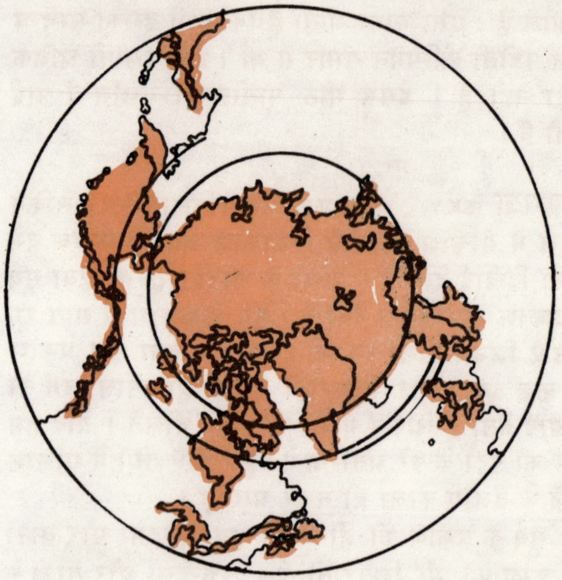

आल्प्स (ALPS) : यह यूरोप के पर्वतों में सबसे अधिक प्रसिद्ध है। आल्प्स पर्वतमाला का अधिकांश स्विट्ज़रलैण्ड में है और उसकी शृंखलाएं फ्रांस, इटली, जर्मनी, आस्ट्रिया और युगोस्लाविया तक फैली हुई हैं। काकेशस पर्वत को छोड़कर आल्प्स यूरोप का सबसे ऊंचा पर्वत है। माउंट ब्लांक (Mont Blanc) आल्प्स की सबसे ऊंची चोटी है। यह ठीक तीन मील ऊंची है। यह हमेशा हिम से ढकी रहती है।

इंद्रधनुष (RAINBOW) : वर्षा के बाद अक्सर आकाश में इन्द्रधनुष निकल आता है क्योंकि हवा में पानी के नन्हे कण रह जाते हैं और जब सूर्य की किरणें उनमें से होकर गुज़रती हैं तो वे सतरंगे इन्द्रधनुष का रूप ले लेती हैं। ये सात रंग क्रमशः इस प्रकार होते हैं : लाल, नारंगी, पीला, हरा, नीला, आसमानी और बैंगनी।

इंद्रधनुष अक्सर वर्षा के बाद निकलता है।

इन्द्रधनुष हमेशा सूर्य की विपरीत दिशा में दिखाई देता है। सुबह के समय सूर्य पूर्व में होता है और इन्द्र-धनुष पश्चिम में ही निकलता है। शाम के समय इन्द्रधनुष पूर्व में ही निकलता है। दोपहर के समय इन्द्रधनुष कभी नहीं दिखाई देता।

कभी-कभी आकाश में दोहरा इन्द्रधनुष निकलता है। आम तौर से इन्द्रधनुष में लाल रंग सबसे ऊपर होता है और बैंगनी सबसे नीचे। जब दोहरा इन्द्रधनुष निकलता है तो दूसरे इन्द्रधनुष में रंगों का क्रम उलट जाता है यानी लाल रंग सबसे नीचे आ जाता है।

उत्तर ध्रुवीय प्रकाश (AURORA BOREALIS) : उत्तर ध्रुवीय क्षेत्रों में यह प्रकाश एक लम्बे समय तक लोगों के लिए पहेली बना रहा है। इसे सुमेरु ज्योति भी कहते हैं।

जब विधुतकण पृथ्वी के वायुमंडल से टकराते हैं तो उत्तर और दक्षिण ध्रुव-प्रदेशों में उसे प्रकाश की उंगलियों के रूप में चमका देते हैं

वैज्ञानिकों का कहना है कि सूर्य पर कभी-कभी बहुत बड़े तूफान आते हैं। हम इन्हें सूर्य के धब्बे कहते हैं। इन सूर्य-धब्बों से विद्युत् कणों की धाराएं निकलती हैं। जब ये कण हमारे वायुमंडल के ऊपरी भाग में पहुंचते हैं तो इस प्रकाश को उत्पन्न करते हैं। इस प्रकाश के विभिन्न रंग वायु की विभिन्न गैसों के कारण उत्पन्न होते हैं। ये रंग उसी तरह बनते हैं जिस तरह नियोन बत्तियों में रंग बनते हैं।

इसी प्रकार दक्षिण ध्रुवीय प्रकाश (Aurora Australis) या कुमेरु ज्योति दक्षिण ध्रुव पर दिखाई देती है। (देखें: आयनमडल, दक्षिण ध्रुवीय प्रकाश।)

उत्तरी ध्रुव (NORTH POLE) : पृथ्वी पर एक स्थान ऐसा है जहां से उत्तर की दिशा में जाना असंभव है। इस स्थान को उत्तरी ध्रुव कहते हैं। यदि हम उत्तरी ध्रुव पर पहुच जाएं तो हम न उत्तर की दिशा में बढ़ सकते हैं न पूर्व की, और न हम पश्चिम की ओर ही जा सकते हैं। हमारे सामने एक ही रास्ता रह जाता है—दक्षिण की ओर लौटना।

पृथ्वी एक लट्टू की भांति अपनी धुरी पर सूरज के चारों ओर घूमती है। इस धुरी के एक छोर को उत्तरी ध्रुव कहते हैं और दूसरे को दक्षिणी ध्रुव। उत्तरी ध्रुव पर साल के बारहों महीने बर्फ जमी रहती है। लगभग आधे वर्ष तक वहां सूरज की किरणें नहीं दिखाई देतीं और बाकी आधे वर्ष में बराबर प्रकाश फैला रहता है। इस प्रकार उत्तरी ध्रुव में सूर्य वर्ष में एक बार ही निकलता है और एक बार ही छिपता है।

सन् 1909 में राबर्ट ई० पियरे पहली बार उत्तरी ध्रुव पर पहुंचने में सफल हुए थे।

उत्तरी सागर (NORTH SEA) : उत्तरी सागर ग्रेट ब्रिटेन के पूर्व में है। नार्वे, डेनमार्क, जर्मनी, नीदरलैंड (हालैंड), बेल्जियम और फ्रांस भी इस सागर के किनारों के आस-पास हैं। यह सागर बहुत छिछला है। इसकी गहराई सिर्फ कुछ सौ फुट है। छिछला होने के कारण इस समुद्र में अनेक प्रकार की मछलियां पाई जाती हैं।

उल्का और उल्कापिंड (METEORS AND METEOR-ITES) : रात के स्वच्छ आकाश में कई बार कोई चमकीला तारा टूटता है और आंख से ओझल हो जाता है। टूटने वाला यह तारा असली तारा नहीं होता, बल्कि पत्थर या लोहे का एक पिंड होता है। इसे उल्का या टूटता तारा कहते हैं। दमकती हुई उल्का जब आकाश से पृथ्वी की ओर आती है तो उसे अग्नि-उल्का कहते हैं और जब वह पृथ्वी पर गिर जाती है तब उसे उल्कापिंड कहा जाता है। आकाश से चली हुई सभी उल्काएं पृथ्वी तक नहीं आतीं, उनमें से

अधिकांश रास्ते में ही हवा के कारण जलकर नष्ट हो जाती हैं। वे या तो भाप बनकर उड़ जाती हैं या धूल बन जाती हैं। एक प्रकार से यह अच्छा ही है, क्योंकि उल्का भयानक वेग से चलती है। आकाश से आती हुई उल्का यदि किसी मनुष्य या पशु-पक्षी को लग जाए तो मशीनगन से निकली गोली का काम करेगी।

उल्काओं के बड़े-बड़े छत्ते होते हैं। जब पृथ्वी इन छत्तों के पास से गुज़रती है तो उसके गुरुत्वाकर्षण के कारण उल्काएं अपने छत्तों से खिसक पड़ती हैं और पृथ्वी पर उल्का-वृष्टि-सी हो जाती है। हर साल लाखों उल्काएं आकाश से पृथ्वी की ओर आती हैं।

उत्तरी अमरीका के ऐरिज़ोना राज्य में एक बहुत बड़ा खड्ड है। वैज्ञानिकों का विचार है कि यह खड्ड उल्कापात के कारण बना है। इसके अलावा और भी कई बार भीषण उल्कापात के कारण विनाश होने के समाचार मिले हैं। अजायबघरों में अनेक उल्कापिंड देखने में आते हैं। इनमें सबसे प्रसिद्ध उल्कापिंड का नाम आहनीघिटो है जिसका वजन 36½ टन है। भारत में मुरादाबाद ज़िले के बहजोई और इलाहाबाद ज़िले के मेड़ुआ नामक स्थानों में बड़े-बड़े उल्कापिंड मिले हैं। मेड़ुआ उल्कापिंड 12½ इंच ऊंचा है।

कुछ वैज्ञानिकों का विचार है कि उल्काओं के बड़े-बड़े छत्ते टूटे हुए धूमकेतुओं से बने हैं। जो उल्काएं छत्तों में नहीं हैं, वे कैसे बनी हैं, यह अभी ज्ञात नहीं हो सका है।

ऋतुएं (SEASONS) : ऋतुओं में परिवर्तन पृथ्वी के एक ओर को झुके होने के कारण होता है। जब पृथ्वी का उत्तरी ध्रुव सूर्य की ओर होता है तो पृथ्वी के उत्तरी गोलार्ध में ग्रीष्म ऋतु होती है। ज्यों-ज्यों उत्तरी ध्रुव सूर्य की ओर बढ़ता जाता है त्यों-त्यों दक्षिणी ध्रुव सूर्य से दूर हटता जाता है और दक्षिणी गोलार्ध के देशों में

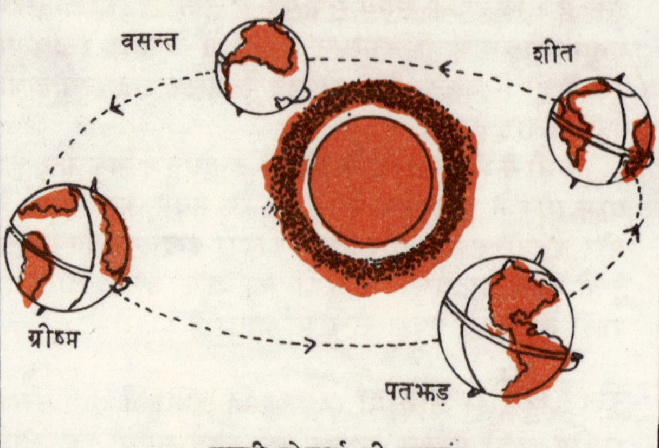

उत्तरी गोलार्द्ध की ऋतुएं

शीत ऋतु रहती है। इसी प्रकार जब दक्षिणी गोलार्ध सूर्य की ओर आ जाता है तो उत्तरी गोलार्ध के देशों में शीत ऋतु होती है।

एवरेस्ट शिखर (EVEREST) : यह संसार के पर्वत शिखरों में सबसे ऊंचा शिखर है। एवरेस्ट हिमालय का सर्वोच्च शिखर है। यह नेपाल में तिब्बत की सीमा पर स्थित है। इसकी ऊंचाई 8,848 मीटर (29,028 फुट या लगभग साढ़े पांच मील) है। एवरेस्ट शिखर हमेशा बर्फ से ढका रहता है। इसका नाम भारत के भूतपूर्व सर्वेयर-जनरल सर जॉर्ज एवरेस्ट के नाम पर रखा गया है। उन्होंने इस शिखर की स्थिति और ऊंचाई निश्चत की थी।

एवरेस्ट शिखर

29 मई सन् 1953 को भारतीय नागरिक शेरपा तेनसिंह नोरके न्यूज़ीलैंड के पर्वतारोही ई० पी० हिलैरी के साथ सर्वप्रथम एवरेस्ट शिखर पर पहुंचने में सफल हुए। 20 मई, 1965 को लेफ्टिनेंट कमांडर एम० एस० कोहली के नेतृत्व में भारतीय ग्रभियान दल के दो सदस्य एवरेस्ट शिखर पर पहुंचे। इस ग्रभियान में भारतीयों ने तीन बार एवरेस्ट पर विजय प्राप्त की। (देखें हिमालय पर्वतमाला)

तेनसिंह नोर्के

ऐंडीज़ पर्वतमाला (ANDES) : दक्षिणी ग्रमरीका में यह पर्वतमाला रीढ़ की तरह पूरे पश्चिमी किनारे पर उत्तर से लेकर दक्षिण तक 4,500 मील की लम्बाई में फैली है। इसकी चौड़ाई ग्रधिक नहीं है। इसकी ऊंचाई ग्राल्प्स से ज़्यादा है। एकंकाग्वा नामक इसकी एक चोटी दक्षिणी ग्रौर उत्तरी ग्रमरीका में सबसे ऊंची चोटी है। इसमें कुछ सक्रिय ज्वालामुखी भी हैं। एक्वेडर स्थित कोटोपाक्सी संसार का सबसे ऊंचा सक्रिय ज्वालामुखी है।

इस पर्वतमाला में कई दर्रे हैं। लेकिन कोई भी दर्रा दो मील से कम की ऊंचाई पर नहीं है। इसलिए ग्रावागमन में बड़ी कठिनाई होती है।

ऐंडीज़ में तांबा, टिन और लोहे की खानें हैं।

ऐंडीज़ खनिज पदार्थों का भण्डार है। इसमें तांबा, टीन, लोहा ग्रौर नाइट्रेटों की खानें हैं। यहां सोना, चांदी प्लैटिनम ग्रौर पन्ना भी मिलता है।

ऐंडीज़ की ग्रायु लगभग छः करोड़ वर्ष है। इसकी ऊंचाई ग्रब भी बढ़ रही है, क्योंकि यह संसार की एक प्रमुख भूकम्प-पट्टी में स्थित है।

ऐपलेशियन पर्वतमाला (APPALACHIANS) : यह उत्तरी ग्रमरीका के पूर्वी भाग में स्थित है। इसमें कई पर्वत-श्रेणियां सम्मिलित हैं। ऐपलेशियन हिमालय, रॉकीज़ ग्रौर ग्राल्प्स से भी ग्रधिक पुराना है। इसकी ग्रायु 20 करोड़ साल से ग्रधिक है। युगों पहले यहां पानी था। धीरे-धीरे पानी में से ज़मीन निकल ग्राई। उस समय पृथ्वी में सलवटें पड़ रही थीं। धीरे-धीरे यह जगह ऊंची होती गई ग्रौर पहाड़ बन गई। फिर हवा ग्रौर पानी ने ग्रपना काम करना शुरू किया। ग्रपक्षरण के बाद एक समतल पठार बन गया। लेकिन कुछ लाख साल बाद फिर से जमीन ऊंची होने लगी ग्रौर फिर से पहाड़ बन गए। ऐसा बार-बार होता रहा। इस समय ऐपलेशियन पर्वत फिर से ग्रपक्षरण की स्थिति में है।

ऐल्युमिनियम (ALUMINIUM) : यह धरती पर सबसे ग्रधिक पाई जानेवाली धातु है। ऐल्युमिनियम को कच्ची धातु से ग्रलग करना ग्रन्य धातुग्रों की ग्रपेक्षा बहुत कठिन है, क्योंकि कच्ची धातु के रूप में भी यह ग्रन्य धातुग्रों के साथ मिली रहती है। यों तो ऐल्युमिनियम चिकनी मिट्टी में भी होता है, पर ग्राजकल इसे ग्रधिकतर बॉक्साइट

नामक खनिज से ही प्राप्त किया जाता है। ऐल्युमिनियम की इस कच्ची धातु का पता सबसे पहले फ्रांस के एक ज़िले में लगा था, और उसीसे इसका यह नाम निकला है। भारत में बिहार, मध्य प्रदेश, उड़ीसा, मद्रास, मैसूर, गुजरात और जम्मू-कश्मीर में बॉक्साइट का काफी बड़ा भंडार है।

ऐल्युमिनियम को कच्ची धातु से बिजली की सहायता से अलग किया जाता है। यह बड़ी हलकी और मज़बूत धातु है और इस पर ज़ंग भी नहीं लगता। इसलिए हवाई जहाज़, रेलवे इंजन, मोटर गाड़ियां, खिड़कियों के फ्रेम, हलके मगर मज़बूत पुल आदि बनाने में इसका बहुत उपयोग होता है।

ऐस्बेस्टस के कुछ खनिज

ऐस्बेस्टस के कपड़े आग बुझानेवालों के लिए उपयोगी हैं

ऐस्बेस्टस (ASBESTOS) : ऐस्बेस्टस ग्रीक भाषा के एक शब्द से निकला है। इसका अर्थ है, 'न जलनेवाला'। ऐस्बेस्टस एक ऐसा खनिज पदार्थ है जो आग में नहीं जलता। यों तो ऐसे कई खनिज हैं जो नहीं जलते, पर ऐस्बेस्टस की विशेषता यह है कि इसे वस्त्र की तरह बुना जा सकता है, ऊन की तरह इसके रेशे अलग किए जा सकते हैं, रूई की तरह इसे बटा जा सकता है। इसके रेशों को बुना भी जा सकता है और धातुओं की तरह पीटा या ढाला भी जा सकता है। इन रेशों से रस्सी, कपड़ा या कागज़ भी तैयार किया जा सकता है और इन्हें सीमेंट, चूने या रंग-रोगन के साथ मिलाया भी जा सकता है।

ऐस्बेस्टस में से न बिजली आसानी से गुज़र सकती है न गर्मी। इसलिए कारखानों में भट्टियों और भाप ले जानेवाले पाइपों पर ऐस्बेस्टस की पट्टियां लपेट दी जाती हैं ताकि उनकी गर्मी व्यर्थ न जाए।

ऐस्बेस्टस के बारे में मनुष्य को बहुत पहले से जानकारी है। यह कनाडा, आस्ट्रेलिया, अफ्रीका, इटली, अमरीका, सोवियत संघ, भारत तथा और भी कई जगहों में पाया जाता है। भारत में ऐस्बेस्टस आंध्र, बिहार, मैसूर और राजस्थान में पाया जाता है।

ओला (HAIL) : जब वर्षा की बूंदें बादलों से धरती की ओर चलती हैं तो कभी-कभी उन्हें बीच में बहुत ठंडी हवा की परत को पार करना पड़ता है। यहां आकर प्रायः वे जम जाती हैं और धरती पर बर्फ की छोटी-छोटी गोलियों के रूप में बरसती हैं। इन्हीं गोलियों को हम ओले कहते हैं।

ओले आम तौर से तूफानी वर्षा में गिरते हैं। गर्मी के दिनों में भी धरती से एक या दो मील की ऊंचाई पर बहुत ठंडी हवा की एक परत बनी रहती है। तूफानी बादल

की चोटी का भाग पानी की बूंदों के बजाय हिमकणों का बना हो सकता है। तूफानी बादल में ओले का निर्माण इस प्रकार होता है : बादल के निचले भाग में बननेवाली वर्षा की बूंदें धरती से ऊपर उठनेवाली गरम हवा के साथ उड़ती हुई बादल के ऊपरी सिरे पर पहुंच जाती हैं और वहां जम जाती हैं। उनपर हिम की एक परत भी चढ़ जाती है। जब वे गिरने लगती हैं तो उनपर पानी की एक परत और चढ़ जाती है। लेकिन हवा फिर से उन्हें ऊपर उछाल देती है और फिर से उनपर बर्फ की एक परत जम जाती है। यह क्रिया कई बार होती है। अंत में जब ये गोलियां काफी भारी हो जाती हैं तो ओले के रूप में नीचे गिरने लगती हैं। कभी-कभी तो ओले गेंद के बराबर बड़े होते हैं। लेकिन आम तौर से ओले इससे छोटे ही होते हैं।

वैज्ञानिकों ने ओलों को काटकर देखा है और यह पता लगाया है कि ओलों की बनावट कैसी होती है। ओलों में बर्फ की कई परतें होती हैं। कभी-कभी किसी ओले में बर्फ की पच्चीस परतें तक होती हैं।

मकड़ी के जाले पर ओस की बूंदें मोतियों की तरह चमकती हैं

ओस (DEW) : जाड़े में सुबह अगर आप बाग में टहलने जाएं तो घास पर ओस की बूंदें चमकती दिखाई देंगी। फूलों पर, पत्तियों पर, यहां तक कि मकड़ी के जालों पर भी ओस चमकती दिखाई देगी।

ओस की बूंदें वर्षा की बूंदों जैसी लगती हैं। लेकिन वे वर्षा की बूंदों की तरह बादलों से नहीं गिरतीं। वे जहां नज़र आती हैं वहीं बनती हैं। जब नम हवा किसी ठंडी चीज़ को छूती है तो हवा में रहनेवाली पानी की भाप ओस की बूंद बन जाती है। ठंडी हवा में उतनी नमी नहीं रह सकती जितनी गरम हवा में रहती है।

गर्मी के दिनों में बर्फ के ठंडे पानी के गिलास के बाहर पानी की बूंदें बन जाती हैं। जब गरम और नम हवा ठंडे गिलास को छूती है तो उसमें मिली रहनेवाली भाप इन बूंदों का रूप ले लेती है। ये बूंदें भी ओस जैसी ही होती हैं।

जब आसमान साफ रहता है तो ओस ज़्यादा बनती है। बादलों के रहने पर ओस नहीं बनती या कम बनती है। बादलों के कारण ज़मीन ज़्यादा ठण्डी नहीं होने पाती। अगर घास और फूल-पत्ते ठंडे नहीं होंगे तो ओस नहीं बनेगी।

इसी तरह हवा भी ओस की बूंदों के बनने में बाधा पहुंचाती है। अगर रात में तेज़ हवा लगातार चलती रहती है तो उसे ठण्डी ज़मीन के पास काफी देर रुकने का मौका नहीं मिल पाता है।

धूप निकलने पर ज़्यादा देर तक ओस नहीं ठहर सकती। ज़मीन और घास वगैरह गरम होने लगती है और ओस फिर से भाप में बदल जाती है।

कंकर (PEBBLES) : हर कंकर कभी किसी बड़ी चट्टान का हिस्सा था। वह किसी तरह चट्टान से टूट गया। संभव है, उसकी किसी दरार में कोई छोटा-सा पौधा निकल आया हो और उसकी वजह से चट्टान टूटकर गिर गई हो और कंकर बन गए हों। संभव है कि किसी दरार में इकट्ठा बरसाती पानी सर्दी में जमकर बर्फ बना हो और बर्फ ने उसे तोड़ दिया हो। यह भी संभव है कि समुद्र की लहरों ने अन्य पत्थरों को चट्टान से पटका हो और कंकर टूटकर निकल

विभिन्न प्रकार के कंकर

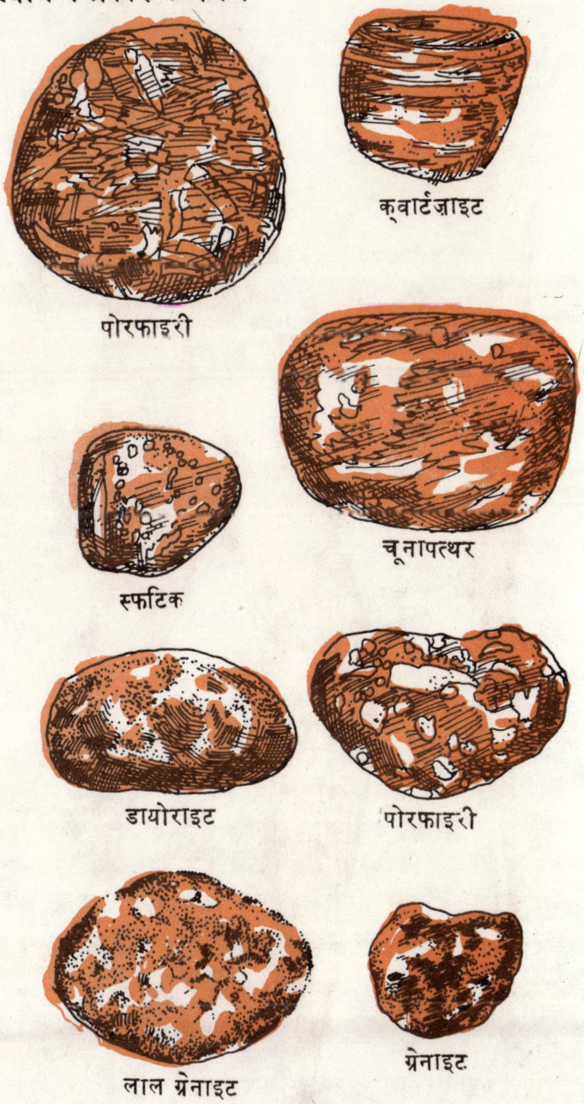

आए हों। कभी-कभी चट्टानों में दबे हुए कंकर मिलते हैं। ये आटे की बाटी की तरह के होते हैं। इन्हें 'लकी स्टोन' कहते हैं। असल में ये समुद्री लिली नाम के एक प्राचीन जीव के फॉसिल हैं।

कच्छ-प्रकाश (WILL-O'-THE-WISP) : दलदल वाले इलाकों में गर्मी के दिनों में संध्या समय कई बार एक प्रकार का प्रकाश घूमता हुआ दिखाई देता है। इसे कच्छ-प्रकाश कहते हैं। यह एक प्रकार की गैस से निकलनेवाला प्रकाश है जो दलदल में पैदा होती है।

कन्दरा (CAVERNS) : भूमि के नीचे बनी पहाड़ी गुफाओं को कन्दरा कहते हैं। इनकी खोज या सैर में बड़ा आनन्द आता है। इस प्रकार की गुफाएं कई देशों में हैं। काप्री की ब्लू ग्रोटो गुफा सबसे सुन्दर मानी जाती है।

कन्दराए भूमि के नीचे के पानी के कारण बनती हैं। पानी धीरे-धीरे भूमिगत चट्टानों को काटता रहता है। अधिकांश कन्दराएं चूनापत्थर की चट्टानों मे बनी हैं। चूनापत्थर की कन्दरा पत्थर की परत में पड़ी किसी दरार से शुरू होती है। इस दरार में पानी चला आता है और चट्टान को गला देता है तथा दरार को बड़ा कर देता है। साल-दर-साल दरार चौड़ी होती जाती है और खाली जगह निकलती जाती है। अगर आसपास और भी दरारें हैं तो वहां भी इसी तरह जगह खाली होती जाती है। कुछ समय बाद इन खाली कमरों की दीवारें भी गल जाती हैं और कमरे बड़े हो जाते हैं। अगर गुफा भूमि से काफी नीची हुई तो ऊपर की चट्टान इन कमरों की छत बन जाती है। पहले इन कमरों में पानी भरा रहता है। जब तक यह पानी बहकर नहीं निकल जाता तब तक कन्दरा अपने ठीक रूप में नहीं आती।

कन्दराओं को स्वप्नलोक का रूप देने वाले आरोही और अवरोही शंकु।

चूनापत्थर की कुछ कन्दराएं आश्चर्यलोक जैसी सुन्दर हैं। इनमें भूमिगत पानी के बह जाने के बाद चट्टान में तरह-तरह के आकारों वाली कलमें और जालियां बन जाती हैं। कलमें चट्टान की छत में से टपकनेवाले पानी से बनती हैं। पानी चट्टानों को पिघलाकर उनमें के खनिज पदार्थ अपने साथ बहा लाता है। जब वह टपकता है तो उसका कुछ अंश भाप बनकर उड़ जाता है और खनिज पदार्थ बाकी बच रहते हैं। इस तरह एक कलम-सी बनने लगती है और बनती चली जाती है।

किसी कलम से टपकनेवाला पानी एक ही स्थान पर टपकता रहता है। इस तरह नीचे भी एक उलटी कलम बनने लगती है। कभी-कभी ये दोनों कलमें आपस में मिल जाती हैं और इस तरह पत्थर का एक खंभा बन जाता है।

गुफा की छत से नीचे लटकनेवाली कलम को अवरोही शंकु (Stalactite) कहते हैं। फर्श पर से ऊपर की ओर बढ़नेवाली कलम को आरोही शंकु (Stalagmite) कहते हैं।

कभी-कभी पानी एक लम्बी दरार में से टपकता है और इस तरह पत्थर का एक महीन पर्दा बन जाता है। कभी पानी किसी दीवार पर से बहता है और पथराए हुए झरने का रूप ले लेता है। कभी-कभी दीवारों पर खनिज पदार्थ इस प्रकार जमा होते हैं कि पत्थर के फूलों जैसी आकृतियां बन जाती हैं। इन दृश्यों को देखे बिना इनकी सुन्दरता का अनुमान करना कठिन है।

एक बड़ी प्रसिद्ध कन्दरा अमरीका के केन्टकी राज्य में है। इसका नाम मैमथ गुफा है। इसके सभी कमरों और गलियारों को देखने के लिए किसी व्यक्ति को लगभग 200 मील की यात्रा करनी पड़ेगी। इस गुफा की कुछ दीवारें पांच-मंज़िले मकान के बराबर ऊंची हैं। इसमें कई धाराएं और तालाब हैं। दर्शक इन धाराओं में नाव की सैर कर सकते हैं।

मैमथ गुफा में हमेशा एक ही तापमान रहता है। चाहे दिन हो या रात, गर्मी हो या जाड़ा। तापमान है 54° फा०। इस गुफा की धाराओं में मछलियां भी हैं। लेकिन वे सभी अंधी हैं। इस प्रकार की गुफाओं में घुप्प अंधेरा छाया रहता है। इसलिए अगर इन मछलियों की आंखें अच्छी होतीं तो भी ये कुछ देख नहीं सकती थीं।

कांगो नदी (CONGO RIVER) : अफ्रीका में कई बड़ी नदियां हैं। कांगो नदी उनमें से एक है। यह संसार की दस सबसे लम्बी नदियों में से एक है। कुछ स्थानों पर यह नदी छः मील चौड़ी है।

अधिकांश बड़ी नदियां अपने मुहाने पर डेल्टा बनाती हैं। लेकिन कांगो नदी का कोई डेल्टा नहीं है, क्योंकि यह बड़ी तेज़ी से समुद्र में गिरती है।

कांसा (BRONZE) : तांबे और टीन को मिलाकर कांसा नामक धातु तैयार की जाती है। कांसे का उपयोग लोहे से बहुत पहले—आज से 5,000 वर्ष पहले से होता आ रहा है। संभवतः कांसे का निर्माण संयोग से ही हो गया होगा। कुछ चट्टानों में टीन और तांबा दोनों मिले रहते हैं। जब आरम्भ में मनुष्य ने कांसे का आविष्कार किया होगा तो उसने कांसे को तांबे से अधिक मज़बूत पाया होगा। प्रारम्भ में मनुष्य कांसे के औज़ार और हथियार बनाता था। बाद में यह पता चला कि लोहे के औज़ार अधिक अच्छे होते हैं। लोहे ने धीरे-धीरे कांसे का स्थान ले लिया।

काला सागर (BLACK SEA) : यह सागर पूर्वी यूरोप और एशिया माइनर को एक दूसरे से अलग करता है। यह बास्पोरस जलसंधि, मारमरा सागर और दार्दनलीज़ जलसंधि के द्वारा भूमध्य सागर से जुड़ा हुआ है। इसके किनारे पर चार देश स्थित हैं : तुर्की, बल्गारिया, रूमानिया और सोवियत संघ। रूमानिया और बल्गारिया के पास केवल एक समुद्रतट है और वह इसी सागर पर स्थित है।

काला सागर में सोवियत संघ के गरम पानी के बन्दरगाह हैं। उसके उत्तरी बन्दरगाह जाड़े में कई महीने तक समुद्र का पानी जम जाने के कारण बन्द पड़े रहते हैं।

यूरोप की प्रसिद्ध डैन्यूब नदी काला सागर में गिरती है। रूस की दो बड़ी नदियां नीपर और दोन भी काला सागर में गिरती हैं। इन नदियों के मीठे पानी के कारण ही काला सागर भूमध्य सागर से कम खारा है।

कॉस्मिक किरणें (COSMIC RAYS) : लगभग 50 साल पहले की बात है। वैज्ञानिकों ने देखा कि उनके कुछ प्रयोगों में कुछ विचित्र बातें हो रही हैं। एक विचित्र प्रकार की किरणें उन तक पहुंच रही हैं। वे एक्स-किरणों जैसी ही थीं,

कॉस्मिक किरणों को मापने के लिए यंत्रों को आकाश में भेजा जाता है।

लेकिन एक्स-किरणें नहीं थीं। वैज्ञानिकों ने उनका पता लगाना शुरू किया। उन्हें मालूम हुआ कि ये किरणें वायु-मंडल के बाहर से आती हैं। उन्होंने इनका नाम कॉस्मिक या ब्रह्मांडीय किरणें रखा।

हम इन किरणों को न तो देख पाते हैं और न महसूस कर पाते हैं। वैज्ञानिकों ने इनका अध्ययन करने की बड़ी कोशिश की। वे गुफाओं में गए, कोयले और लोहे की खदानों में गए, ऊंचे-ऊंचे पहाड़ों पर चढ़े और यहां तक कि समुद्र में भी बहुत गहराई तक गए। इस खोज में कुछ वैज्ञानिकों को अपनी जान से भी हाथ धोना पड़ा।

पिछले कुछ सालों में कॉस्मिक किरणों का अध्ययन और भी आगे बढ़ा है। रूस और अमरीका द्वारा छोड़े गए राकेटों और कृत्रिम उपग्रहों के ज़रिये इनके बारे में कुछ और जानकारी मिली है। अभी खोज का काम जारी है।

कुहरा (FOG) : यह ऐसा बादल है जो ज़मीन के पास होता है। बादल पानी की बारीक बूंदों से बने होते हैं। कुहरा भी इसी प्रकार बना होता है। कुहरा कभी-कभी इतना घना हो जाता है कि हमें आसपास की चीज़ें दिखाई नहीं देतीं।

कुहरा आम तौर से पानी के आसपास ज्यादा होता है। पानी की अपेक्षा ज़मीन जल्दी ठंडी होती है। पानी के ऊपर से होकर आनेवाली गरम और नम हवा जमीन पर जल्दी ठंडी हो जाती है। उसकी भाप पानी की बारीक बूंदों में बदल जाती है और कुहरे का रूप ले लेती है। शहरों में कुहरे में इतना ज़्यादा धुंआ मिल जाता है कि उसका रंग काला पड़ जाता है। उसे धूम-कुहरा कहते हैं। लंदन जैसे कुछ बड़े शहर अपने घने कुहरे के लिए प्रसिद्ध हैं।

कैरिबियन सागर (CARIBBEAN SEA) : यह अटलांटिक महासागर का एक भाग है। मध्य अमरीका के पूर्वी तट, दक्षिण अमरीका के उत्तरी तट तथा क्यूबा और वेस्ट इंडीज़ द्वीपसमूह के द्वीपों से इसकी सीमा बनती है। किसी ज़माने में इस इलाके में समुद्री डाकुओं का बड़ा ज़ोर था।

जहाज़ों के आवागमन की दृष्टि से कैरिबियन सागर का बड़ा महत्त्व है। पनामा नहर को पार करनेवाले जहाज़ों को इसमें से होकर गुज़रना पड़ता है।

कैस्पियन सागर (CASPIAN SEA) : यह सागर वास्तव में एक बड़ी झील है। यह किसी महासागर से मिला हुआ नहीं है। इसे सागर इसलिए कहते हैं कि इसका पानी खारा है।

इस विशाल झील का अधिकांश सोवियत संघ में है। इसका दक्षिणी छोर ईरान में है। रूस की प्रसिद्ध वोल्गा नदी कैस्पियन सागर में गिरती है। इसमें मछलियां काफी हैं।

इसके पश्चिमी किनारे पर स्थित बाकू में तेल के कुए हैं।

कोयला (COAL) : मार्कोपोलो 600 वर्ष पूर्व अपनी यात्राओं से वेनिस लौटा। उसने लोगों को बताया कि चीनी लोग चूल्हों में एक प्रकार की काली चट्टान जलाते हैं। लोगों ने उसका विश्वास नहीं किया। आज संसार-भर में यह काली चट्टान इतनी जलाई जाती है कि हज़ारों लोग इसे खानों में से खोदकर बाहर निकालने के काम में लगे हुए हैं। यह चट्टान है पत्थर का कोयला। कोयला अधिकतर कार्बन होता है और हीरा कार्बन का क्रिस्टल है, इसलिए इसे काला हीरा भी कह सकते हैं। पत्थर के कोयले की कहानी लगभग 30 करोड़ वर्ष पहले कोयला युग से आरम्भ होती है। तब संसार का अधिकतर भाग गर्म था। विशाल दलदलों में वृहदाकार वृक्षों के बहुत बड़े वन थे। इनमें पक्षी और बालदार जंतु बिलकुल नहीं थे। रेंगनेवाले जंतु बहुत थे। आज के मेंढकों के विशाल पुरखा दलदलों में रहते थे।

यह मनुष्य की उत्पत्ति से बहुत पहले की बात है। वृक्ष नष्ट होते गए और छिछले पानी में गिरते गए। नये वृक्ष उगे और गिरे। दलदल की तली पर अधसड़े वनस्पति पदार्थ की एक मोटी तह फैल गई। यह लगभग उस पीट के समान थी जो विशाल पीट आजकल दलदलों में पाया जाता है। समय बीता, दलदलों में पानी इतना गहरा हो गया कि वन उसमें डूब गए। वृक्ष गिर पड़े। तली पर वनस्पनि पदार्थ की तह मोटी हो गई। उसके ऊपर मिट्टी बह आई। ऐसी घटना अनेक बार हुई। वनस्पति की तहें इस प्रकार बन गईं जैसे कि परतदार परांठे में बन जाती हैं। अधसड़ी वनस्पति की तहों के बीच में मिट्टी की तहें थीं। अंत में दलदल सूखे थल बन गए। वनस्पति पदार्थ

खनन का काम गेंती और बेलचे से किया जाता था

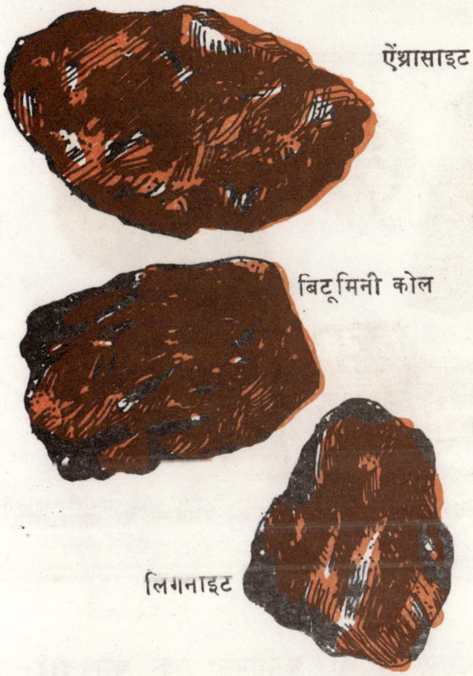

इस चित्र में विभिन्न खनन दृश्य मिला दिए गए हैं।

दबकर कोयला और मिट्टी चट्टान या 'शेल' बन गए। कोयला युग लगभग 20 करोड़ वर्ष पहले समाप्त हो गया। पर कुछ कोयला उसके बाद भी बना है।

साधारण कोयला मुलायम कोल, स्टीम कोल, या बिटूमिनी कोल कहलाता है। अधिक कठोर कोयले को ऐंथ्रासाइट कहते हैं। लिग्नाइट भूरा होता है। यह बहुत मुलायम होता है। यह बहुत पुराना नहीं है। केनल कोल काला होता है पर बहुत आसानी से आग पकड़ लेता है। पीट अपूर्ण कोयला है। यदि वह भी हज़ारों वर्ष मिट्टी की तहों के बीच में दबा रहता तो कोयला बन जाता।

कोयले की कुछ तहें पृथ्वी की सतह के इतने निकट हैं कि हम ऊपर से कुछ मिट्टी-पत्थर हटाकर उन तक पहुंच सकते हैं। इस प्रकार के खनन का काम बड़े मशीनी बेलचों से किया जाता है। इसे खुला खनन कहते हैं। अधिकतर कोयला कूप खनन द्वारा निकाला जाता है। कोयले की तह तक पहुंचने के लिए एक बड़ा छेद या कूप खोदा जाता है। खनक इस कूप की तली पर से सब दिशाओं में कोयला खोदते जाते हैं।

पहले गहरी खानों में काम करना बहुत खतरनाक था। पर अब ऐसा नहीं है। खानों में हवा पहुंचाई जाती है। खनक अब ऐसे दीप इस्तेमाल करते हैं जिनसे खान की गैसों में आग लगने और विस्फोट होने का खतरा नहीं होता।

कोयले के उत्पादन की दृष्टि से भारत का विश्व में आठवां स्थान है। बिहार और बंगाल कोयले के मुख्य उत्पादक क्षेत्र हैं। मध्य प्रदेश, उड़ीसा, आंध्र प्रदेश और असम में भी कोयले की खानें हैं। झरिया, बोकारो, डाल्टनगंज, रानीगंज आदि में कोयले की बड़ी-बड़ी खानें हैं। (देखें पीट, चट्टान)

कोयला, भूरा (LIGNITE) : कोयला कई प्रकार का होता है। एक प्रकार के कोयले को भूरा कोयला या लिग्नाइट कहते हैं। कोयले के अन्य प्रकारों की तरह ही यह भी करोड़ों वर्ष पहले के दबे हुए जगलों से बना है। पेड़-पौधे धरती में दबकर सड़ और जमकर मुलायम चट्टान की शक्ल में बन गए।

भूरा कोयला बहुत भुरभुरा और घटिया होता है। अक्सर इसमें पुराने देवदारु, चीड़, सनोबर, सरो आदि के कुछ अंश दबे मिल जाते हैं जो पहचान में आ जाते हैं। इसे ईंधन के रूप में बहुत उपयोगी नहीं माना जाता है, क्योंकि यह चूरे की शक्ल में निकलता है। एक दूसरी असुविधा यह होती है कि अगर खुली जगह में इसकी ढेरियां लगा दी जाएं तो कभी-कभी यह अपने आप जल उठता है।

आस्ट्रेलिया, अमरीका, जर्मनी, न्यूज़ीलैंड तथा रूस में बहुत अधिक भूरा कोयला प्राप्त होता है।

भारत में मद्रास राज्य के दक्षिण आरकाडु ज़िले के नइवेली नामक स्थान में भूरे कोयले की प्रसिद्ध खान है। कश्मीर, राजस्थान और गुजरात में भी भूरा कोयला पाया जाता है।

क्रिस्टल (CRYSTALS) : जाड़ों में बर्फ के जो टुकड़े गिरते हैं वे नन्हे क्रिस्टलों से निर्मित होते हैं। नमक के दाने भी क्रिस्टल होते हैं। चीनी के क्रिस्टल सरलता से देखे जा सकते हैं। रेत के दाने क्वार्ट्ज़ के क्रिस्टल हैं। पर हवा ने उन्हें आपस में इतना टकरा दिया है कि उनके कोने और किनारे घिस गए हैं।

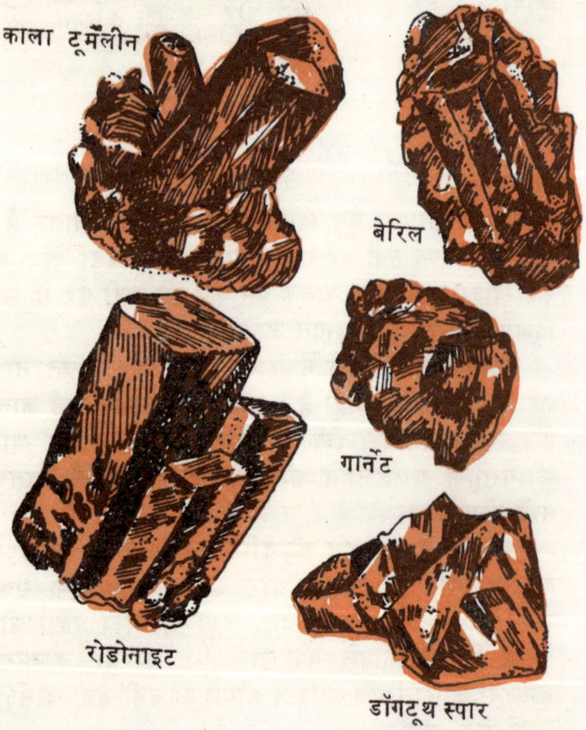

कुछ प्रकार के क्रिस्टल आसानी से बनाए जा सकते हैं। पिसी फिटकरी को उबलते पानी में उस समय तक डालिए जब तक कि वह पानी में घुलती रहे। घोल में एक धागा लटका दीजिए। उसे ठंडा होने को रख दीजिए। गर्म पानी में जितनी फिटकरी घुल सकती है ठंडे पानी में उतनी नहीं घुल सकती। कुछ फिटकरी धागे के ऊपर क्रिस्टल बनाएगी। ये दोहरे पिरामिडों के समान होंगे।

चट्टानों में पाए जानेवाले कुछ क्रिस्टल इतने सुन्दर होते हैं कि हम उन्हें रत्नों की भांति इस्तेमाल करते हैं। आम तौर पर वे जैसे मिलते हैं वैसे ही इस्तेमाल नहीं किए जाते। हम उन्हें काटकर इच्छित आकृति दे देते हैं। हीरा सबसे कठोर क्रिस्टल है।

क्रोमियम के अयस्क

क्रोमियम मोटरकारों के सामान को चमकाने के काम आता है।

क्रोमियम (CHROMIUM) : क्रोमियम एक चमकदार सफेद धातु है। इसकी पतली तह बहुत-से पुर्ज़ों पर चढ़ाई जाती है। यह लोहे को ज़ंग से बचाती है। पर इस काम के लिए बहुत थोड़ा क्रोमियम इस्तेमाल किया जाता है। अधिकतर क्रोमियम स्टेनलेस स्टील बनाने के काम में आता है।

क्रोमियम का एक खनिज क्रोमाइट कहलाता है। यह इस्पात बनाने की भट्टियों में अस्तर के तौर पर लगाया जाता है।

भारत में क्रोमियम मैसूर और बिहार में मिलता है।

क्षुद्रग्रह (ASTEROIDS) : ये वास्तव में ऐसे नन्हे ग्रह हैं जो बड़े ग्रहों की तरह ही सूर्य की परिक्रमा किया करते हैं। इनमें से अधिकांश के ग्रहपथ मंगल और बृहस्पति के बीच में स्थित हैं।

अब तक ज्ञात सबसे बड़े क्षुद्रग्रह, सिरीस का व्यास 480 मील है। इरोज़ का व्यास केवल 18 मील है। अमोर का व्यास सिर्फ एक मील है। इन नन्हे ग्रहों पर वायु नहीं

है और गुरुत्वाकर्षण भी बहुत कम है। अगर कोई व्यक्ति अमोर पर जाए और अपने साथ एक रेलगाड़ी ले जाए तो वह उसे अपने हाथ में उठाकर घुमा सकता है।

अब तक लगभग 1,500 क्षुद्रग्रहों का पता लगा है। नये क्षुद्रग्रहों का पता बराबर लगता रहता है। ये वास्तव में नये नहीं होते, बल्कि अब तक इन्हें देखा नहीं जा सका था।

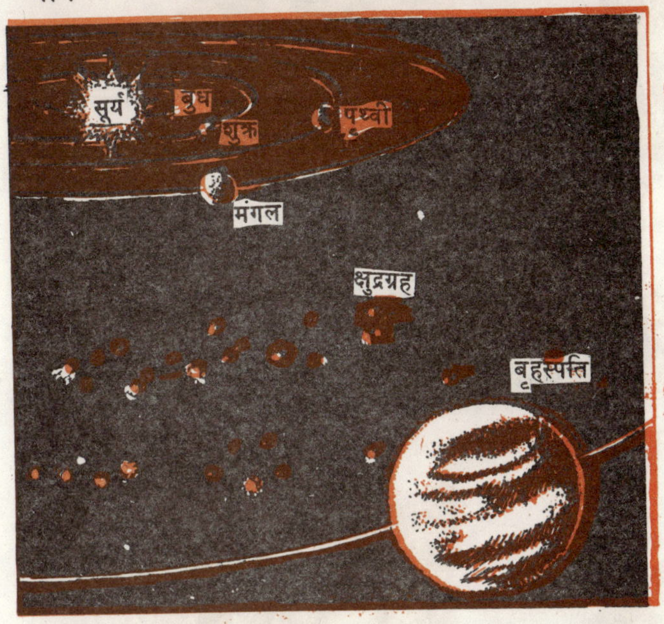

हर्मीज़ नामक क्षुद्रग्रह एक बार बड़ा प्रसिद्ध हुआ था। सन् 1937 में वह पृथ्वी के बहुत पास आ गया था। उस समय वह पृथ्वी से केवल 6,21,000 मील दूर था।

क्षुद्रग्रह कैसे बने इसके बारे में ठीक-ठीक किसीको पता नहीं। एक अनुमान यह है कि ये किसी बड़े ग्रह से बने हैं जो कभी मंगल और बृहस्पति के बीच स्थित था। हो सकता है कि वह ग्रह भीमकाय बृहस्पति ग्रह के बहुत पास आ गया हो और उससे खिंचकर टुकड़े-टुकड़े हो गया हो।

खड़िया (CHALK) : समुद्र में असंख्य नन्हे जंतु रहते हैं। ये सूक्ष्मदर्शी के बिना नहीं देखे जा सकते। इनमें से कुछ का नाम फोरेमिनीफेरा है। सूक्ष्मदर्शी से ये नन्हे रत्नों के समान दिखाई देते हैं।

फोरेमिनीफेरा कई प्रकार के होते हैं। उनके ऊपर एक खोल होता है। सबके खोल एक ही पदार्थ के नहीं होते। बहुत-से जंतु अपने खोल समुद्र के पानी में घुले हुए चूने से बनाते हैं। जब ये जंतु मरते हैं तो इनके खोल समुद्र की तली में बैठ जाते हैं।

ये जंतु पृथ्वी पर करोड़ों वर्षों से हैं। कुछ स्थानों पर इनकी संख्या इतनी अधिक थी कि उनके खोलों से समुद्र की तली पर सैकड़ों फुट मोटी तहें बन गईं।

समय आया जब समुद्र की तली भूमि बनी और इन तहों ने चट्टान की तहों का रूप ले लिया। ये ही वे सफेद चट्टानें हैं जिन्हें हम खड़िया कहते हैं। खड़िया एक प्रकार का चूनापत्थर है।

इंगलैण्ड में डोवर की प्रसिद्ध सफेद चट्टानें खड़िया की बनी हैं। ये चट्टानें बताती हैं कि जहां आज थल है वहां कभी समुद्र था।

खड़िया दंतमंजन और रंगों में डाली जाती है। इससे सीमेंट भी बनाई जाती है। यह खाद के रूप में खेतों में भी डाली जाती है।

अक्सर लोग खड़िया को केवल चाक के रूप में जानते हैं जिनसे हम ब्लैक बोर्ड पर लिखते हैं। जब ब्लैक बोर्ड पर सवाल निकालते समय हम यह सोचते हैं कि हम करोड़ों वर्ष पुराने जन्तुओं के खोलों से लिख रहे हैं तो एक विचित्र आनन्द आता है।

भारत में खड़िया मिट्टी गुजरात, मद्रास और राजस्थान में मिलती है। (देखें: संगमरमर)

खनिज पदार्थ (MINERALS) : ग्रेनाइट एक सामान्य चट्टान है। यह बहुत-से भवनों में, विशेष कर स्मारकों में लगाया जाता है। इस पर पालिश बहुत अच्छी तरह टिकती है और बहुत अधिक समय तक चलती है। चित्र में प्रदर्शित ग्रेनाइट पर चित्तियां हैं। इसमें कुछ काले पदार्थ, शीशे जैसा दीखनेवाला एक पदार्थ और कुछ पीले पदार्थ होते हैं। इनमें से काला पदार्थ काला अभ्रक है, शीशे जैसा पदार्थ बिल्लौर है और पीला पदार्थ है फल्डस्पर। काला अभ्रक, बिल्लौर और फल्डस्पर—ये सब खनिज हैं। ग्रेनाइट सदा तीन खनिजों से बनता है, जो कि प्रायः यही तीन होते हैं। यह सदा चित्तीदार होता है।

सब चट्टानें खनिजों से बनती हैं, कुछ किसी एक खनिज से और अधिकांश कई खनिजों के मिश्रण से। इन खनिजों के विशाल भण्डार धरती में हैं। सब धातुएं और अधिकतर हीरे-जवाहरात वहीं से निकलते हैं। ऐसे खनिजों की संख्या लगभग 1,500 है जिन्हें वैज्ञानिक जानते हैं। इनमें से 150 हमारे लिए आवश्यक हैं। किसी खनिज की केवल शक्ल देखकर ही कोई नहीं कह सकता कि यह कितना कीमती है। पाइराइट सोने जैसा लगता है किन्तु वह उतना मूल्यवान नहीं है। उसे 'मूर्खों का सोना' कहते हैं। बॉक्साइट बिलकुल भी सुन्दर नहीं पर इसी से ऐल्युमिनियम निकलता है।

रेत का मुख्य अवयव बिल्लौर जो संसार के साधारणतम खनिजों में से एक है

चमकदार लाल द्युतिवाला शिंगरफ जो पारे का अयस्क है।

भूरा या काला रांगा पत्थर जो टीन का अयस्क है।

लम्बे स्फटिकों में उपलब्ध स्टिब्नाइट जो मिश्रधातुओं में प्रायः प्रयुक्त एंटीमनी का अयस्क है।

श्वेत बिन्दुओं वाला काचाभ खनिज शीलाइट जो टंगस्टन का अयस्क है।

अभ्रक एक खनिज है जो सरलता से पतली परतों में चिर जाता है। यह बिजली का उत्तम कुसंवाहक है।

धरती पर विस्तृत रूप से बिखरा हुआ बाक्साइट जो एल्युमिनियम का प्रधान अयस्क है।

क्रोकॉइट में क्रोमियम और सीसा रासायनिक रूप से संयुक्त रहते हैं।

गुलाबी रंग का रोडोक्रोसाइट जो मेंगनीज़ का अयस्क है।

चमकदार खनिज निकोलाइट जो निकल का अयस्क है।

चट्टानों में बिल्लौर, फल्डस्पर और अभ्रक के कण वस्तुतः स्फटिक के रूप में होते हैं। प्रायः सभी खनिज अधिकतर स्फटिक दशा में मिलते हैं। प्रत्येक खनिज का स्फटिक रूप अपना-अपना होता है। शिला में स्फटिक परस्पर ऐसे गुंथे रहते हैं कि वे पूर्ण नहीं होते। उदाहरण के लिए, बिल्लौर के स्फटिक चित्र में दिखाए गए बड़े बिल्लौर के स्फटिक से कहीं अधिक छोटे और कम पूर्ण होते हैं।

कुछ खनिज दूसरों से बहुत सख्त होते हैं। इसकी सीधी-सी पहचान है। जो नरम होगा उस पर सख्त की खरौंच पड़ जाएगी। वैज्ञानिकों ने एक तालिका तैयार की है जिससे पता चलता है कि कौन-सा खनिज कितना सख्त है। यह तालिका इस प्रकार है :

1. टैल्क	6. फल्डस्पर
2. जिप्सम	7. बिल्लौर
3. कैल्साइट	8. टोपेज़
4. फ्लोर्स्पर	9. कोरण्डम
5. ऐपाटाइट	10. हीरा

इन दसों में टैल्क या तालक सबसे कोमल तथा हीरा सबसे कठोर है। बिल्लौर साधारण खनिज है। प्रायः रेत का प्रत्येक कण बिल्लौर का घिसा-पिटा स्फटिक होता है।

बहुत-से खनिज पानी में घुल जाते हैं। जिस पानी को हम भारी पानी कहते हैं उसमें खनिज बहुत अधिक मात्रा में घुले रहते हैं। गुफाओं में पत्थरों की कलमें (Icicles) भूगर्भ के पानी में घुले खनिजों से ही बनती हैं। पानी तो गुफाओं में टपक कर उड़ जाता है और ये कलमें बच रहती हैं।

मिट्टी भी टूटी हुई चट्टानों के कणों से बनती है। उपजाऊ मिट्टी वह होती है जिसमें विशेष प्रकार के खनिज मौजूद होते हैं। और तो और, हमारे शरीर में भी खनिज पदार्थ हैं। आटे और दूध में स्वास्थ्यप्रद खनिज होते हैं।

खाड़ी (BAY) : किसी सागर या किसी बड़ी झील के एक तरफ निकले हुए ऐसे भाग को खाड़ी कहते हैं जो तीन तरफ से भूमि से घिरा हुआ हो, जैसे बंगाल की खाड़ी या खंभात की खाड़ी। भारत के दक्षिण-पूर्व में स्थित बंगाल की खाड़ी हिन्द महासागर का ही एक भाग है। इसी प्रकार खंभात की खाड़ी अरब सागर का एक भाग है। दक्षिण में मनार की खाड़ी हिन्द महासागर का एक भाग है।

गंगा नदी (GANGES) : भारतीयों के लिए यह नदी अत्यन्त पवित्र है, क्योंकि हिन्दू धर्म में इसका बड़ा महत्त्वपूर्ण स्थान है। हिन्दू इसे गंगा माता कहते हैं। प्रत्येक वर्ष दूर-दूर से हज़ारों हिन्दू यात्री वाराणसी, हरिद्वार और प्रयाग जैसे तीर्थ स्थानों में गंगास्नान के लिए आते हैं। गंगा

नदी के किनारे प्रायः सभी नगरों में मंदिरों और सीढ़ीदार घाटों की पंक्तियां हैं। गंगा का उद्गम हिमालय में लगभग 13,800 फुट की ऊंचाई पर हिम से आच्छादित गंगोत्री ग्लेशियर के समीप एक हिमगुफा में है। यहां इसे भागीरथी कहते हैं जो फिर जाह्नवी और बाद में अलकनंदा से मिलकर गंगा के नाम से जानी जाती है।

गंगा नदी को संसार की कुछ ऊंची चोटियों—नंदा देवी, गुरला मांधाता, धौलागिरि, गोसाईंथान, कंचनजंघा और एवरेस्ट—की पिघली हुई बर्फ से जल प्राप्त होता है। सुखी स्थान के निकट यह हिमालय से निकलकर मैदान में प्रवेश करती है और हरिद्वार की ओर मुड़ जाती है। प्रयाग में यह यमुना नदी से मिलती है। यहां का संगम ही प्रयाग का वास्तविक तीर्थस्थान है। इसके बाद दक्षिण-पूर्व से पूर्व को बहती हुई यह वाराणसी में प्रवेश करती है। यहां इसके किनारे सुन्दर घाटों का आकर्षक दृश्य संसार में अद्वितीय है। आगे बढ़ने पर इसमें क्रमशः गोमती, घाघरा, सोन, गंडक और कोसी नदियां मिलती हैं।

कोसी से मिलने के बाद गंगा नदी राजमहल की पहाड़ियों के किनारे-किनारे बहती हुई दक्षिण की ओर मुड़कर पूर्वी पाकिस्तान से होती हुई अपने 2,510 किलोमीटर (1,557 मील) लम्बे मार्ग के अंत में बंगाल की खाड़ी में गिरती है। गिरने से पहले इसमें ब्रह्मपुत्र नदी आ मिलती है। ये संयुक्त नदियां बाढ़ के दिनों में प्रति सेकंड 18,00,000 घनफुट पानी का प्रस्राव करती हैं जो मिसिसिपी के उच्चतम प्रस्राव से भी अधिक है।

नदी के मुहाने पर सुन्दर बन का प्रसिद्ध एवं विस्तृत डेल्टा है जहां सदाबहार वृक्षों के घने जंगल हैं। यहां

सुन्दरी नामक पेड़ अधिकता से उगते हैं।

गंगा का सिंचाई-क्षेत्र 4,32,480 वर्गमील है। गंगा की ढाल लगभग समान है। सर्वाधिक ढाल इलाहाबाद और वाराणसी के बीच है। समय-समय पर गंगा की धारा परिवर्तित होती रहती है। कभी-कभी नई धारा कई मील दूर होती है। प्राचीन काल के कितने ही ध्वस्त नगर इसके प्रमाण हैं।

गंगा की घाटी उपजाऊ और घनी जनसंख्या वाली है। भारत के कुछ बड़े नगर, जैसे कलकत्ता, पटना, वाराणसी, इलाहाबाद, कानपुर आदि इसी नदी के किनारे स्थित हैं। भारत की राजधानी दिल्ली इसी की सहायक नदी यमुना के तट पर स्थित है। लेकिन व्यापारिक रूप से गंगा पहले की अपेक्षा अब कम महत्त्वपूर्ण रह गई है। इसका अधिकतर जल सिंचाई के लिए प्रयुक्त होता है। स्टीमर बक्सर तक चलाए जाते हैं और बड़ी नावें मिर्ज़ापुर तक जाती हैं। छोटी नावें हरिद्वार तक चलाई जाती हैं। गंगा से दो प्रमुख नहरें निकाली गई हैं : ऊपरी गंगा नहर और निचली गंगा नहर, जिनका उद्गम स्थल हरिद्वार में है।

गंधक (SULPHUR) : बहुत-से अत्यन्त उपयोगी पदार्थ हमें पृथ्वी में ही मिलते हैं। गंधक भी ऐसे ही पदार्थों में से एक है।

गंधक को किसी भी रसायन-विक्रेता के यहां से खरीदा जा सकता है। खरीदने पर जो गंधक हमें मिलता है वह पीला होता है। या तो वह पीले पाउडर के रूप में मिलता है, या पीले क्रिस्टल के रूप में, या पीले ठोस बेलन के रूप में। गर्म करने पर यह बादामी रंग के लचीले पदार्थ में बदल जाता है। पर यह ज़्यादा देर तक उस रूप में नहीं रहता। शीघ्र ही यह पीला और सख्त हो जाता है।

मनुष्य सहस्रों वर्ष से गंधक से परिचित है। बहुत पहले से लोगों को ज्ञात है कि इससे बहुत जल्द आग लग सकती है। इसीसे अंग्रेज़ी में इसको 'ब्रिम स्टोन' भी कहते हैं, जिसका अर्थ होता है—जलाने वाला पत्थर।

इटली में विसूवियस नामक प्रसिद्ध ज्वालामुखी को देखने जानेवाले दर्शक वहां से अपने साथ गंधक के ढेले ले आते हैं। इस ज्वालामुखी के मुख से गंधक निकलता है। कई अन्य ज्वालामुखियों से भी गंधक निकलता है।

लेकिन हमारे उपयोग में आनेवाले गंधक का अधिकांश भाग ज्वालामुखियों से नहीं प्राप्त होता। अधिकांशतः यह पृथ्वी के बहुत भीतर की चट्टानों से प्राप्त होता है। प्रतिवर्ष टनों गंधक खानों से निकाला जाता है।

गंधक का उपयोग दवाओं में होता है। दियासलाई बनाने में भी इसका उपयोग होता है। रबर को कड़ा करने और गंधक का तेज़ाब (सल्फ्यूरिक एसिड) बनाने में इसका अधिक उपयोग होता है। रबर इतना कोमल और चिपचिपा होता है कि गंधक मिलाकर इसे कड़ा किए बिना यह बहुत उपयोगी नहीं हो सकता। गंधक का तेज़ाब तो इतनी सारी चीज़ों के उत्पादन में काम आता है कि यदि यह न मिले तो हज़ारों कारखाने बन्द हो जाएं।

गरम चश्मे (HOT SPRINGS) : ठंडे पानी के चश्मे या झरने प्रायः मिल जाते हैं, लेकिन गरम पानी के चश्मे बहुत कम देखने में आते हैं। इन चश्मों में जो पानी आता है वह ज़मीन की सतह के नीचे की गरम चट्टान के कारण गरम होता है। गरम चट्टान धरती की सतह के काफी नीचे सारी पृथ्वी पर फैली हुई है। जिन स्थानों पर गरम चट्टान सतह के काफी समीप है, वे ऐसे ज्वालामुखियों के मुंह हैं जो कभी जीवित थे और अब ठंडे पड़ चुके हैं।

गरम चश्मे के लिए यह ज़रूरी है कि कोई नाली या दरार ऐसी हो जो ज़मीन की सतह से लेकर गरम चट्टान तक गई हो। इसमें से होकर ठंडा पानी नीचे गरम चट्टान तक पहुंचता रहता है। नीचे की ओर बढ़ता हुआ ठंडा पानी गरम पानी को ऊपर की ओर ठेल देता है।

गरम चश्मों के पानी में तरह-तरह के खनिज पदार्थ मिले रहते हैं। जब गरम पानी बाहर आता है तो वह ठंडा होने लगता है। और उसका कुछ अंश भाप के रूप में उड़ जाता है और उसके खनिज पदार्थ नीचे बच रहते हैं। धीरे-धीरे चश्मे के मुंह के चारों ओर खनिज पदार्थों की एक दीवार-सी बनती जाती है। इन चश्मों के पानी में सेवार-जैसे छोटे-छोटे पौधे भी हो सकते हैं जिन्हें एल्गी कहते हैं। कुछ प्रकार की एल्गी गरम पानी में भी रह सकती है। एल्गी कई रंगों की होती है। इसके रंग के कारण ही कुछ गरम चश्मों का पानी रंगीन दिखाई देता है।

अमरीका के यलोस्टोन राष्ट्रीय पार्क में सैकड़ों गरम चश्मे हैं। आइसलैण्ड में भी बहुत-से गरम चश्मे हैं। आइसलैण्ड के लोग गरम चश्मों के पानी को नलों द्वारा अपने घरों तक पहुंचाकर उससे अपने मकान गरम करते हैं।

गरम चश्मों का पानी कई प्रकार के रोगों के लिए लाभप्रद माना जाता है। दूर-दूर से लोग इनमें नहाने के लिए आते हैं। (देखें: गीज़र)

गल्फ स्ट्रीम (GULF STREAM) : महासागरों में एक प्रकार की नदियां होती हैं जिन्हें महासागरीय धाराएं कहते हैं। इन धाराओं में गल्फ स्ट्रीम सबसे बड़ी और सबसे अधिक महत्त्वपूर्ण धारा है। गल्फ स्ट्रीम गरम पानी की धारा है। यह मेक्सिको की खाड़ी से निकलती है और उत्तर में कुछ दूर तक अमरीका के पूर्वी समुद्रतट के साथ-साथ बहती है और फिर अटलांटिक महासागर में पूर्व की ओर निकल जाती है। आगे चलकर यह इंग्लैंड के पास से होती हुई यूरोप के उत्तरी तट तक पहुंचती है। गल्फ स्ट्रीम की चौड़ाई लगभग 100 मील है।

गल्फस्ट्रीम का पानी अपने आसपास के पानी से 20 डिग्री ज्यादा गरम रहता है। इसके ऊपर से होकर बहनेवाली हवा काफी गरम होती है।

गीज़र (GEYSERS): यह एक विशेष प्रकार का गरम पानी का चश्मा होता है। इसे 'गेज़र' भी कहते हैं। गीज़र एक फव्वारे की तरह होता है, लेकिन उससे पानी लगातार नहीं निकलता। गीज़र में से रुक-रुककर पानी का ऊंचा फव्वारा छूटता है।

गीज़र बहुत कम स्थानों पर मिलते हैं। सबसे अधिक गीज़र उत्तरी अमरीका में हैं। उनकी संख्या लगभग दो सौ है। ये सभी अमरीका के यलोस्टोन राष्ट्रीय पार्क में स्थित हैं। आइसलैण्ड और न्यूजीलैण्ड में भी कुछ गीजर पाए जाते हैं।

उत्तरी अमरीका का ओल्ड फेदफुल नामक गीजर।

गीज़र के लिए यह ज़रूरी है कि उसके नीचे ज़मीन की सतह से बहुत कम गहराई पर ही गरम चट्टान हो और ऊपर सतह तक पहुंचने के लिए कोई संकरी दरार हो। पानी इस दरार से गुज़रता हुआ पहले नीचे गरम चट्टान तक पहुंचता है। वहां पहुंचकर पानी उबलने लगता है और भाप के ज़ोर से ऊपर उठने लगता है। धीरे-धीरे भाप का ज़ोर इतना बढ़ जाता है कि वह अपने ऊपर के पानी को बड़ी तेज़ी से बाहर हवा में उछाल देती है।

सबसे अधिक प्रसिद्ध गीज़र है—अमरीका के यलोस्टोन पार्क का ओल्ड फेथफुल। यह लगभग एक घंटे के अन्तर पर बहुत ऊंचा छूटता है।

गुरुत्वाकर्षण (GRAVITY) : ऊंची कुदान का चैम्पियन भी लगभग सात फुट ऊंचा ही कूद सकता है। पृथ्वी उसे इतनी ज़ोर से अपनी ओर खींचती है कि वह इससे ज़्यादा कूद ही नहीं सकता। पृथ्वी के इसी खिंचाव का नाम गुरुत्वाकर्षण है।

गुरुत्वाकर्षण के कारण ही पानी पहाड़ से नीचे की ओर बहता है, हवा में उछाली गई गेंद नीचे गिरती है और पके हुए फल पेड़ से धरती पर गिरते हैं। गुरुत्वाकर्षण के ही कारण हम धरती पर टिके रहते हैं। वरना, इस नाचती हुई पृथ्वी पर किसीका टिका रहना संभव नहीं था।

पृथ्वी के गुरुत्वाकर्षण से बाहर निकलना बहुत कठिन है। वैज्ञानिकों ने ऐसे राकेट बनाए हैं जो अपनी तीव्रगति के कारण पृथ्वी के गुरुत्वाकर्षण से बाहर निकलकर आकाश में पहुंच सकते हैं।

गोल्डन गेट (GOLDEN GATE) : उत्तरी अमरीका में प्रशांत महासागर की एक संकरी पट्टी सान फ्रांसिस्को खाड़ी में चली गई है। इस प्रकार यह एक जलसंधि बन गई है। इसीका नाम गोल्डन गेट है। इसके एक किनारे सान फ्रांसिस्को नगर बसा है।

संसार का सबसे लम्बा झूला पुल

ग्रह (PLANETS) : आकाश के कुछ सबसे चमकीले तारे असल में तारे नहीं हैं, बल्कि ग्रह हैं। पृथ्वी भी एक ग्रह ही है। ये सभी ग्रह पृथ्वी की भांति ही सूर्य के चारों ओर चक्कर लगाते हैं।

ग्रहों और तारों (Stars) में मुख्य अन्तर यह है कि ग्रहों में अपना प्रकाश नहीं होता और वे सूर्य के प्रकाश से प्रकाशित होते हैं, जब कि तारों में स्वयं अपना प्रकाश होता है। हमारा सूर्य भी एक तारा है। स्वयं प्रकाशमान तारे नक्षत्र भी कहलाते हैं।

अभी तक नौ ग्रहों का पता चल सका है। दूरदर्शक की मदद के बिना हम उन सबको नहीं देख सकते।

पृथ्वी भी सूर्य के चारों ओर घूमनेवाला एक ग्रह है—इस सत्य का ज्ञान होने से भी पहले बुध, शुक्र, मंगल, बृहस्पति और शनि ग्रहों का पता चल चुका था। इन पांचों ग्रहों को दूरदर्शक की सहायता के बिना देखा जा सकता है। शेष ग्रह, सूर्य से इतनी दूर हैं कि उनमें चमक बहुत कम है और उन्हें दूरदर्शक से ही देखा जा सकता है।

कुछ ग्रहों के अपने चन्द्रमा हैं। जिस प्रकार ये ग्रह सूर्य के चारों ओर चक्कर लगाते हैं उसी प्रकार इन ग्रहों के चन्द्रमा या उपग्रह भी अपने-अपने ग्रहों के चक्कर लगाते हैं। सूर्य के चारों ओर हर ग्रह का एक मार्ग बना हुआ है जिसे ग्रह-पथ (Orbit) कहते हैं।

सब ग्रहों में बुध (Mercury) सबसे तेज़ चलता है। इस ग्रह को देखना कठिन है। यह सूर्य के इतने पास है कि उसके प्रचंड प्रकाश में छिप जाता है। गर्मी के कारण इस पर जीवन संभव नहीं है। यह सूर्य की ओर अपना एक ही पहलू किए रहता है। इस पहलू में हर समय प्रकाश रहता है। दूसरा पहलू अंधेरा और ठंडा है।

शुक्र (Venus) में रात के समय अन्य सब तारों से तेज़ चमक होती है। आकाश में स्थित प्रकाश-पिंडों में सूर्य और चन्द्रमा को छोड़कर यह सबसे अधिक चमकीला है। शुक्र को मध्य रात्रि में नहीं देखा जा सकता। जब पश्चिमी आकाश में यह शाम के समय दिखाई देता है, तब इसे 'शाम का तारा' कहते हैं। जब पूर्वी आकाश में यह सूरज के निकलने से पहले दिखाई देता है, तब इसे 'भोर का तारा' कहते हैं। इस पर जीवन नहीं है।

मंगल (Mars) कुछ लाल-सा दिखाई देता है। इस पर जीवन संभव नहीं है क्योंकि यहां आक्सीजन और पानी की कमी है।

बृहस्पति (Jupiter) ग्रहों में सबसे बड़ा है। यह पृथ्वी से लगभग हज़ार गुना बड़ा है। यह भी काफी चमकीला ग्रह है। इस ग्रह पर भी जीवन संभव नहीं है। यहां के वायुमंडल में मनुष्यों का दम घुट जाएगा। इसके अलावा बृहस्पति और उसके परे के ग्रह बेहद ठंडे हैं।

दूरदर्शक से देखने पर शनि (Saturn) का चित्र दूसरे ग्रहों से निराला नज़र आता है। शनि के चारों ओर छोटे-छोटे कणों के छल्ले नज़र आते हैं। इन छल्लों के बारे में अलग-अलग लोगों के अलग-अलग मत हैं।

यूरेनस (Uranus) की खोज सन् 1781 में की गई। जिन लोगों की नज़र तेज़ होती है वे दूरदर्शक की मदद के बिना भी इसे देख सकते हैं।

नेपच्यून (Neptune) की खोज सन् 1846 में हुई। इसे दूरदर्शक के बिना नहीं देखा जा सकता।

प्लूटो (Pluto) को सन् 1930 में खोजा गया। शक्तिशाली दूरदर्शक से देखने पर भी प्लूटो बहुत धुंधला नज़र आता है।
(देखें: पृथ्वी, सूर्य, सौर परिवार, चन्द्रमा)

ग्रहण (ECLIPSES): चन्द्रमा का अपना कोई प्रकाश नहीं है। वह सूर्य के प्रकाश से चमकता है। अगर सूर्य का प्रकाश चन्द्रमा पर न पड़े तो वह नहीं चमक सकता। चन्द्रग्रहण तब होता है जब चन्द्रमा और सूर्य के बीच पृथ्वी आ जाती है। चन्द्रमा पर जब पृथ्वी की छाया पड़ती है तो उसकी चमक चली जाती है। वह धुंधला पड़ जाता है। जब ऐसा होता है तो हम इसे पूर्ण चन्द्रग्रहण कहते हैं।

कभी चन्द्रमा पृथ्वी की छाया के एक अंश में ही आता है। चन्द्रमा के एक खंड पर ही कालिमा होती है। तब इसे खंड-ग्रहण कहा जाता है।

ग्रह	व्यास (मील में)	सूर्य से दूरी (दस लाख मील में)	वर्ष (सूर्य की परिक्रमा का समय)	दिन (धुरी पर घूमने का समय)	चन्द्रमा
बुध	3,000	36	88 दिन	88 दिन	0
शुक्र	7,600	67	225 दिन	30 दिन (?)	0
पृथ्वी	7,900	93	$365\frac{1}{4}$ दिन	23 घं० 56 मि०	1
मंगल	4,200	142	687 दिन	24 घं० 37 मि०	2
बृहस्पति	87,000	483	12 वर्ष	9 घं० 50 मि०	12
शनि	71,500	886	$29\frac{1}{2}$ वर्ष	10 घं० 14 मि०	9
यूरेनस	29,500	1,783	84 वर्ष	10 घं० 48 मि०	5
नेपच्यून	26,800	2,791	165 वर्ष	15 घ० 48 मि०	2
प्लूटो	3,600	3,671	248 वर्ष	$6\frac{1}{2}$ दिन (?)	0

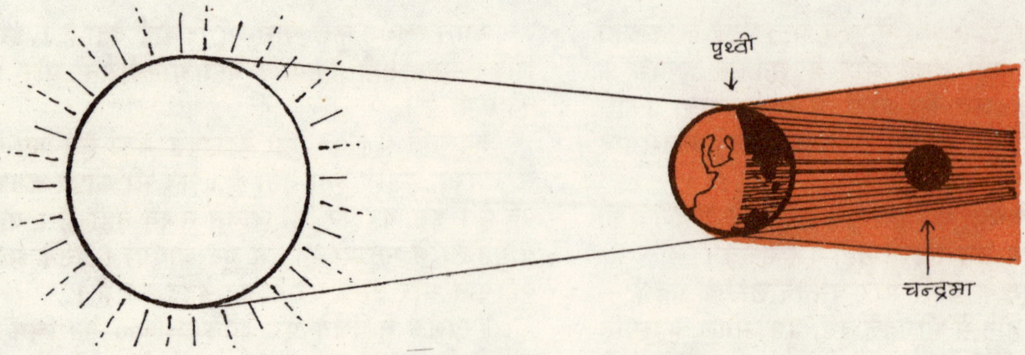

पूर्ण ग्रहण के समय भी चन्द्रमा बिलकुल ओझल नहीं होता। पृथ्वी के आसपास की वायु सूर्य की किरणों को कुछ इस तरह से मोड़ देती है कि उनका कुछ अंश चन्द्रमा पर पड़ता रहता है। इसीलिए ग्रहण के समय चन्द्रमा बिलकुल गायब होने के बजाय हल्का लाल-सा दिखाई देने लगता है।

चन्द्रग्रहण तब तक नहीं हो सकता जब तक कि सूर्य और चन्द्रमा के बीच पृथ्वी न आ जाए और ऐसा पूर्णिमा के दिन ही हो सकता है जबकि चन्द्रमा पूरा होता है। इसके अलावा और किसी भी समय चन्द्रमा पृथ्वी की छाया में नहीं आ सकता।

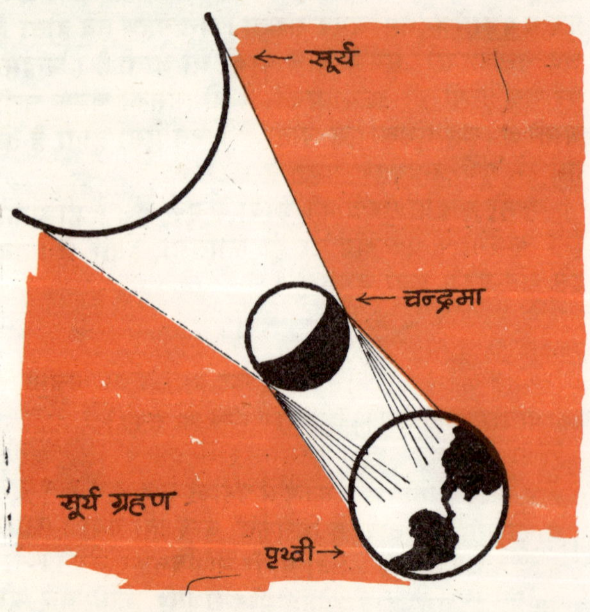

इसी प्रकार सूर्य का भी ग्रहण होता है। सूर्यग्रहण तब होता है जब चन्द्रमा सूर्य और पृथ्वी के बीच में आ जाता है और पृथ्वी के कुछ भाग पर सूर्य दिखाई नहीं देता। लेकिन चूंकि चन्द्रमा बहुत छोटा है इसलिए वह कभी सूर्य को इस तरह नहीं ढक सकता कि पूरी पृथ्वी के निवासियों के लिए सूर्य दृष्टि से ओझल हो जाए।

सूर्यग्रहण उतनी देर तक नहीं टिकता जितनी देर तक चन्द्रग्रहण टिकता है। पूर्ण चन्द्रग्रहण लगभग दो घंटे का होता है। लेकिन पूर्ण सूर्यग्रहण कभी भी आठ मिनट से ज़्यादा का नहीं हो सकता।

चन्द्रग्रहण आधी पृथ्वी पर से देखा जा सकता है। लेकिन सूर्यग्रहण पृथ्वी के केवल उसी संकरे पथ पर दिखाई दे सकता है जिस पर चन्द्रमा की छाया पड़ती है। सूर्यग्रहण देखने के लिए ज्योतिर्विदों को अक्सर काफी लम्बी यात्रा करनी पड़ती है। लेकिन वे इसके लिए तैयार रहते हैं, क्योंकि सूर्य और तारों से संबंधित कई ऐसी समस्याएं हैं जिनका पूर्ण सूर्यग्रहण के समय ही अच्छी तरह से अध्ययन किया जा सकता है। (देखें: चन्द्रमा, सूर्य, पृथ्वी)

ग्रांड कैनियन (GRAND CANYON) : उत्तरी अमरीका के ऐरिज़ोना प्रदेश में कोलोरैडो नदी एक विचित्र प्रकार की चट्टानी घाटी में से होकर बहती है। यह घाटी एक गहरे चट्टानी खड्ड की तरह है। इसे ग्रांड कैनियन या कोलोरैडो का प्रपाती खड्ड कहते हैं। इस चट्टानी खड्ड की गहराई कुछ स्थानों पर एक मील से भी अधिक है। यह 217 मील लम्बा है तथा 4 से 18 मील तक चौड़ा है।

कैनियन की पहाड़ी चट्टानें कई परतों की बनी हैं। ऊपर से लेकर नीचे तलहटी तक की यात्रा में ऐसा लगता है जैसे हम 50 करोड़ साल पीछे की यात्रा कर रहे हैं, क्योंकि इसकी तलहटी की चट्टानें लगभग इतनी ही पुरानी हैं।

कैनियन की दीवारों की अधिकांश चट्टानों की परतें बलुआ पत्थर, चूनापत्थर और शेल की बनी हैं। इस प्रकार की चट्टानें पानी के कारण बनती हैं। इनसे पता चलता है कि लाखों वर्षों तक पृथ्वी का यह भाग समुद्र के नीचे था।

कैनियन की तलहटी की चट्टानें ग्रेनाइट की हैं। ग्रेनाइट गरम पिघली हुई चट्टान से बनता है। कैनियन की तलहटी का ग्रेनाइट उस समय बना जब पृथ्वी पर न तो जीव-जंतु थे और न पेड़-पौधे। इस प्रकार कैनियन से हमें पृथ्वी का लम्बा इतिहास मालूम होता है।

ग्रांड कैनियन-पहाड़ी चट्टानें।

इसी प्रकार सिंधु नदी गिलगित के समीप लगभग 17,000 फुट गहरी घाटी या कैनियन में होकर बहती है। सतलज, अलकनंदा, गण्डक और गोमती नदियों की घाटियां 6000 से 12,000 फुट तक गहरी हैं। (देखें: भूक्षरण)

ग्रेट लेक्स (GREAT LAKES) : अमरीका की ग्रेट लेक्स नामक झीलें संसार में झीलों की सबसे बड़ी शृंखला बनाती हैं। इन झीलों की संख्या पांच है। इनकी गिनती संसार की 15 सबसे बड़ी झीलों में होती है। इनमें सबसे बड़ी है सुपीरियर झील। अन्य चार झीलों के नाम इस प्रकार हैं: मिशिगन झील, हरोन झील, एरी झील और ओंटैरियो झील। ये सभी मीठे पानी की झीलें हैं। इनमें कई नदियां गिरती हैं।

ये सभी झीलें आपस में जुड़ी हुई हैं, इसलिए ये अमरीका और कनाडा के लिए एक अच्छे जलमार्ग का काम देती हैं। दोनों देशों के मालवाही जहाज़ इनमें चलते हैं।

ग्रेट साल्ट लेक (GREAT SALT LAKE) : यह उत्तरी अमरीका के पश्चिमी भाग में एक बहुत बड़ी खारी झील है। यह 15 फुट से भी कम गहरी है और इसका पानी समुद्र के पानी से कहीं ज़्यादा नमकीन है।

यह झील बोनविले झील का बचा-खुचा भाग है जो कभी आजकल के समूचे ऊटा राज्य में फैली थी और एक हज़ार फुट गहरी थी। कालान्तर में इस प्रदेश की जलवायु खुश्क होती गई। झील में पहाड़ों से कम से कम पानी आने लगा जो बाद में बिलकुल बन्द हो गया। उधर, झील का ज़्यादा से ज़्यादा पानी भाप बनकर उड़ने लगा। इस तरह यह झील छोटी और उथली होती गई और ज़्यादातर पानी के भाप बनकर उड़ जाने से बाकी का पानी बेहद नमकीन हो गया।

इस झील के उत्तर-पश्चिमी तट पर नमक के सपाट मैदान हैं। यहां इतना नमक है कि वह सारी दुनिया के लिए एक हज़ार साल तक काफी रहेगा। झील के पास ही एक नगर है जो साल्ट लेक सिटी कहलाता है।

ग्लेशियर (GLACIERS) बर्फ की नदी को ग्लेशियर या हिमनदी कहते हैं। ग्लेशियर का आरम्भ बर्फ की एक चादर के रूप में होता है। बर्फ की तह जब काफी मोटी हो जाती है तो वह फिसलने लगती है और बर्फ की नदी का रूप ले लेती है।

ग्लेशियर प्रतिदिन एक फुट आगे बढ़ता है। लेकिन यह सौ फुट प्रतिदिन से अधिक की गति से भी बह सकता है। घाटियों में बहनेवाला ग्लेशियर कभी-कभी इतनी धीमी गति से बहता है कि उसकी चाल का पता ही नहीं लगता।

ग्लेशियर जब आगे बढ़ता है तो उसमें बड़ी-बड़ी दरारें पड़ जाती हैं। पर्वतारोहियों के लिए और ग्लेशियरों की खोज करने वालों के लिए ये दरारें बड़ी खतरनाक सिद्ध होती हैं।

ग्लेशियर जिन चट्टानों पर से गुज़रता है उन्हें खरोंचता जाता है। यह चट्टानों को तोड़कर चकनाचूर भी कर देता है। आम तौर से ग्लेशियर अपने आगे चट्टानों और पत्थरों के बड़े-बड़े ढेरों को धकेलता चलता है।

हिमालय और आल्प्स पर्वत पर ग्लेशियर बहुत मिलते हैं। नार्वे, अलास्का और पश्चिमी कनाडा में भी काफी ग्लेशियर हैं।

चंद्रमा (MOON) : आकाश में पृथ्वी का निकटतम पड़ोसी चन्द्रमा है। यह पृथ्वी से कुल 2,40,000 मील दूर है। पृथ्वी से पास होने के कारण चन्द्रमा सूर्य के बराबर लगता है, लेकिन सच यह है कि सूर्य में 500 लाख चन्द्रमा समा सकते हैं। सूर्य की तो बात छोड़िए अगर पृथ्वी को खोखली बना दिया जाए तो 50 चन्द्रमा तो इसीमें आ सकते हैं।

चन्द्रमा का अपना प्रकाश नहीं है। इसका प्रकाश सूर्य से आता है। चन्द्रमा के कुछ हिस्से अधिक चमकीले होते हैं और कुछ कम। प्रकाश की इस कमी और अधिकता की वजह से चन्द्रमा में कुछ तस्वीरें-सी बन जाती हैं जिनके बारे में पहले के लोग तरह-तरह की अटकलें लगाया करते थे। अब यह निश्चित हो चुका है कि जो हिस्से अधिक चमकीले हैं वे चन्द्रमा के पहाड़ हैं और जो हिस्से धुंधले हैं वे मैदान और घाटियां हैं। मैदानों के मुकाबले पहाड़ों पर प्रकाश अधिक होता है।

चन्द्रमा पर कुछ गड्ढे भी बने हुए हैं। ये गड्ढे कब और क्यों बने, यह किसीको नहीं मालूम। हमें चन्द्रमा का एक ही पहलू दिखाई देता है, क्योंकि हमारे सामने हमेशा इसका एक ही पहलू रहता है। दूसरे पहलू को अब तक कोई नहीं देख पाया है। लेकिन कुछ रूसी और अमरीकी चन्द्र-राकेटों ने उसके फोटो लिए हैं।

पृथ्वी की तरह चन्द्रमा पर भी दिन-रात होते हैं, मगर चन्द्रमा की एक रात या एक दिन हमारे दो सप्ताहों के बराबर होता है। दिन में गर्मी इतनी होती है कि आदमी उबल जाए और रात में इतनी सर्दी पड़ती है कि वह जम जाए। चन्द्रमा पर आदमी का वज़न अपने असली वज़न का 1/6 रह जाएगा, अर्थात् 90 पौंड वज़न वाले लड़के का वज़न वहां कुल 15 पौंड रह जाएगा।

हमें ऐसा लगता है जैसे चन्द्रमा अपनी शक्ल बदल लेता है। कभी वह पतले हंसिये जैसा लगता है तो कभी बड़ी थाली जैसा। वास्तव में चन्द्रमा अपने रूप को नहीं बदलता है। ऐसा हमें इसलिए लगता है क्योंकि चन्द्रमा हमारी पृथ्वी के चारों ओर घूमता है। सूर्य एक बार में चन्द्रमा के आधे भाग को ही प्रकाशित कर सकता है। असल बात यह है कि हमें चन्द्रमा का कितना भाग दिखाई देगा, यह बात आकाश में सूर्य, पृथ्वी और चन्द्रमा की स्थिति पर निर्भर करती है। (देखें: ग्रहण, पृथ्वी, सौर-परिवार, ग्रह)

चट्टान (ROCKS) : पृथ्वी की पपड़ी ज़्यादातर ठोस चट्टानों से बनी है। आदमी पृथ्वी के किसी भी कोने पर क्यों न खड़ा हो, उसके नीचे कहीं चट्टान अवश्य होगी। हो सकता है कि इस चट्टान के ऊपर कई फुट या कई मील तक, पानी हो, लेकिन पृथ्वी में कहीं भी छेद किया जाए तो नीचे चट्टान अवश्य निकल आएगी।

चट्टानों की अनेक किस्में हैं, जिन्हें मोटे तौर पर तीन वर्गों में बांटा जा सकता है। आग्नेय (Igneous), तलछटी (Sedimentary) और कायांतरित (Metamorphic)।

आग्नेय चट्टानें गरम पिघली हुई चट्टानों से बनी हैं। कुछ आग्नेय चट्टानें लावे से बनी हैं। कुछ दूसरी आग्नेय चट्टानें मैग्मा (पृथ्वी के तल के नीचे की गरम और तरल चट्टान) से बनी हैं। आग्नेय चट्टानें पृथ्वी पर पाई जाने वाली आदिम चट्टानें हैं। आज भी उनका निर्माण जारी है। बैसाल्ट आग्नेय चट्टानों का एक प्रमुख भेद है। इसका रंग काला होता है। यह तेज़ी से ठंडे होनेवाले लावे से बनती है।

आग्नेय चट्टानें

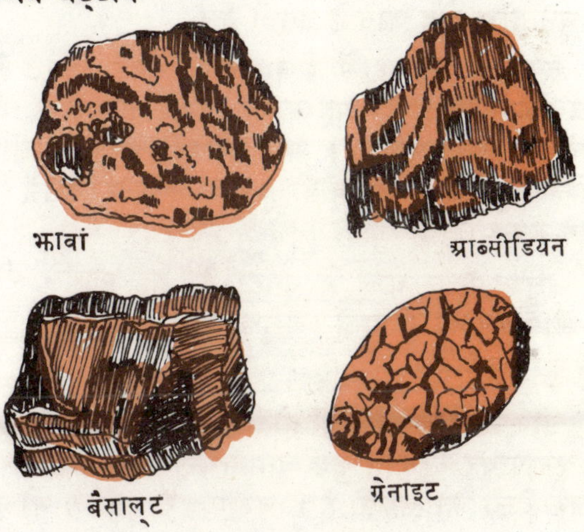

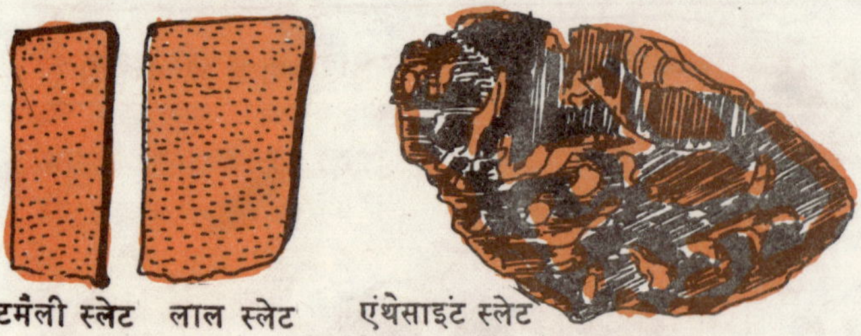

झावां (Pumice) चट्टान भी आग्नेय चट्टानों का एक भेद है। यह इतनी हल्की होती है कि पानी पर तैर सकती है। यह लावा के ऊपरी झाग से बनती है।

ग्रेनाइट लावे से न बनकर मैग्मा से बनती है। मैग्मा के ठंडे होने में काफी समय लगता है। यह एक बड़ी सुन्दर चट्टान होती है। ग्रेनाइट मटमैले और लाल रंग की होती है।

जब ज्वालामुखी का विस्फोट होता है तो कई बार लावा इतनी ऊंचाई तक उछल जाता है कि नीचे आते-आते उसके टुकड़े कड़ी राख की शक्ल में जम जाते हैं। इस राख से जो चट्टान बनती है उसे टफ़ कहते हैं।

तलछटी चट्टानें रेत-कणों, पंक, कंकर और सीप आदि के चूने द्वारा जुड़ जाने से बनती हैं।

तलछटी चट्टानों में शेल (Shale) सबसे प्रसिद्ध है। शेल पंक से बनती है। यह लाल, मटमैले, हरे, लाल और काले रंग की होती है। शेल चिकनी चट्टान होती है लेकिन बहुत कड़ी नहीं होती। गीली होने पर इससे पंक जैसी गंध आती है।

बलुआ पत्थर बालू से बनता है। यह मटमैले, पीले या लाल रंग का होता है। बलुआ पत्थर में बालू के कण देखे जा सकते हैं।

सीप प्रायः चूने से बनी होती है। सीप से बनी चट्टान को चूनापत्थर कहते हैं। कुछ चूनापत्थरों में सीपियां अलग-अलग देखी जा सकती हैं। चूनापत्थर मूंगों से भी बन जाता है। चूनापत्थर सफेद, हल्के पीले या मटमैले रंग का होता है। इस पत्थर से कुछ बड़ी ही सुन्दर इमारतें बनाई गई हैं। बहुत मुलायम चूनापत्थर को खड़िया या चाक कहते हैं।

कोयला भी एक प्रकार की तलछटी चट्टान ही है। यह दूसरी तलछटी चट्टानों से बहुत भिन्न है। यह दलदल के जंगलों के पेड़ों से बना है।

कायांतरित चट्टानों ने अपनी काया पलट ली है। हर कायांतरित चट्टान मूल रूप से या तो आग्नेय चट्टान थी अथवा तलछटी चट्टान, लेकिन समय के साथ-साथ इनका रूप बदल गया है। उदाहरण के रूप में कड़ा कोयला या एंथ्रेसाइट मूलतः लिग्नाइट (तलछटी चट्टान का एक भेद) है। यह लिग्नाइट से बहुत कड़ा होता है।

संगमरमर मूलतः चूनापत्थर है। यह बड़ा सुन्दर पत्थर है। अक्सर संगमरमर रंगीन होता है, लेकिन सफेद संगमरमर सबसे सुन्दर और कीमती माना जाता है।

तलछटी चट्टानें

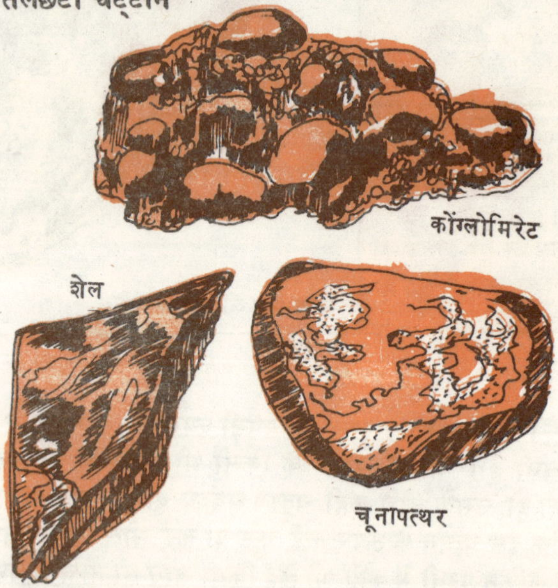

स्लेट शेल से बनती है, और बहुत कुछ वैसी ही लगती है। यह शेल से कठोर होती है, और पतली परतों में बंटी होती है। (देखें: कोयला)

चांदी (SILVER) : बहुत प्राचीन काल से ही आदमी इस मूल्यवान धातु से परिचित रहा है और इसका उपयोग करता रहा है। इसकी खोज आसान भी थी, क्योंकि प्रकृति में यह अक्सर अपने शुद्ध रूप में ही मिल जाती है। सिर्फ

चांदी के विविध रूप

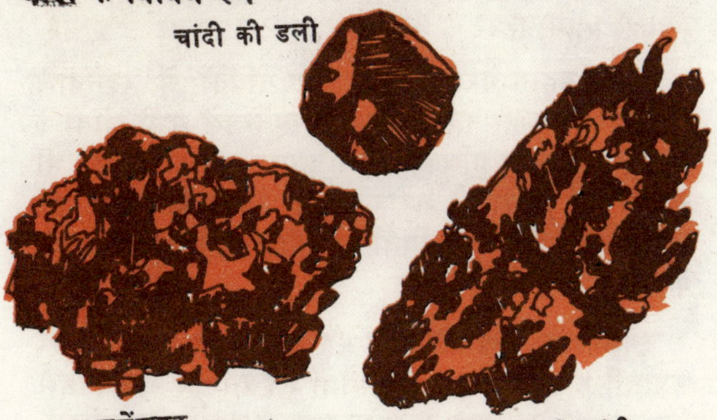

खानों में से खोदकर साफ कर लेने से ही चांदी तैयार हो जाती है। वैसे कभी-कभी इसमें अन्य धातुएं भी मिली होती हैं।

शुद्ध चांदी सफेद और बहुत चमकदार होती है। संसार की सुन्दरतम धातुओं में इसका स्थान है। लेकिन यह बहुत मुलायम होती है। सख्त बनाने के लिए इसमें कोई सख्त धातु एक निश्चित मात्रा में मिला दी जाती है। सुनार यह कला बहुत पुराने ज़माने में ही सीख गए थे।

बहुत पुराने ज़माने से ही चांदी का मुद्रा के रूप में प्रयोग होता रहा है। 25 शताब्दी पहले एशिया माइनर में चांदी के सिक्के चलते थे। अभी लगभग पचास वर्ष पहले हमारे देश में भी रुपये आदि बड़े सिक्के चांदी के ही होते थे। चार सौ साल पहले बोहेमिया की जोखिम्सदेल नामक जगह में चांदी की इतनी बड़ी खान मिली कि वहां एक टकसाल ही खोल दी गई। वहां ढाला गया चांदी का एक सिक्का उस जगह के नाम पर 'जोखिम्सदेलर' कहलाता था, जिसे संक्षेप में 'देलर' कहा जाने लगा। इसी 'देलर' से अमरीकी सिक्के का नाम 'डालर' बना है। आभूषण बनाने में भी चांदी का उपयोग बहुत पुराने ज़माने से होता रहा है।

आजकल चांदी का प्रमुख उपयोग बर्तन बनाने में होता है। पश्चिमी देशों में भोजन करने के लिए छुरी-कांटे और चम्मच प्रायः चांदी के बनाए जाते हैं। कुछ बर्तन और छुरी-कांटे स्टर्लिंग चांदी के बने होते हैं। स्टर्लिंग चांदी में नौ भाग चांदी और एक भाग तांबा मिला होता है।

जो लोग इतने महंगे बर्तन नहीं खरीद सकते, वे चांदी की कलई किए हुए बर्तन खरीदते हैं। ऐसे बर्तन किसी सस्ती धातु के बने होते हैं, और उनपर चांदी की सिर्फ कलई कर दी गई होती है।

बिजली के जितने भी सुसंवाहक हैं, चांदी उनमें सर्वोत्तम है। इसका मतलब है कि बिजली चांदी से होकर जितनी सरलता से प्रवाहित होती है उतनी सरलता से किसी अन्य ज्ञात पदार्थ से होकर नहीं गुज़रती। चांदी ताप का भी सबसे अच्छा सुसंवाहक है।

यदि चांदी की चीज़ें खुली छोड़ दी जाएं तो वे काली पड़ जाती हैं। फिर चमकदार बनाने के लिए इन चीज़ों पर पालिश करनी पड़ती है। चांदी के काली पड़ने की वजह यह है कि वायु में गंधक के सूक्ष्म कण होते हैं। जब ये चांदी के सम्पर्क में आते हैं, तो उनके मेल से एक यौगिक 'सिलवर सल्फाइड' बन जाता है, जो गहरे भूरे रंग का होता है। अण्डे और कुछ अन्य खाद्य पदार्थों में भी गन्धक के यौगिक होते हैं, जिससे चांदी के बर्तनों में इन्हें रखने पर बर्तन काले पड़ जाते हैं।

चांदी के कुछ यौगिकों पर प्रकाश का असर बहुत जल्दी पड़ता है। प्रकाश-किरणों के प्रभाव से चांदी के बहुत गहरे रंगों के यौगिक बनने लगते हैं। इसीलिए फोटो लेने में चांदी के यौगिकों का उपयोग होता है। कैमरे में लगाई जानेवाली फिल्म पर चांदी के किसी यौगिक में मिली जिलेटिन की एक तह होती है।

डाक्टर लोग टूटी हड्डियां जोड़ने के लिए चांदी का प्रयोग करते हैं। चांदी की पट्टियां या तस्मे टूटी हुई हड्डियों को जोड़े रखते हैं। खोपड़ी की हड्डियां कुचल जाने पर उनके स्थान पर चांदी की पत्तियां लगा दी जाती हैं।

चुम्बकीय ध्रुव (MAGNETIC POLES): पृथ्वी एक विशाल चुम्बक है। पृथ्वी का उत्तरी चुम्बकीय ध्रुव उसके भौगोलिक उत्तरी ध्रुव के पास है, और दक्षिणी चुम्बकीय ध्रुव उसके भौगोलिक दक्षिणी ध्रुव के पास है। भौगोलिक ध्रुव पृथ्वी की उस धुरी के दो सिरे हैं जिस पर पृथ्वी घूम रही है।

चुम्बकीय ध्रुव भौगोलिक ध्रुव से लगभग एक हज़ार मील दूर हैं। चुम्बकीय ध्रुव हर साल धीरे-धीरे इधर-उधर खिसकते रहते हैं। पृथ्वी की चुम्बकीयता की एक विशेषता यह भी है कि इसकी शक्ति चुम्बकीय ध्रुवों से ऊपर की ओर मुड़ती है और भूमध्य रेखा पर समानान्तर रहती है। इसका अर्थ यह है कि अगर कोई व्यक्ति कुतुबनुमा लेकर ठीक उत्तरी चुम्बकीय ध्रुव पर खड़ा हो तो कुतुबनुमा की सुई ठीक नीचे की ओर संकेत करेगी। इस प्राकृ-

तिक चमत्कार को चुम्बकीय नमन (Magnetic Dip) कहते हैं।

कुतुबनुमा की सुई हमेशा उत्तरी चुम्बकीय ध्रुव की ओर संकेत करती है। इससे जहाजियों को समुद्र में दिशा खोजने में बड़ी सुविधा होती है।

जल ठोस भी है, तरल भी और गैस भी

जल (WATER) : 'यह तरल है।' 'इसे आसानी से देखा और उंडेला जा सकता है।' 'यह सूखा है।' 'इसे अनुभव नहीं किया जासकता।' 'इसे देखा नहीं जा सकता।' 'यह चट्टान की तरह कठोर है।' अगर कोई कहे कि ये सभी वाक्य किसी एक पदार्थ के लिए ही प्रयुक्त किए गए हैं तो विश्वास होना कठिन है। लेकिन सत्य यही है। ये सभी वाक्य जल के बारे में हैं।

जब जल महासागरों, नदियों या वर्षा की बूंदों की शक्ल में होता है तो वह तरल होता है और हम उसे देख सकते हैं। जब जल भाप या गैस की शक्ल में होता है तो वह सूखा होता है, उसे न अनुभव किया जा सकता है और न देखा जा सकता है। जब जल जमकर बर्फ की शक्ल ले लेता है तब वह चट्टान की तरह कठोर हो जाता है। बर्फ ठोस और सूखी होती है। बर्फ गीली तभी होती है जब पिघलने लगती है।

पृथ्वी के दो-तिहाई भाग में महासागर, नदियां और झीलें हैं। इसके अलावा हवा और सूखी ज़मीन में भी जल है। चाहे जितनी सूखी ज़मीन क्यों न हो, मिट्टी के हर कण के चारों ओर पानी की एक महीन झिल्ली ज़रूर लिपटी रहती है।

उबलता हुआ जल भाप में बदल जाता है

जल महासागरों, झीलों और नदियों में रहनेवाले जीवों के लिए ही नहीं, भूमि पर रहनेवाले सभी जीवों के लिए भी अत्यन्त आवश्यक है। इसका एक कारण यह भी है कि सभी जीवों की शरीर-रचना में जल का प्रयोग हुआ है। आदमी भोजन के बिना कुछ दिन जी सकता है, पानी के बिना नहीं।

वैज्ञानिक जल के लिए एक विशेष फार्मूला प्रयुक्त करते हैं। वे इसे H_2O लिखते हैं। इससे पता चलता है कि जल का एक कण हाइड्रोजन के दो कणों और ऑक्सीजन के एक कण से मिलकर बना है।

जलवायु (CLIMATE) : किसी देश के साल-भर की ऋतु सम्बन्धी तत्त्वों की सामान्य अवस्थाओं को जलवायु कहते हैं। भारत की जलवायु उष्ण है। उत्तरी और दक्षिणी ध्रुवों की जलवायु शीत है। भूमध्य रेखा पर के देशों की जलवायु उष्ण है।

उष्ण या शीत जलवायु ऋतुओं पर निर्भर करती है। लम्बी गर्मी और छोटे जाड़े के कारण जलवायु उष्ण होगी। इसी प्रकार ठंडी जलवायु में इसका ठीक उल्टा होता है। ध्रुवीय क्षेत्रों में जाड़ा बहुत लम्बा होता है। अधिक समय अंधेरा रहता है। अगर सूरज उगता भी है तो वह बहुत नीचा होता है, सिर पर कभी नहीं आता। दक्षिणी ध्रुव के अंटार्कटिका महाद्वीप में बर्फ को पिघलने का मौका ही नहीं मिलता। इसीलिए वहां बर्फ हज़ारों फुट गहरी है।

ऋतुओं के अलावा भूमि पर किसी स्थान की स्थिति का भी जलवायु पर महत्त्वपूर्ण प्रभाव पड़ता है। हम कह सकते हैं कि ज़मीन की सतह से जो स्थान जितना ही ऊंचा होगा वह उतना ही ठंडा होगा। उदाहरणार्थ, हिमालय की कुछ चोटियों पर हमेशा बर्फ जमी रहती है, जबकि घाटियों में काफी गर्मी रहती है।

जलवायु सूखी है या नम, यह हवा पर निर्भर करता है। अगर हवा समुद्र पर से होकर आ रही है तो वह अपने साथ बहुत-सी नमी लाएगी। हवा से बहकर बादल आते हैं और वर्षा होती है। मानसूनी हवाएं सबसे अधिक नम होती हैं। ये हवाएं भारत, चीन और आस्ट्रेलिया के आस-पास के सागरों से चलती हैं। इन हवाओं से खूब वर्षा होती है।

जब हवा भूमि पर एक ही दिशा में काफी दूर तक चली जाती है तो उसकी सारी नमी सूख जाती है। सूखी हवा से वर्षा नहीं हो सकती। उल्टे, सूखी हवा रास्ते की सारी नमी को सोखती चलती है। जिस भूमि पर से सूखी हवा चलती है वह खुद भी सूखने लगती है। कुछ वर्षों में वहां रेगिस्तान बन जाता है। पेड़-पौधे सूखकर नष्ट हो

ग्रीष्म ऋतु

जाते हैं। मिट्टी अपना रूप छोड़कर धीरे-धीरे बालू का रूप लेने लगती है। संसार के सबसे बड़े रेगिस्तान हैं: उत्तरी अफ्रीका का सहारा, चीन का गोबी और दक्षिणी अमरीका का अताकामा। (देखें: ऋतुएं)

जलवायु, भारत की (CLIMATE OF INDIA) : कर्क रेखा भारत के मध्य से होकर जाती है, इसलिए यहां की जलवायु का उष्ण होना स्वाभाविक है। वैसे, भारत की भौतिक रचना विभिन्न प्रकार की है, इसलिए यहां की जलवायु भी विभिन्न प्रकार की है। भारत की जलवायु को साधारणतया तीन ऋतुओं में विभाजित किया जा सकता है—शीत ऋतु, ग्रीष्म ऋतु और वर्षा ऋतु। शीत ऋतु नवम्बर से मार्च तक, ग्रीष्म ऋतु अप्रैल से मध्य जून तक, और वर्षा ऋतु मध्य जून से अक्टूबर तक होती है। यहां की सभी ऋतुओं पर मानसूनी परिवर्तनों का गहरा प्रभाव पड़ता है। उत्तर-पूर्वी मानसून अथवा शीतकालीन मानसून का वातावरण जनवरी-फरवरी (शीत ऋतु) और मार्च से मध्य जून (ग्रीष्म ऋतु) तक रहता है। दक्षिण-पश्चिमी मानसून अथवा ग्रीष्म कालीन मानसून का वातावरण मध्य जून से मध्य सितम्बर (वर्षा ऋतु) और मध्य सितम्बर से दिसम्बर (शरद ऋतु) तक रहता है।

शीत ऋतु में जनवरी का महीना बहुत ठंडा होता है। मध्य एशिया तथा भारत के उच्च भारवाले क्षेत्रों से बहुत ठंडी, शुष्क तथा तीव्र हवाएं बाहर की ओर चलने लगती हैं। इन्हें शीतकालीन मानसून या लौटते हुए मानसून कहते हैं। ये हवाएं उत्तरी भारत में ऐसी प्रतीत होती हैं जैसे पश्चिम या उत्तर-पश्चिम से आ रही हैं, क्योंकि उच्च भार का क्षेत्र पंजाब के निकट स्थापित होता है। इन्हें पछुआ हवाएं भी कहते हैं। दक्षिणी पठार पर ये पूर्व या उत्तर-पूर्व से आती हुई प्रतीत होती हैं। यहां इनकी गति कुछ अधिक तीव्र होती है। दक्षिण-पूर्वी मद्रास तट पर इस समय कुछ वर्षा हो जाती है। उत्तर-पश्चिमी भारत के क्षेत्र भूमध्य सागरीय चक्रवातों से वर्षा प्राप्त करते हैं।

ग्रीष्म ऋतु मार्च के अन्तिम सप्ताह से आरम्भ होती है। सूर्य की किरणें कर्क रेखा पर सीधी पड़ने लगती हैं, इसलिए उत्तरी भारत का तापमान बढ़ने लगता है। एशिया के उन भागों में जहां शीत ऋतु में उच्च भार-वाले क्षेत्र स्थापित हो जाते हैं, इस ऋतु में निम्न भार-वाले क्षेत्र बन जाते हैं। भारत के उत्तर-पश्चिम में भी निम्न भारवाले क्षेत्र स्थापित हो जाते हैं। तापमान लगातार बढ़ता रहता है। मई में सबसे अधिक तापमान होता है। दिन के समय यह 48° सें० तक हो जाता है। आसमान में धूल के कण छाए रहते हैं और लू चलने लगती है। कभी-कभी तो रात में भी लू चलती है। इस ऋतु में प्रायः तीसरे पहर आंधियां आया करती हैं। आंधियां विशेषकर पंजाब, राजस्थान, उत्तर प्रदेश और बिहार में आती हैं।

जून के मध्य से प्रायः वर्षा आरम्भ हो जाती है। पश्चिमी पंजाब में उच्च भार कुछ हल्का हो जाता है। समुद्र से आनेवाली नम हवाएं इस ओर आकर्षित होने लगती हैं। वास्तव में ये वही हवाएं होती हैं जो दक्षिण-पूर्वी मानसून के नाम से प्रसिद्ध हैं। वायुभार के कारण इनकी दिशा बदल जाती है। इनमें बहुत अधिक नमी होती है। जब ये थल भाग के धरातल से टकराती हैं तो एकदम बरस पड़ती हैं। इन हवाओं से सर्वप्रथम वर्षा पश्चिमी घाट पर होती है। मानसून से वर्षा की औसत तारीखें इस प्रकार हैं: मलाबार ३ जून, बम्बई ५ जून, मध्य प्रदेश १० जून, बंगाल १५ जून, पूर्वी उत्तर प्रदेश २५ जून और दिल्ली ३० जून। परन्तु इस वर्षा के आने में तीन सप्ताह का हेरफेर हो सकता है।

भारत में 85 प्रतिशत वर्षा ग्रीष्मकालीन मानसून से होती है। भारत में तीन प्रकार की वर्षा होती है। (1) धरातल के अनुसार—तापमान अधिक हो जाने के कारण हल्की हवाएं ऊपर उठ जाती हैं और भारी नम हवाएं समुद्र से चलती हुई धरातल के अनुसार वर्षा करती हैं। जो पर्वत सम्मुख पड़ जाते हैं उनके नीचे अधिक वर्षा तथा छाया प्रदेशों (Rain Shadow Areas) में कम वर्षा होती है। (2) संवाहन—वायु जब गरम होकर हल्की हो जाती है तो ऊपर उठ जाती है और ऊपर ठंडक पाकर उसकी नमी बूंदों के रूप में बरस पड़ती है। भूमध्यरेखीय प्रदेश में इसी प्रकार वर्षा होती है। (3) चक्रवात—चक्रवातों से भी पर्याप्त वर्षा हो जाती है। इनमें हवाएं निम्न भारवाले केन्द्र की ओर चलती हैं और धीरे-धीरे ऊपर उठती हैं तथा ऊपर ठंडी होकर वर्षा कर देती हैं।

जलसंधि (STRAITS): उस संकीर्ण जलमार्ग को जलसंधि या जलडमरूमध्य कहते हैं जो दो समुद्रों या महासागरों को उसी प्रकार मिलाता है जिस प्रकार थलसंधि दो बड़े भू-प्रदेशों को मिलाती है।

दुनिया की दस महत्त्वपूर्ण जलसंधियों के नाम इस प्रकार हैं :

बाबुल मंदब, बेरिंग, बॉस्पोरस, दार्देनलीज़, डोवर, फारमूसा, जिब्राल्टर, गोल्डन गेट, मैकिनाक और मैगेलान।

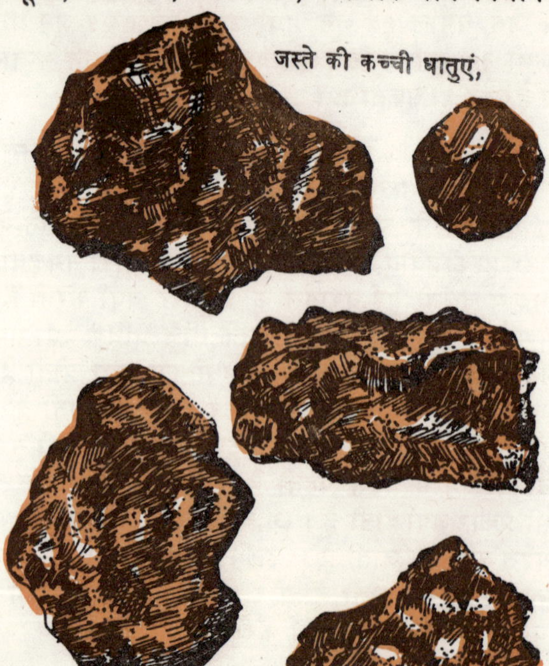
जस्ते की कच्ची धातुएं,

जस्ता (ZINC) : जस्ता देखने में खूबसूरत नहीं होता। इसपर चमकदार पालिश नहीं हो सकती। लेकिन बैटरी में जस्ता जितना अच्छा साबित होता है उतनी और कोई धातु नहीं होती। लोहे पर जस्ता चढ़ाने से उस पर ज़ंग नहीं लगता। अगर इस किताब की जिल्द जितनी मोटी जस्ते की चादर छत में लगाई जाए तो ख्याल है कि वह कई सौ वर्ष चलेगी। जस्ता चढ़ा लोहा हालांकि इतना नहीं चलता, फिर भी सादे लोहे से बहुत अधिक चल जाता है।

जस्ता कहीं भी अपने शुद्ध रूप में नहीं मिलता। इसमें दूसरे पदार्थ मिले होते हैं।

जस्ते को तांबे में मिलाकर पीतल बनाया जाता है। रोमन लोगों ने जस्ते के बारे में बिना कुछ जाने हुए ही पीतल बनाना सीख लिया था। वे इसे जस्ते की कच्ची धातु और तांबे की मदद से बनाते थे। उन्होंने यह सोचने का कष्ट नहीं उठाया कि इस कच्ची धातु में कौन-सी ऐसी चीज़ है जो तांबे को एक सुन्दर पीले रंग की धातु में बदल देती है।

आज अमरीका, रूस, बेल्जियम और कनाडा जस्ते के प्रमुख उत्पादक हैं। भारत में जस्ता जोधपुर के समीप मिलता है।

जिब्राल्टर (GIBRALTAR) : यह एक जलसंधि का भी नाम है और एक चट्टान का भी। जिब्राल्टर जलसंधि अटलांटिक महासागर से भूमध्यसागर को मिलाती है। इसी प्रकार यह यूरोप से अफ्रीका को अलग करती है। जिब्राल्टर की चट्टान स्पेन के प्रायद्वीप से एक नोक की तरह समुद्र में निकली हुई है।

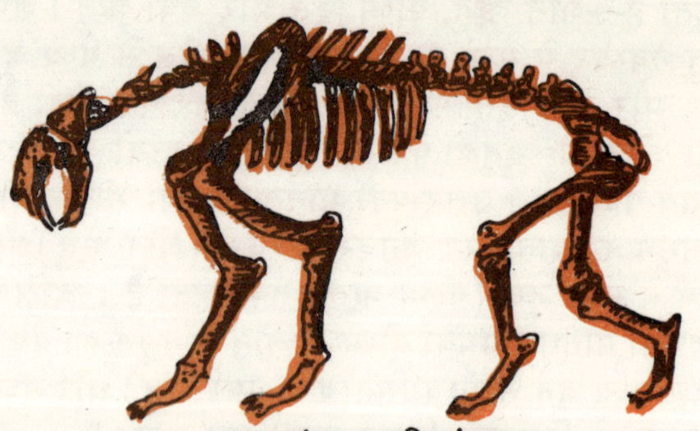
कृपाणदंत का अस्थिपंजर।

जीवाश्म (FOSSILS) : आज वे अनेक पौधे और जीव लुप्त हो चुके हैं जो किसी ज़माने में इस पृथ्वी पर थे। एक समय था जब इस पृथ्वी पर हाथी से कहीं अधिक विशालकाय डाइनोसॉर घूमते-फिरते थे। एक ज़माने में इस धरती पर बहुत छोटे-छोटे पौधे उगे थे जो आगे चलकर विशाल पेड़ों में बदल गए। हिमयुग में कृपाणदंती जीव रहते थे। जिनके दांत वास्तव में कृपाण जैसे थे। एक युग में ऐसे स्तनधारी जीव रहते थे जिनके शरीर पर इतना ऊन होता था कि सर्दी का उनपर कोई प्रभाव नहीं पड़ता था। इन सबके बारे में हमें इसलिए पता है क्योंकि हमें इनके जीवाश्म या फॉसिल मिलते हैं। जीवाश्म प्राचीन पेड़-पौधों और

जीव-जंतुओं की चट्टानों में मिली निशानियों को कहते हैं।

चित्र में दिया गया कृपाणदंती का अस्थिपंजर उन हड्डियों को जोड़कर बनाया गया है जो कैलिफोर्निया के प्रसिद्ध कुंडों से प्राप्त हुई हैं। इन कुंडों में एक प्रकार का लिसलिसा पदार्थ डामर या ऐस्फाल्ट था। शायद एक बार हज़ारों कृपाणदंती इन कुंडों में फंस गए। उनकी हड्डियां डामर की सतह के नीचे डूब गईं, और उनमें किसी प्रकार का विकार उत्पन्न नहीं हो सका।

प्राचीन चीड़ के पेड़ों से निकलनेवाले गोंद में अनेक कीड़े-पतंगे फंस गए और उनके शरीर में गोंद के कारण कोई विकार न आ सका। कालांतर में यह गोंद अम्बर की शक्ल में बदल गया।

प्राचीन पर्णांग का जीवाश्म

अम्बर में सुरक्षित कीटशरीर

अत्यन्त प्राचीन पशु उइंता (Uinta) की खोपड़ी की हड्डी प्रस्तरित रूप में मिली है। प्रस्तरित का अर्थ है—पत्थर में बदला हुआ। जब उइंता पशु मरा तो वह मर-कर किसी दलदल या कुंड में गिर गया। जल्द ही रेत या कीचड़ ने उसे ढक लिया। कुछ दिनों बाद उसकी हड्डियां ही शेष रहीं। इसके बाद धीरे-धीरे पानी के खनिज पदार्थों ने हड्डी के कणों पर अपना अधिकार जमाना शुरू कर दिया। खनिजों ने हड्डी पर हवा का प्रभाव नहीं पड़ने दिया और इस प्रकार हड्डी सुरक्षित ही रही। मछली का जीवाश्म भी इसी प्रकार बनता है।

मछली का जीवाश्म

सांचा जीवाश्म

प्रस्तरित काष्ठ

डाइनोसॉर के पदचिह्न

ट्राइलोबाइट (Trilobite) का जीवाश्म एक प्रकार का ढलवां जीवाश्म है। यह जीवाश्म बिलकुल उसी प्रकार बना जिस प्रकार हम सांचे में ढालकर प्लास्टर की चीज़ें तैयार करते हैं। हुआ यह कि बहुत दिनों पहले एक ट्राइलोबाइट समुद्र के किनारे के पास के उथले पानी में मर गया। रेत और कीचड़ ने उसे ढक लिया। उसका शरीर नष्ट हो गया, लेकिन जहां वह शरीर था वहां की जगह वैसी ही रही। इस जगह में चूनेदार कीचड़ भर गया। कालांतर में यह कीचड़ ठोस पत्थर की शक्ल में बदल गया। अनेक पत्तियों के जीवाश्म भी इस प्रकार ढलकर बने हैं।

अधिकतर जीवाश्म पानी के अन्दर बननेवाली चट्टानों में पाए जाते हैं। इन चट्टानों में बलुआ पत्थर, चूनापत्थर और शेल प्रमुख हैं।

चट्टानों को खोदकर उनमें से जीवाश्म निकालना कभी-कभी तो बड़ा आसान होता है, लेकिन अक्सर इस काम में लम्बे समय और धैर्य की आवश्यकता पड़ती है।

विभिन्न देशों के संग्रहालयों में हर प्रकार के लाखों जीवाश्म सुरक्षित हैं। संसार-भर के वैज्ञानिकों ने देश-विदेश घूमकर इनका संग्रह किया है। प्राचीनतम युगों का जीवन किस प्रकार का रहा है, इसकी मनोरंजक कहानी हमें जीवाश्मों से ही ज्ञात होती है।

ज्वार-भाटा (TIDES) : समुद्र का पानी हर समय समुद्र से किनारों और किनारों से समुद्र की ओर बढ़ता रहता है। जब पानी समुद्र से किनारों की ओर बढ़ता है तो उसे ज्वार कहते हैं। पानी के समुद्र में वापस आने को भाटा कहते हैं। एक दिन में सामान्यतया दो बार ज्वार आता है और दो बार भाटा।

ज्वार-भाटा चन्द्रमा के खिंचाव के कारण आता है। पृथ्वी का जो भाग चन्द्रमा की ओर होता है चन्द्रमा उस भाग के पानी को अपनी ओर खींचता है और समुद्र में ज्वार आ जाता है।

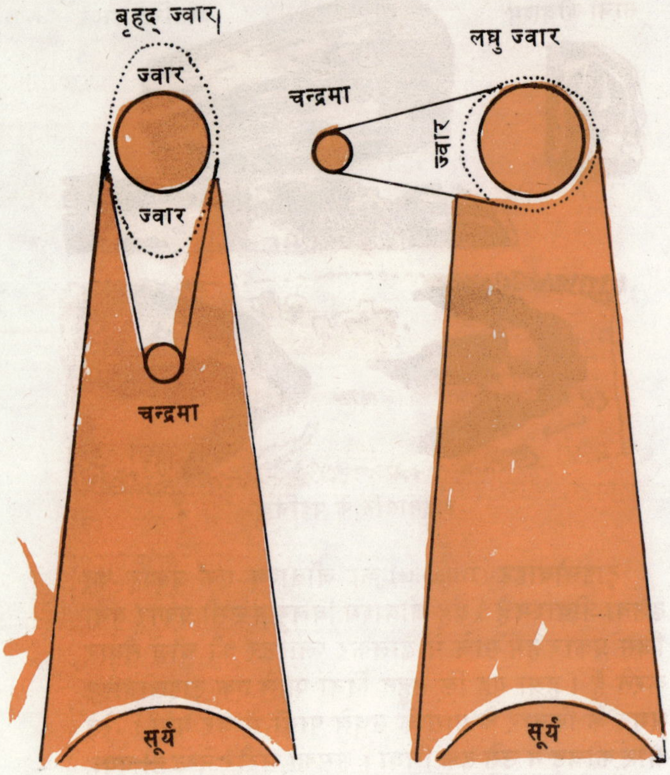

ज्वार-भाटे चन्द्रमा के कारण आते हैं

कभी-कभी पृथ्वी, सूर्य और चन्द्रमा एक सीध में आ जाते हैं। ऐसा होने पर सूर्य और चन्द्रमा की आकर्षण शक्ति एक हो जाती है और ज्वार बहुत ऊंचे हो जाते हैं। इन ज्वारों को बृहत् ज्वार (Spring Tides) कहते हैं। बृहत् ज्वार का ठीक उल्टा लघु ज्वार (Neap Tides) होता है, जिसमें समुद्र के पानी का स्तर बहुत नीचा रहता है।

ज्वालामुखी (VOLCANOES) : जैसा कि नाम से ही स्पष्ट है, ज्वालामुखी पर्वत एक ऐसा पर्वत है जिसके मुंह से विस्फोट के समय पिघली हुई गरम चट्टान, कोयला और राख आदि निकलते हैं।

ज्वालामुखी पर्वत अपने-आप बन जाता है। धरती के बहुत नीचे की चट्टान बहुत गरम है। वह इतनी गरम है कि चट्टानों की तरह ठोस नहीं बल्कि तरल अवस्था में है। भाप और गैसों के दबाव से यह तरल चट्टान अपनी ऊपरी बड़ी चट्टानों की परत को भेदकर पृथ्वी की ऊपरी सतह तक एक छेद बना देती है।

अन्दर की शक्तिशाली गैसों के कारण गरम पिघली हुई चट्टान इस छेद से होती हुई उमड़ पड़ती है। विस्फोट के समय ज्वालामुखी के मुंह से निकलनेवाली गरम पिघली हुई चट्टानों को लावा कहते हैं। ठंडा हो जाने पर यही लावा ठोस चट्टान का रूप ले लेता है। लावे के छोटे-छोटे लोंदे, जो हवा में बहुत दूर तक जाते हैं, ठंडे होने पर ज्वालामुखी की राख या कोयले कहे जाते हैं। इनमें से कुछ बड़े लोंदों को ज्वालामुखी के गोले कहा जाता है। धीरे-धीरे ठंडा और कड़ा लावा तथा राख उस छेद के चारों ओर जमा हो जाती है। कुछ समय बाद यह ढेर एक नुकीले पर्वत का रूप ले लेता है।

ज्वालामुखी की नुकीली चोटी पर एक गड्ढा होता है। इसे ज्वालामुखी का विवर कहते हैं। कभी-कभी इस विवर के अन्दर खौलती चट्टान की एक झील-सी रहती है।

ज्वालामुखी भूमि पर ही नहीं, समुद्र में भी होते हैं। जब समुद्री ज्वालामुखी का विस्फोट होता है तो समुद्र में भयानक लहरें उठती हैं।

जब ज्वालामुखी के मुंह से लावा और राख निकलती है तो कहा जाता है कि विस्फोट हो रहा है।

यदि किसी ज्वालामुखी में लगभग सौ वर्ष तक विस्फोट न हो तो उसे मृत ज्वालामुखी कहा जाता है। जो ज्वालामुखी मृत नहीं हैं उन्हें सक्रिय ज्वालामुखी कहते हैं। मृत ज्वालामुखियों के बारे में भी निश्चयपूर्वक यह नहीं कहा जा सकता कि वे कब फूट पड़ेंगे।

ज्वालामुखी से निकलती हुई गरम पिघली चट्टान

प्रशान्त महासागर के क्राकाटोग्रा नामक द्वीप में सन् 1883 में एक प्रचंड विस्फोट हुग्रा था। इस विस्फोट से ग्राधा द्वीप उड़ गया। विस्फोट की ग्रावाज़ 3000 मील तक सुनी गई। चट्टान के टुकड़े बीस मील दूर तक छिटक गए। चारों ग्रोर के समुद्र में 50 फुट ऊंची लहरें उठीं जिन्होंने 300 गांवों को नष्ट कर दिया ग्रौर 35,000 लोगों की जानें ले लीं। विस्फोट की राख सारी दुनिया में फैल गई।

झील (LAKES) : चारों ग्रोर ज़मीन से घिरे हुए जल-क्षेत्र को झील कहते हैं। संसार की ग्रधिकांश झीलें मीठे पानी की झीलें हैं। लेकिन कुछ खारे पानी की झीलें भी हैं। मीठे पानी की झीलों में पानी का ग्राना ग्रौर निकलना बराबर जारी रहता है। खारे पानी की झीलों में बाहर से पानी ग्राता तो है लेकिन उसमें से निकलता नहीं। खारे पानी की झीलों का पानी भाप बनकर उड़ता रहता है। इसलिए बाहर से ग्रानेवाले पानी का सारा नमक उनमें जमा होता जाता है।

ग्रराल सागर, ग्रेट साल्ट लेक, कैस्पियन सागर, मृत सागर ग्रौर तुर्की की वान झील खारे पानी की पांच प्रसिद्ध झीलें हैं। इनमें कैस्पियन सागर सबसे बड़ा है।

मीठे पानी की झीलों में उत्तरी ग्रमरीका की लेक सुपीरियर संसार की सबसे बड़ी झील है।

भारत में भी कुछ प्रसिद्ध झीलें हैं, जैसे कश्मीर की डल झील, नैनीताल की झील ग्रादि। सांभर झील खारे पानी की झील है जिसके पानी से नमक तैयार किया जाता है।

संसार की प्रमुख झीलें

झील	स्थिति	क्षेत्रफल (वर्गमील)
सुपीरियर	उ० अमरीका	31,820
विक्टोरिया	अफ्रीका	26,828
ह्यूरन	उ० अमरीका	23,010
मिशिगन	उ० अमरीका	22,400
बैकाल	एशिया	13,300
टांगानीका	अफ्रीका	11,700
ग्रेट बियर	उ० अमरीका	12,000
ग्रेट स्लेव	उ० अमरीका	11,170
न्यासा	अफ्रीका	11,000
एरी	उ० अमरीका	9,940
विनिपेग	उ० अमरीका	9,398
ओंटेरियो	उ० अमरीका	7,540

झील, ज्वालामुख (CRATER LAKE) : कुछ झीलें पहाड़ों की चोटियों पर स्थित होती हैं। इन्हें ज्वालामुख झील कहते हैं। वास्तव में ये पुराने मृत ज्वालामुखियों के

ज्वालामुख झील (उ० ग्रमरीका)

मुंह हैं जो एक लम्बे समय तक वर्षा का पानी भरते रहने के कारण झील बन गए हैं।

ज्वालामुख झील बहुत सुन्दर होती है। उसका पानी बड़ा साफ ग्रौर बिलकुल नीला होता है। चारों ग्रोर लावा की ऊंची-ऊंची दीवारें होती हैं। इसी प्रकार की एक झील उत्तरी ग्रमरीका के कास्केड पर्वत पर स्थित है। यह झील छः मील लम्बी ग्रौर चार मील चौड़ी है। इसकी गहराई लगभग दो हज़ार फुट है। लेकिन ग्रधिकांश ज्वालामुख झीलें इतनी बड़ी नहीं होतीं। इस झील में से पानी का कोई निकास नहीं है। जिन झीलों में से पानी का कोई निकास नहीं होता वे प्रायः खारी होती हैं, लेकिन इस झील का पानी खारा नहीं है। इसके निर्माण की विशेषता ही इसका कारण है। वैज्ञानिकों का कहना है कि ग्रारम्भ में यह ज्वालामुखी ग्रपने हर बार के विस्फोट के साथ काफी ऊंचा होता गया। यहां तक कि ग्रंत में इसकी चोटी पर बर्फ की तह पर तह जम गई। फिर कुछ समय बाद इस ज्वालामुखी के मुंह की पेंदी नीचे धंस गई ग्रौर चोटी पर की बर्फ के पिघल जाने से मीठे पानी की झील बन गई।

टाइटेनियम (TITANIUM) : इस हलकी ग्रौर चमकीली धातु के सम्बन्ध में ग्रभी वैज्ञानिक लोग खोजबीन कर रहे हैं। टाइटेनियम कभी भी ग्रलग नहीं मिलता, इसलिए इसकी खोज सन् 1791 से पहले नहीं की जा सकी। यह धातु हमेशा दूसरे पदार्थों में ग्रर्थात् यौगिक रूप में ही पाई जाती है। इन यौगिकों में यह छिपी रहती है।

जब इसे खोज निकाला गया उसके बाद भी बहुत दिनों तक इसका प्रयोग नहीं किया गया। सन् 1940 के बाद भी कई वर्षों तक कच्ची धातु से टाइटेनियम निकालने की श्रेष्ठ विधियां ज्ञात नहीं हो सकी थीं।

खारे पानी ग्रौर समुद्री हवा को सहन करने में टाइटेनियम ग्रत्यन्त मूल्यवान धातु प्लाटिनम के ही समान है। ग्रधिकांश तेज़ाबों का इसपर कोई ग्रसर नहीं होता। यह धातु ताप भी बड़ी मात्रा में सहन कर लेती है।

आजकल टाइटेनियम का प्रयोग शुद्ध धातु के रूप में कम और टाइटेनियम डाई ऑक्साइड नामक यौगिक के रूप में अधिक होता है। यह यौगिक बहुत ही सफेद—बर्फ से भी अधिक सफेद—होता है। इसका उपयोग रोगन, पोर्सिलेन, कागज़ और टायरों के लिए सफेद रबर आदि में होता है।

टाइटेनियम के कुछ और यौगिक भी बड़े उपयोगी हैं। एक प्रकार के यौगिक के क्रिस्टल हीरों की तरह चमकते हैं। एक और प्रकार के यौगिक का उपयोग धूमावरण (Smoke Screen) में किया जाता है।

भारत में टाइटेनियम त्रावणकोर में मिलता है।

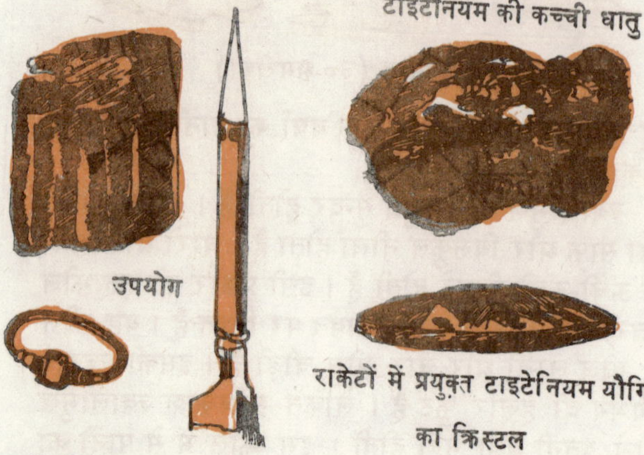

टिटिकाका झील (LAKE TITICACA) : यह दक्षिण अमरीका की मीठे पानी की सबसे बड़ी झील है। यह झील दुनिया की बड़ी झीलों में सबसे अधिक ऊंचाई पर स्थित है।

टिटिकाका झील के एक किनारे कुछ खंडहर हैं जिनका रहस्य अभी तक नहीं खुला है। वैज्ञानिकों का विचार है कि प्राचीन इन्का जाति के लोगों के पहले यहां इंडियन आदिवासियों की कोई जाति रहती थी जो काफी सभ्य थी।

टिटिकाका झील में नरकुल की नावें चलती है

टीन (TIN) : टीन एक कोमल धातु है। इस पर ज़ंग नहीं लगता। इसी कारण प्रायः इसे लोहे पर चढ़ाया जाता है।

संसार में सबसे अधिक टीन मलाया में मिलता है। उस देश में टीन की खुदाई ईसा के जन्म से भी पहले से

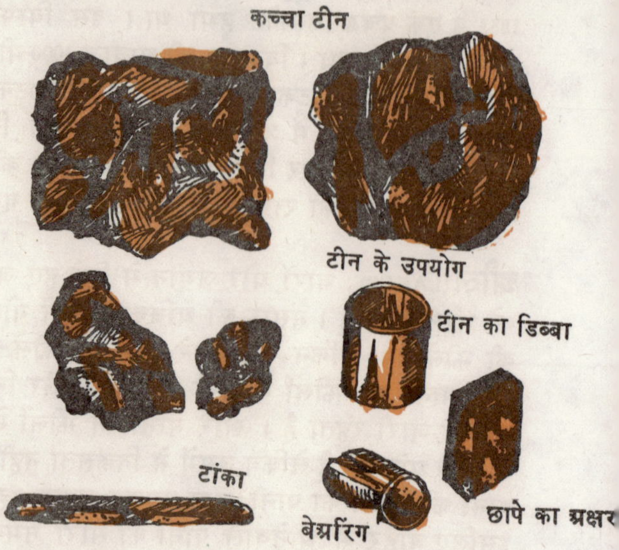

होती आई है। बोलिविया, इंडोनेशिया, बेल्जियन कांगो, थाईलेंड और नाइजीरिया में भी टीन की खानें हैं। जितना टीन पैदा होता है उसका आधे से अधिक हिस्सा अमरीका में खप जाता है।

टीन का उपयोग मुख्य रूप से डिब्बे बनाने में किया जाता है। टीन का डिब्बा असल में लोहे का होता है जिसके ऊपर टीन चढ़ा होता है।

कांसे के अलावा प्यूटर और टांका (Solder) भी टीन की मिश्रधातुएं हैं। इन दोनों में टीन के साथ सीसा मिलाया जाता है।

टेम्स नदी (THAMES) : यह इंग्लैंड की सबसे महत्त्वपूर्ण नदी है। यह ग्लोस्टरशायर से निकलकर और लंदन के पास से बहती हुई उत्तरी सागर में मिल जाती है। इसके किनारे बहुत से बन्दरगाह हैं जिनका व्यापारिक दृष्टि से विशेष महत्त्व है।

डामर (ASPHALT) : यह वह काली-काली-सी चीज़ है, जो प्रायः पक्की सड़कें बनाते समय उनपर गरम करके और पिघलाकर डाली जाती है। इसे ऐस्फाल्ट भी कहते हैं। प्राकृतिक अवस्था में डामर उन जगहों पर मिलता है जहां पेट्रोलियम मिलता है या कभी मिला करता था। डामर ज़मीन से रिस-रिसकर ऊपर आकर गड्ढों में इकट्ठा होता रहता है। ज़मीन से इस तरह ऊपर आनेवाले डामर को प्राकृतिक डामर कहते हैं। वैसे डामर पेट्रोलियम से कारखानों में भी बनाया जा सकता है।

अपनी स्वाभाविक अवस्था में डामर एक काफी गाढ़ा द्रव है। मगर रखे-रखे यह एक मुलायम ठोस अवस्था में आ जाता है। इज़रायल में, मृत सागर में डामर के टुकड़े प्रायः तैरते मिल जाते हैं। पुराने ज़माने में इस जगह के

भीमकाय जीव डामर की भीलों से फंस जाते हैं

आसपास डामर बड़ी मात्रा में प्राप्त होता था। इस जगह के कुछ उत्तर में ईराक में दजला और फ़रात नदियों की घाटी में भी कई जगह डामर के सोते थे। पुराने ज़माने में इस क्षेत्र में रहनेवाले लोग डामर का उपयोग सड़कें बनाते समय ईंटें जोड़ने के लिए किया करते थे। वे भरनियों और मर्तबानों का मुंह बन्द करने के लिए भी डामर का इस्तेमाल करते थे।

दक्षिणी अमरीका के उत्तरी छोर के पास ट्रिनिडाड द्वीप में डामर की एक झील है। इस झील के बीच में तो डामर द्रव अवस्था में ही है, पर किनारों पर ठोस अवस्था में है। वहां किनारे से डामर के बड़े-बड़े टुकड़े निकाल लिए जाते हैं। कुछ ही देर में छेद फिर डामर से भर जाते हैं।

अमरीका के कैलीफोर्निया राज्य में भी इस तरह की झीलें हैं। वैज्ञानिकों को इन झीलों में से लाखों साल पहले धरती पर रहनेवाले कई भीमकाय जीवों के फॉसिल या जीवाश्म मिले हैं, जिनके कारण इन झीलों को लोग 'मौत का पिंजरा' भी कहते हैं। वर्षा के बाद डामर पानी से ढक जाया करता था। जीव-जंतुओं को वहां डामर होने का पता न होता था और वे डामर की झील में धंस जाया करते थे।

डामर का उपयोग, सड़कों के अलावा, रग-रोगन आदि और भी कई चीज़ें बनाने में होता है।

डेल्टा (DELTA) : गंगा, सिंधु और मिस्र की नील जैसी बहुत-सी नदियां समुद्र में गिरने से पहले कई शाखाओं में फैल जाती हैं। इससे नदी के मुहाने का वह स्थान त्रिभुज के आकार का हो जाता है। इसे डेल्टा कहते हैं। यह नाम ग्रीक वर्णमाला के एक अक्षर पर पड़ा है जिससे अंग्रेज़ी का 'डी' अक्षर बना है और जिसकी शक्ल इस तरह की है : △

समुद्र के पास आते-आते नदी की गति प्रायः धीमी पड़ जाती है और उसके साथ आई मिट्टी डेल्टा में जमती जाती है। इस तरह डेल्टा दिन-प्रति-दिन उपजाऊ होता

नील नदी का डेल्टा, प्राचीन काल से प्रसिद्ध है

जाता है और उसका क्षेत्र बराबर बढ़ता जाता है।

कुछ नदियां इतनी तेज़ी से समुद्र में गिरती हैं कि उनके मुहाने पर कोई डेल्टा नहीं बनता। नर्मदा, ताप्ती और कांगो ऐसी ही नदियां हैं।

सिंधु और नील नदी के डेल्टा प्राचीन काल में बहुत प्रसिद्ध रहे हैं। प्राचीन सिंधु सभ्यता और मिस्री सभ्यता क्रमशः इन्हीं डेल्टाओं में फूली-फली थीं। (देखें: नदी)

डेन्यूब नदी (DANUBE RIVER) : यह नदी दक्षिण जर्मनी के ब्लैक फारेस्ट से निकलती है। यूरोप में वोल्गा नदी के बाद लम्बाई में इसका दूसरा स्थान है। यह 1,700 मील से अधिक लम्बी है।

डेन्यूब नदी आठ देशों से होकर बहती है।

तरंग (WAVES) : हवा समुद्रों, झीलों और तालाबों में तरंगें उठाती रहती है। कुछ तरंगें बहुत छोटी होती हैं और कुछ बहुत बड़ी। बड़ी तरंगें कभी-कभी पांच-मंज़िले मकान के बराबर ऊंची हो सकती हैं।

सभी तरंगें हवा के कारण उत्पन्न नहीं होतीं। भूकंप या ज्वालामुखी के विस्फोट के कारण समुद्र में भीमकाय तरंगें उठती हैं। इन भीमकाय तरंगों को ज्वार-तरंगें कहते हैं।

तांबा (COPPER) : तांबे का उपयोग सोने के समान ही पुराना है। सोने की भांति तांबा भी अक्सर शुद्ध धातु के रूप में मिलता है। मनुष्य ने उसे उठाया और इस्तेमाल कर लिया। अन्य धातुओं के साथ दूसरे पदार्थ मिले हुए होते हैं। उनसे धातुओं को अलग करना और उनका शोधन करना कठिन हो सकता है। लेकिन तांबा सदा ही शुद्ध नहीं मिलता। इसमें बहुत से खनिज होते हैं।

तांबा और उसके अयस्क

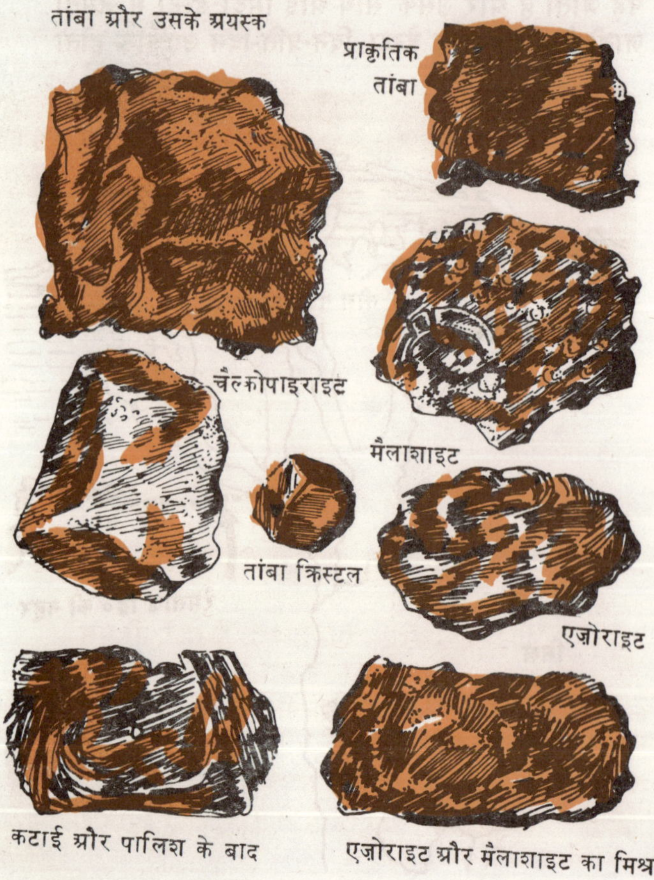

आरम्भ में मनुष्य तांबे को शायद उसकी सुन्दरता के कारण मूल्यवान समझता था। पर शीघ्र ही उसे पता लग गया कि उसके औज़ार पत्थर के औज़ारों से बहुत अच्छे होते हैं।

जब प्राचीन मनुष्य तांबे की खोज में धरती खोद रहा था तो उसे टीन-पत्थर मिल गया होगा। उसने उसमें से टीन निकालना जान लिया। टीन और तांबे को साथ गलाया तो कांसा बन गया। कांसा तांबे से कड़ा होता है। उसके औज़ार और भी बढ़िया बने। मनुष्य ने तांबे और जस्ते को गलाया। इससे पीतल बना। कांसे और पीतल के समान मिश्रणों को मिश्रधातु कहते हैं। जब तक मनुष्य ने लोहे का उपयोग नहीं सीखा, तब तक तांबा और कांसा उसकी प्रमुख धातुएं थीं।

कनाडा में तांबे की खुली खदान

चांदी के बाद तांबा बिजली का सबसे अच्छा संवाहक है। इसलिए बिजली ले जाने के लिए तांबे के तार लगाए जाते हैं। तांबा ताप का भी अच्छा संवाहक है। पकाने के बर्तनों में तांबा उपयोग किया जाता है। तांबे में जल्दी ज़ंग नहीं लगता। यह जहाज़ों के निर्माण में इस्तेमाल किया जाता है। क्वीन मेरी नामक विशाल जहाज़ में तीस लाख पौंड तांबा लगा था।

तांबा सुन्दर वस्तुएं बनाने के काम में आता है। इसका रंग अच्छा होता है। इसे अच्छी पालिश दी जा सकती है। मूर्तियां अक्सर कांसे की बनाई जाती हैं। तांबे और उसकी मिश्र धातुओं के पदक और सिक्के बनाए जाते हैं।

आज लगभग सारा तांबा अयस्कों से निकाला जाता है। ये खनिज नीले या हरे होते हैं।

भारत में तांबा बिहार और राजस्थान में मिलता है।

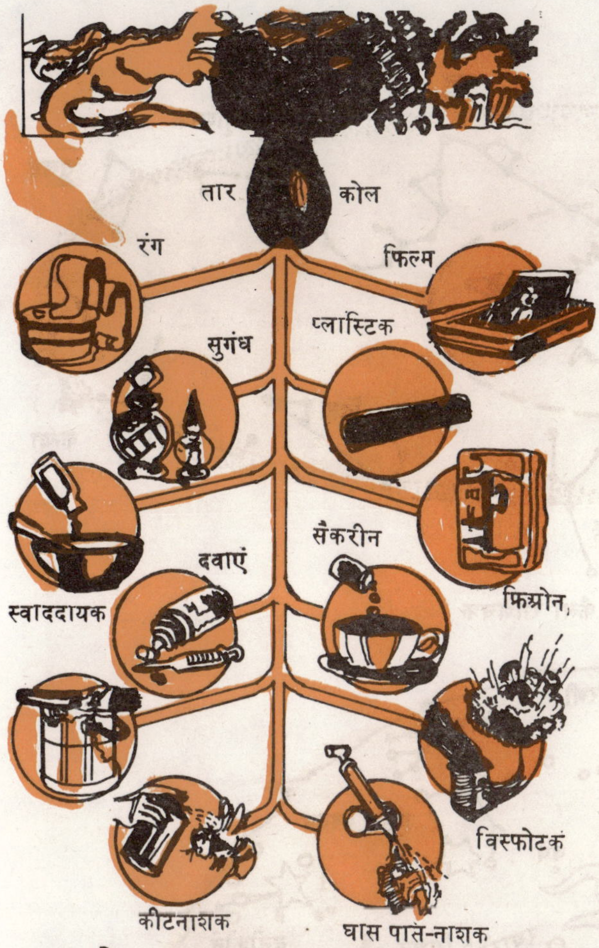

तारकोल (COALTAR) : बहुत-सा कोयला कोक बनाने के काम में लाया जाता है। इसके लिए कोयले को आसवित करते हैं। इससे जो वस्तुएं निकलती हैं उनमें से एक चिपकदार काला द्रव—तारकोल भी होता है।

अब तारकोल कोयले के समान ही मूल्यवान हो गया है। यह अच्छा ईंधन है। इससे सैकड़ों वस्तुएं बनाई जाती हैं। पहले कौन कल्पना कर सकता था कि इस गन्दी वस्तु से सुगंधें, रंग और स्वादिष्ट पदार्थ बनाए जाएंगे।

तारकोल बहुत-से रासायनिक पदार्थों का मिश्रण है। उन्हें अलग करके उनसे अनेक वस्तुएं बनाई जाती हैं। (देखें: कोयला)

ताराघर का एक दृश्य

ताराघर (PLANETARIUM) : अनेक देशों में ऐसे भवन हैं जिनमें बैठकर लोग उनकी छतों पर तारों के चित्र देखते हैं। इन्हें ताराघर कहते हैं। ये गुंबदाकार होते हैं। ताराघर में एक मशीन लगी होती है जो रात्रिकालीन आकाश के चित्र छत पर दिखाती रहती है।

सबसे पहले ताराघर का निर्माण जर्मनी में हुआ था। अब कई देशों के बड़े-बड़े नगरों में ताराघर बन गए हैं। लंदन का ताराघर भी प्रसिद्ध है।

तारामंडल (CONSTELLATIONS) : रात में आकाश की ओर देखने पर हमें जो तारे दिखाई देते हैं वे आकाश में यों ही छितराये हुए नहीं हैं। वे समूहों में बंटे हुए हैं। तारों के समूह को तारामंडल कहते हैं।

पुराने ज़माने में लोग तारामंडलों को इस प्रकार देखते थे जैसे वे आकाश में बने चित्र हों। उन्होंने तारामंडलों के नाम भी इसी प्रकार रखे हैं। इनमें से कुछ नाम इस प्रकार हैं : मेष, वृषभ, कुम्भ, मिथुन, सिंह, तुला, सप्तर्षि, बृहत् श्वान, वृश्चिक आदि। प्राचीन यूनानी और रोमन लोगों ने भी इसी प्रकार तारामंडलों के नाम रखे थे।

पृथ्वी की प्रत्येक दिशा में तारामंडल फैले हुए हैं। परन्तु केवल भूमध्यरेखा पर से ही उन सबको देखा जा सकता है। उत्तरी गोलार्ध और दक्षिणी गोलार्ध में अलग-अलग तारामंडल दिखाई देते हैं। साथ में एक तारा-चार्ट दिया गया है। ये तारामंडल भारत में दिखाई देते हैं।

तारा-चार्ट में दिखाए गए सभी तारामंडल साल में किसी न किसी समय देखे जा सकते हैं। लेकिन ये सब के सब एक ही समय में नहीं दिखाई देते। पृथ्वी सूर्य की परिक्रमा करती है। इसलिए रात के आकाश का रूप हर ऋतु में बदल जाता है। जैसे जाड़े में मिथुन और मृग दिखाई देते हैं लेकिन गर्मी में नहीं दिखाई देते।

इसके अलावा रात का आकाश हर घंटे बदलता रहता है। पृथ्वी अपनी धुरी पर घूमती रहती है। इससे ऐसा लगता है कि तारामंडल भी आकाश में चक्कर लगा रहे हैं। सप्तर्षि रात भर में ध्रुवतारे का एक चक्कर लगाते हुए दिखाई देते हैं।

हम कौन-कौन से तारामंडलों को देख सकते हैं यह तीन बातों पर निर्भर करता है : (1) हम पृथ्वी पर किस जगह हैं, (2) यह वर्ष का कौन-सा समय है, और (3) रात का यह कौन-सा पहर है।

तारे बराबर घूम रहे हैं। तारामंडलों के तारे भी घूम रहे हैं और यह ज़रूरी नहीं कि वे एक ही दिशा में घूम रहे हों। लेकिन ये सभी तारामंडल हमसे इतनी दूर हैं कि इनके आकार में हमें एक साल से दूसरे साल कोई अन्तर नहीं मालूम होता। लेकिन हज़ारों साल बाद इनके आकार में अन्तर आ जाता है। 1,00,000 साल बाद सप्तर्षि-मंडल का आकार काफी बदल जाएगा।

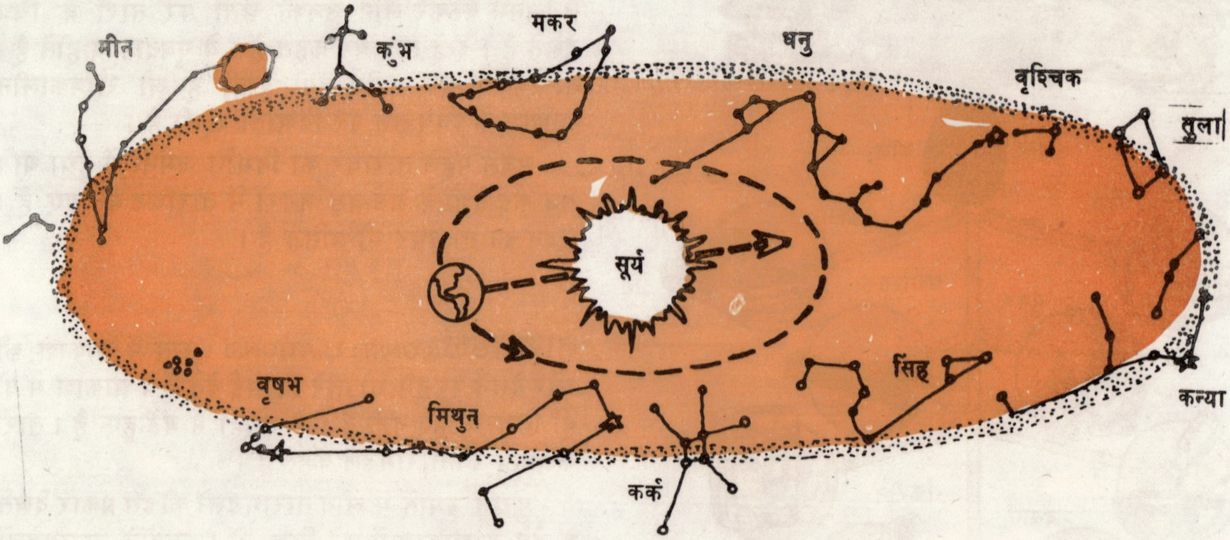

सौर परिवार के चारों ओर फैला राशिचक्र

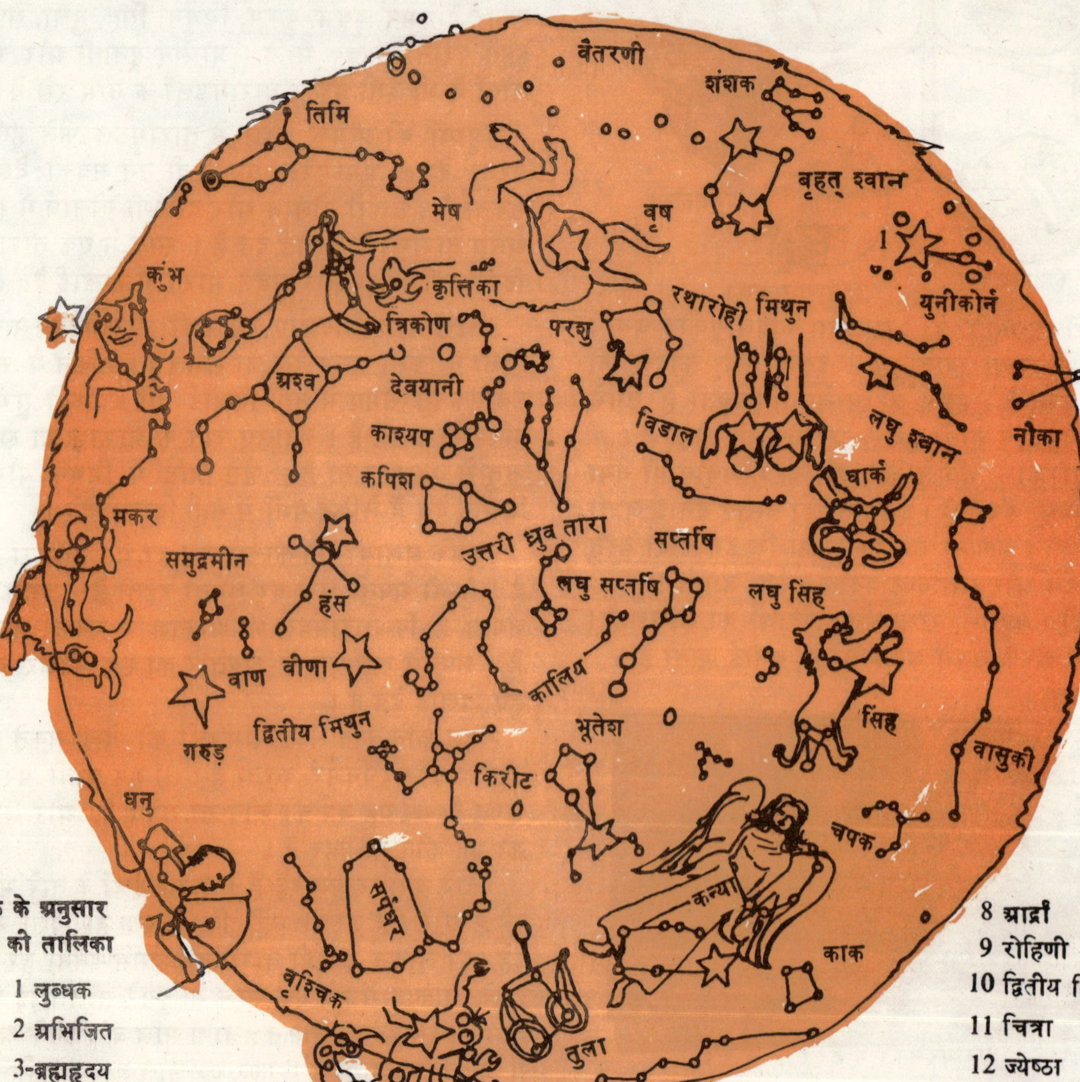

चमक के अनुसार तारों की तालिका

1 लुब्धक
2 अभिजित
3-ब्रह्महृदय
4 स्वाति
5 द्वितीय मृग,
6 प्रथम लघु श्वान
7 प्रथम गरुड़
8 आर्द्रा
9 रोहिणी
10 द्वितीय मिथुन
11 चित्रा
12 ज्येष्ठा
13 प्रथम मीन
14 प्रथम हंस
15 मघा
16 प्रथम मिथुन

तारों के बारे में अनेक पुराणकथाएं प्रचलित हैं। इस प्रकार की कथाएं संसार के सभी देशों में प्रचलित हैं। पुराने ज़माने के लोगों ने तारामंडलों के नाम ही नहीं रखे थे, उन्होंने इनके बारे में तरह-तरह की कहानियां भी बना रखी थीं। वे सिर्फ कहानियां ही हैं, आकाश के तारों से उनका कोई संबन्ध नहीं है।

तारे (STARS) : सूर्य और तारा या नक्षत्र में कोई फर्क नहीं है। सभी तारे या नक्षत्र सूर्य हैं, या दूसरे शब्दों में, हमारा सूर्य असंख्य तारों में से एक है। लेकिन आम तौर से जब हम तारा शब्द का प्रयोग करते हैं तो हमारा मतलब सूर्य के अलावा दूसरे तारों से ही होता है।

कुछ तारे हमारे सूर्य से कई गुना बड़े हैं, लेकिन हमसे बहुत अधिक दूर होने के कारण वे हमें धुंधले दिखाई देते हैं।

सूर्य हमसे लगभग 9,30,00,000 मील दूर है, लेकिन हमारे सबसे निकट का तारा सूर्य की अपेक्षा कहीं अधिक दूर है। प्रकाश की गति 1,86,000 मील प्रति सेकंड है। इस हिसाब से सूर्य के प्रकाश को पृथ्वी तक पहुंचने में आठ मिनट लगते हैं, किन्तु हमारे सबसे निकट के तारे के प्रकाश को हमारे पास पहुंचने में चार वर्ष से अधिक लग जाते हैं। इस तारे का नाम प्रथम किन्नर (Proxima Centauri) है, और हमारे सबसे निकट होते हुए भी यह इतना धुंधला है कि इसे दूरदर्शक की सहायता से ही स्पष्ट रूप से देखा जा सकता है।

लुब्धक हमारे आकाश का सब से उज्ज्वल तारा है। इस तारे का प्रकाश लगभग नौ वर्षों में पृथ्वी तक पहुंचता है। यदि आज रात को लुब्धक का विस्फोट हो जाए तो हमें यह विस्फोट आज से लगभग नौ वर्ष बाद दिखाई देगा। द्वितीय कालपुरुष भी एक चमकीला तारा है। इस तारे के प्रकाश को हम तक आने में 500 वर्ष लगते हैं। आज इस तारे का जो प्रकाश हम तक पहुंच रहा है वह इस तारे से उस समय चला था जब कोलम्बस ने अमरीका की खोज भी नहीं की थी। वास्तव में हम इस बात की कल्पना ही नहीं कर सकते कि जो तारे धुंधले दिखाई देते हैं वे हमसे कितनी दूर हैं।

अक्सर हम समझते हैं कि एक तारे के पांच कोने होते हैं, लेकिन सचाई यह नहीं है। तारे सूर्य की ही भांति चमकते हुए बड़े गोले जैसे हैं। टिमटिमाने के कारण तारे हमें कोनोंवाले दिखाई देते हैं। इनके टिमटिमाने का कारण हवा है। यदि हम चन्द्रमा पर पहुंचकर तारों को देखें तो हमें तारे सूर्य जैसे साफ नज़र आएंगे, क्योंकि पृथ्वी की भांति चन्द्रमा पर हवा नहीं है।

सूर्य की भांति ही तारे भी प्रकाश के गोले हैं। किन्तु सभी तारे अकेले नहीं हैं। हज़ारों तारे युगल सूर्य हैं। युगल सूर्य में दो तारे होते हैं जो एक-दूसरे की परिक्रमा करते हैं।

सब तारों का रंग एक-सा नहीं है। तारे नीलाभ-श्वेत, श्वेत, पीले, नारंगी और लाल रंगों के हैं। ये अलग-अलग रंग तारों के अलग-अलग तापमान के कारण हैं। नीलाभ-श्वेत तारे सबसे गरम हैं। गर्मी की दृष्टि से तारों का यह क्रम है नीलाभ-श्वेत, श्वेत, पीले, नारंगी और लाल। लेकिन लाल तारे भी इतने गरम हैं कि उसकी कल्पना करना असंभव है।

रात्रि के समय स्वच्छ आकाश की ओर देखने पर हमें कोई दो हज़ार तारे छिटके हुए दिखाई देते हैं। हज़ारों तारे ऐसे हैं जो इतने कम चमकीले होते हैं कि दूरदर्शक की मदद के बिना नहीं देखे जा सकते। दूरदर्शक से देखने पर पता चलता है कि आकाश में करोड़ों-अरबों तारे हैं। हम कह सकते हैं कि दुनिया के सभी समुद्रतटों पर रेत के जितने कण हैं, आसमान में उतने ही तारे हैं।

तारे आकाश में बराबर-बराबर दूरी पर नहीं छिटके हुए हैं। उनके कुछ समूह हैं जिन्हें तारामंडल कहते हैं।

तीव्र वर्षा (CLOUDBURST) : तीव्र वर्षा या झटित् वर्षा उसे कहते हैं जब अचानक वर्षा की झड़ी लग जाती है। बादल वर्षा की करोड़ों छोटी-छोटी बूंदों से बना होता है। ये बूंदें आपस में मिलकर बड़ी-बड़ी बूंदें बन जाती हैं। बादल के नीचे बहनेवाली वायु की तेज़ धाराएं इन्हें गिरने से रोके रखती हैं। अंत में बूंदें इतनी बड़ी हो जाती हैं कि उनका वहां टिका रहना असम्भव हो जाता है। वे

हमारा वायुमंडल तारे के प्रकाश को मोड़ और छितरा देता है।

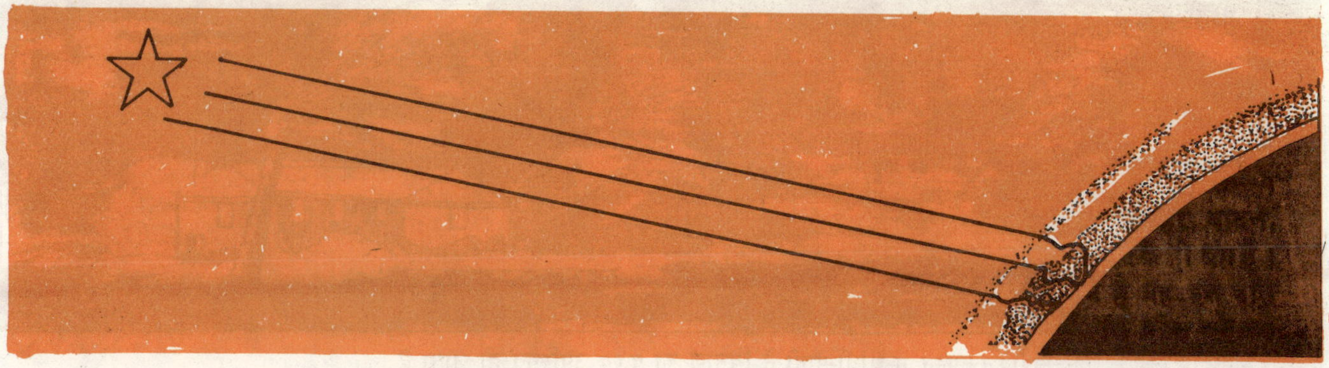

एकदम से गिरने लगती हैं और तीव्र वर्षा शुरू हो जाती है। इस प्रकार की वर्षा में थोड़ी ही देर में बहुत-सा पानी बरस जाता है।

तूफान (STORMS) : अखबारों में हमें अक्सर इस तरह की खबरें पढ़ने को मिलती हैं कि आज वेस्टइंडीज़ में हरीकेन तूफान से इतना नुकसान हुआ, कल जापान में टाइफून आ गया था, कल अमुक प्रदेश में अमुक तूफान के आने से इतनी क्षति हुई है, आदि।

हरीकेन बहुत बड़ा तूफान होता है। यह सैकड़ों मील के क्षेत्र में फैला रहता है। इस तूफान की गति 200 मील प्रति घंटा तक पहुंच जाती है। हरीकेन के केन्द्र को उसकी 'आंख' भी कहा जाता है। इस केन्द्र या आंख में हवा नहीं होती। हरीकेन किसी एक स्थान पर 24 घंटों तक बना रह सकता है। हरीकेन उष्ण कटिबंधीय तूफान है। अफ्रीका के निकट कैनरी द्वीपसमूह को कभी-कभी हरीकेन तूफानों का जन्मस्थान कहा जाता है, क्योंकि अधिकतर तूफान उसीके आसपास से उठते हैं। वहां से वे अटलांटिक पार कर पश्चिम की ओर बढ़ते हैं। पृथ्वी पर उतरकर ये भारी क्षति पहुंचाते हैं। हरीकेन तूफानों का पता मौसम-वैज्ञानिकों को पहले ही चल जाता है, और वे लोगों को सावधान कर देते हैं। भूमध्यरेखा के उत्तर में हरीकेन तूफान बहुत कम आते हैं। यहां पूरे साल में पांच-छः बार तूफान आते हैं, और प्रायः अगस्त और सितम्बर के महीनों में आते हैं।

टाइफून भी हरीकेन जैसे ही होते हैं, लेकिन ये तूफान प्रायः प्रशांत महासागर में उठते हैं।

टॉर्नेडो नामक बवंडर बड़ा विचित्र होता है। इसकी गति 300 मील प्रति घंटा होती है, इसलिए यह अपने मार्ग में पड़नेवाली हर वस्तु को तोड़-फोड़ डालता है। टॉर्नेडो का बादल बेहद काला और कीप की शक्ल का होता है। इस कीप से यह बवंडर धूल और मलबा वगैरह सोख लेता है और दूसरी जगह बरसा देता है।

टॉर्नेडो में बड़ी अजीब बातें होती हैं। मकान उखड़-कर उड़ जाते हैं और दूसरी जगह जा गिरते हैं, मगर कई

हरीकेन तूफ़ान के केन्द्र या 'आंख' में शांति रहती है

बार उन मकानों के अंदर के मनुष्यों का बाल भी बांका नहीं होता। यहां तक कि कभी-कभी एक घर का फर्नीचर उड़कर दूसरे घर में पहुंच जाता है।

टॉर्नेडो बवंडर भीषण होते हैं, लेकिन साथ ही छोटे भी होते हैं। उनका रास्ता प्रायः एक-चौथाई मील से ज़्यादा चौड़ा नहीं होता। टॉर्नेडो एक स्थान पर आधे मिनट से अधिक नहीं ठहर पाता। कभी-कभी ये तूफान समुद्र पर भी आते हैं। तब इनको जल-बवंडर (Water Spout) कहते हैं।

तड़ित-झंझा (Thunderstorm) में कुछ क्षणों के लिए आंधी बहुत तेज़ चलती है। मगर ये तूफ़ान टॉर्नेडो या हरीकेन के समान भीषण नहीं होते। यह एक प्रकार से अच्छा ही है क्योंकि ये तूफान अक्सर आते रहते हैं। संसार में प्रतिदिन लगभग 40,000 तड़ित-झंझाएं आती हैं। ये तूफान छोटे होते हैं और इनमें बिजली चमकती है तथा गड़गड़ाहट होती है। भूमि पर ये तूफ़ान गर्मियों में ज़्यादा आते हैं और समुद्र पर सर्दियों में।

बर्फानी तूफान में बर्फ गिरती है और तेज़ आंधी चलती है। इन तूफानों में रास्ता भूल जाने और बर्फ में दबकर मर जाने का खतरा रहता है।

हरीकेन तूफ़ान में आंधी-पानी से विनाश का दृश्य उपस्थित हो जाता है

रेतीले तूफान रेगिस्तान में आते हैं, और रेगिस्तानों को पार करनेवाले लोगों के लिए खतरा पैदा कर देते हैं। अंधड़ भी रेतीले तूफान की तरह ही होते हैं। अंधड़ हमारी बहुत-सी उपजाऊ मिट्टी उड़ा ले जाते हैं।

ओलों के तूफान अक्सर तभी आते हैं जब तापमान हिमांक से कुछ नीचे पहुंच जाता है। तापमान में इतनी ठंडक होती है कि वर्षा की बूंदें ओलों में बदल जाती हैं।

थलसंधि (ISTHMUS) : दो विशाल भूमिखंडों को जोड़नेवाली ज़मीन की संकरी पट्टी थलसंधि कहलाती है। दो प्रसिद्ध थलसंधियां हैं : स्वेज थलसंधि और पनामा थलसंधि। स्वेज थलसंधि अफ्रीका और एशिया को तथा पनामा थलसंधि उत्तरी और दक्षिणी अमरीका को जोड़ती है। इन दोनों थलसंधियों में से जहाज़ों के लिए नहरें निकाली गई हैं।

दक्षिणी आल्प्स (SOUTHERN ALPS) : यह पर्वतमाला न्यूज़ीलेंड के दक्षिणी द्वीप में एक सिरे से दूसरे सिरे तक फैली हुई है। इसकी सबसे ऊंची चोटी माउंट कुक है जिसकी ऊंचाई 12349 फुट है। (देखें: आल्प्स)

दक्षिणी ध्रुव (SOUTH POLE) : दक्षिणी ध्रुव की स्थिति

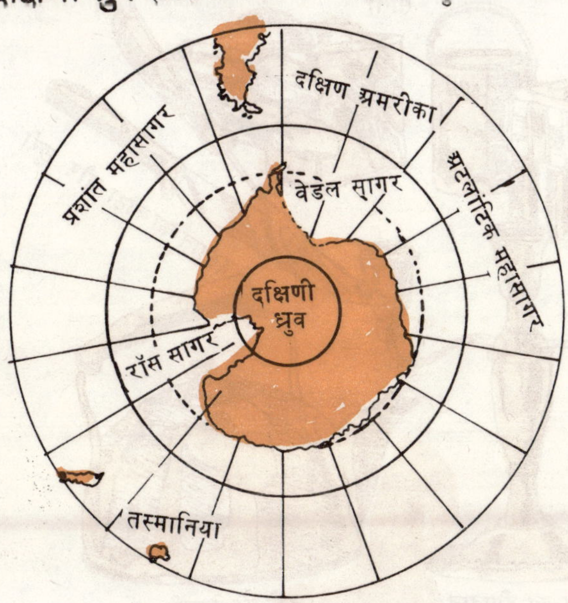

उत्तरी ध्रुव के ठीक विपरीत है। उत्तरी ध्रुव के समान ही यहां भी साल के आधे भाग में रात रहती है और आधे में दिन, किन्तु जब उत्तरी ध्रुव में दिन होता है तो यहां रात होती है।

दक्षिणी ध्रुव उत्तरी ध्रुव के समान ही बर्फ से ढका रहता है, किन्तु यह उत्तरी ध्रुव से अधिक ठंडा है।

सन् 1958 में नॉटिलस नामक परमाणुचालित पनडुब्बी ने उत्तरी ध्रुव पार किया था, लेकिन कोई भी पनडुब्बी दक्षिणी ध्रुव को पार नहीं कर सकती। यह ध्रुव विशाल अंटार्कटिक महाद्वीप के केन्द्र के पास है।

दर्रा दानियाल (DARDANELLES) : यह ईजियन सागर और मारमरा सागर को मिलानेवाली एक छोटी-सी जलसंधि है। इसकी लम्बाई 40 मील है। यह एक महत्वपूर्ण जलसंधि है। काले सागर से भूमध्य सागर में आनेवाले जहाज़ों को इससे होकर गुज़रना पड़ता है। इस जलसंधि के दोनों ओर का इलाका तुर्की के अधिकार-क्षेत्र में है।

सूर्य एक समय में केवल आधी पृथ्वी पर चमकता है

दिन और रात (DAY AND NIGHT) : चूंकि पृथ्वी गेंद की तरह गोल है, इसलिए एक बार में सूर्य का प्रकाश इसके केवल आधे भाग पर पड़ता है। इस तरह हमेशा पृथ्वी के आधे भाग पर दिन और आधे भाग पर रात रहती है। पृथ्वी के घूमने से कोई स्थान दिन से रात की ओर तथा रात से दिन की ओर जाता है।

भूमध्यरेखा पर दिन और रात के समय की लम्बाई बराबर होती है। दोनों में से प्रत्येक 12 घंटे का होता है। सूर्य दिन में छः बजे उगता है और शाम को छः बजे अस्त होता है।

हर साल दो दिन—लगभग 20 मार्च और 23 सितम्बर को—सारी पृथ्वी पर दिन और रात का समय बराबर होता

है। अगर पृथ्वी अपनी धुरी पर कुछ झुकी हुई न होती तो हर जगह दिन और रात की लम्बाई हमेशा बराबर होती। छः महीनों तक उत्तरी ध्रुव सूर्य की ओर झुका रहता है। इन महीनों में सूर्य का प्रकाश उत्तरी गोलार्ध में अधिक देर तक रहता है और दक्षिणी गोलार्ध में कम देर तक रहता है। इसलिए इस समय भूमध्यरेखा के उत्तर में दिन लम्बे होते हैं और दक्षिण में छोटे होते हैं।

अगले छः महीनों में यह क्रम उलट जाता है। उत्तरी ध्रुव सूर्य से दूर चला जाता है। इसलिए भूमध्यरेखा के उत्तर में दिन छोटे होते हैं और दक्षिण में लम्बे होते हैं।

जैसे-जैसे हम उत्तर की ओर बढ़ते जाते हैं दिन की लम्बाई बढ़ती जाती है। अन्त में हम आर्कटिक या उत्तर-ध्रुवीय क्षेत्र में पहुंच जाते हैं। यह 'आधी रात के सूर्य' का क्षेत्र है जहां हफ्तों और यहां तक कि महीनों सूर्य अस्त नहीं होता। उत्तरी ध्रुव पर लगातार छः मास का दिन होता है और फिर इसी तरह छः मास की रात होती है। दक्षिणी ध्रुव पर ठीक इसका उल्टा होता है। जब उत्तरी ध्रुव पर छः मास का दिन होता है तब दक्षिणी ध्रुव पर छः मास की रात होती है।

दैत्य का पुल (GIANT'S CAUSEWAY) : यह प्राकृतिक पुल आयरलैंड में एक स्थान पर समुद्र तट पर बना है। यह चट्टानों की बनावट का एक विचित्र नमूना है।

लाखों-करोड़ों साल पहले जब पृथ्वी का धरातल बहुत गरम था तो ज्वालामुखी खूब फूटते रहते थे और उनका पिघला हुआ लावा या बैसाल्ट समुद्र में गिरता रहता था। बैसाल्ट के ठंडे होने और चटखने के कारण छः कोनोंवाले खंभे बन गए। धीरे-धीरे समय बीतता गया। समुद्र, हवा और वर्षा के प्रभाव से ये खंभे तराशे जाते रहे और इनकी ऊंचाई में भी फर्क पड़ता गया। इस तरह इन्होंने ऊंची-नीची सीढ़ियों का रूप ले लिया (देखें: प्राकृतिक पुल)

द्वीप (ISLAND) : भूमि के ऐसे खंड को जिसके चारों ओर पानी होता है, द्वीप कहते हैं। संसार में समुद्रों, झीलों और नदियों में हज़ारों द्वीप हैं।

एक दिलचस्प प्रश्न यह हो सकता है कि द्वीप किस स्थिति में द्वीप नहीं कहलाता है? इसका उत्तर है, जब वह महाद्वीप होता है। आस्ट्रेलिया के चारों ओर पानी है लेकिन वह इतना बड़ा है कि उसे द्वीप न कहकर महाद्वीप कहा जाता है।

समुद्र में स्थित बहुत-से छोटे-छोटे द्वीप पानी के नीचे छिपे हुए ज्वालामुखियों की चोटियां हैं। परन्तु सभी द्वीप ज्वालामुखी के शिखर नहीं हैं। कुछ द्वीप साधारण पहाड़ों के शिखर हैं। कुछ द्वीप मूंगा नामक जीवों द्वारा बनाए गए हैं। कुछ द्वीप ऐसी ऊंची ज़मीन के अंश हैं जिसका अधिकांश समुद्र में डूबा हुआ है। नदियों में जो द्वीप बनते हैं वे नदी द्वारा लाई गई बालू और मिट्टी से बनते हैं।

धातु (METALS) : इस संसार में प्रत्येक वस्तु 100 के लगभग ऐसे सामान्य पदार्थों से बनी है जिन्हें हम मूलतत्त्व कहते हैं। इन मूलतत्त्वों में आधे से भी अधिक धातुएं हैं। किन्तु केवल 20 धातुएं हमारी अधिक जानी-पहिचानी हैं। जिन्हें हम सबसे अधिक जानते हैं उनमें से कुछ ये हैं—लोहा, ऐल्युमिनियम, टीन, सोना, चांदी, तांबा, पारा, सीसा और यूरेनियम। किन्तु जिनके विषय में हमने कम सुना-समझा है जैसे इट्रियम, जिरकोनियम, पैलेडियम और ओस्मियम आदि भी धातुएं हैं। पारा एक असाधारण धातु है क्योंकि यह तरल है। शेष सब धातुएं साधारण तापमान

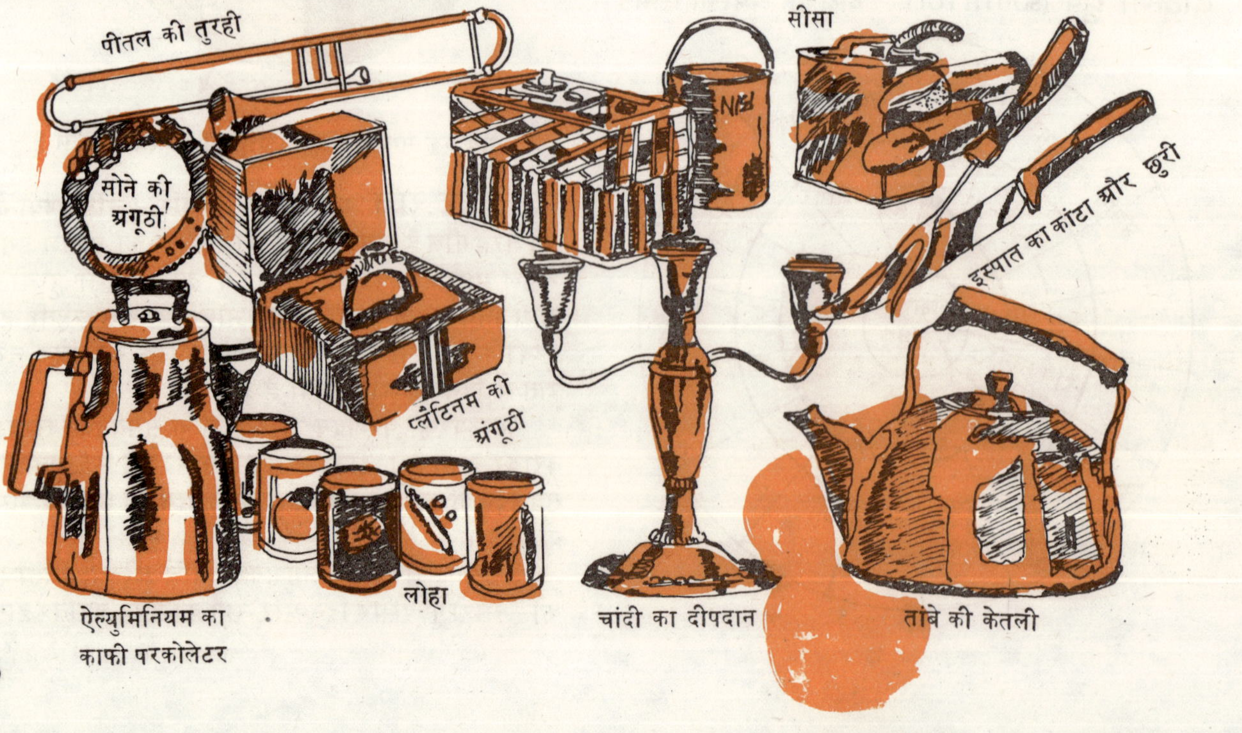

में ठोस रहती हैं।

जिन धातुओं का हम उपयोग करते हैं उनमें से कई एक अकेली धातु नहीं हैं। वे मिश्रधातुएं हैं, अर्थात् धातुओं का मिश्रण हैं। तीन सामान्य मिश्रधातुएं हैं—कांसा, पीतल और इस्पात। कांसा तांबे और टीन का मिश्रण है। पीतल तांबे और जस्ते का मिश्रण है। इस्पात लोहे और कार्बन का मिश्रण है, किन्तु इसमें क्रोमियम, टंग्स्टन और निकल आदि धातुएं भी मिलाई जा सकती हैं।

अधिकतर सामान्य धातुएं रुपहले रंग की होती हैं। इसके दो अपवाद हैं—एक तांबा, जिसका रंग कुछ लालिमा लिए होता है और दूसरा सोना, जो पीला होता है। यदि धातुएं साफ हों तो सबका पृष्ठभाग चमकीला होता है। बहुत-सी धातुओं को यदि हवा में खुला रखा जाए तो वे अधिक देर तक चमकीली और चिकनी नहीं रहतीं। यदि कभी-कभी उनपर पालिश न करते रहें तो वे बदरंग हो जाती हैं या उन्हें ज़ंग लग जाता है!

प्लैटिनम और सोने का रंग जल्दी नहीं उड़ता। जब धातुएं बदरंग होती हैं तो वे ऑक्सीजन और गंधक जैसे उन तत्त्वों से प्रभावित होती हैं जो वायु में विद्यमान हैं। इस प्रकार कुछ पदार्थ धातु पर जम जाता है।

सोना और प्लैटिनम आदि धातुएं कभी-कभी धरती में शुद्ध रूप में भी मिलती हैं, किन्तु बहुत-सी धातुएं शिलाओं के रूप में मिलती हैं जिन्हें कच्ची धातु या अयस्क (Ores) कहते हैं। आग में तपा-गलाकर इन्हें शोधा जाता है। धातुओं को पिघलाकर और सांचों में ढालकर उनके चद्दर, तार आदि अनेक रूप बनाए जा सकते हैं। सब धातुएं बिजली और ताप की संवाहक हैं, कुछ कम, कुछ अधिक।

कई लोग धातुओं के अध्ययन में अपना सारा जीवन लगा देते हैं। वे कच्ची धातुओं के शोधन, मिश्र धातुओं के निर्माण तथा उन्हें बदरंग होने से बचाने के उद्देश्य से नित नई खोज करने में जुटे रहते हैं। इस प्रकार धातुओं का वैज्ञानिक अध्ययन धातु-विज्ञान कहलाता है।

धूमकेतु (COMET) : सूर्य के परिवार में अनेक आकाशीय पिंड हैं जो इसके चारों ओर घूम रहे हैं। इनमें सबसे ज़्यादा दिलचस्प है धूमकेतु। 'धूम' का अर्थ है धुआं और 'केतु' का अर्थ है झंडा—अर्थात् धुएं के झंडेवाला। धूमकेतु एक ऐसे तारे के रूप में दिखाई देता है जिसकी धुएं जैसी लम्बी चमकदार पूंछ होती है। इसीलिए इसे पुच्छल तारा भी कहते हैं।

हमारे सौर परिवार में सैकड़ों धूमकेतु हैं। लेकिन बहुत-से लोग ऐसे भी मिलेंगे जिन्होंने अपने जीवन में कभी धूमकेतु नहीं देखा। अधिकांश धूमकेतु पृथ्वी के ज़्यादा पास नहीं आते। इसीलिए उन्हें दूरदर्शक के बिना देखना सम्भव नहीं है।

1910 हैली का धूमकेतु

1861 महा धूमकेतु

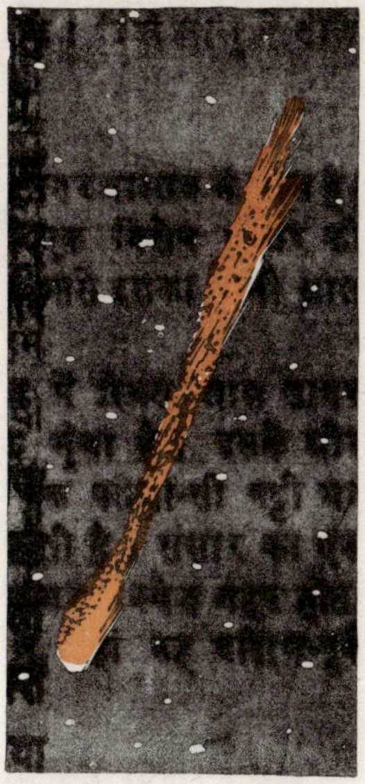

पुराने ज़माने में लोग किसी धूमकेतु को देखकर बहुत भयभीत हो उठते थे। वे सोचते थे कि अब कोई बहुत बुरी घटना घटनेवाली है। लेकिन अब लोगों ने यह पुराना विचार छोड़ दिया है।

जिस प्रकार सूर्य के आसपास पृथ्वी का एक निश्चित पथ है उसी प्रकार धूमकेतुओं के भी अपने निश्चित पथ हैं। लेकिन उनके पथों का आकार कुछ भिन्न है। वे कुछ लम्बे अंडाकार होते हैं। कई धूमकेतुओं के पथ पृथ्वी के ग्रहपथ को काटते हैं। किसी दिन ऐसा भी हो सकता है कि पृथ्वी किसी धूमकेतु से टकरा जाए। यह एक धूमकेतु की पूंछ में से तो पहले ही गुज़र चुकी है। यह घटना 18 मई 1910 को हुई थी। अखबारों ने पहले से इसकी सूचना दे दी थी। लोग भयभीत थे कि अब संसार का अंत हो जाएगा। लेकिन कुछ भी नहीं हुआ।

लेकिन कोई यह नहीं कह सकता कि अगर पृथ्वी किसी धूमकेतु के सिर से टकरा जाए तो क्या होगा। धूमकेतु का सिर बहुत बड़ा होता है, पृथ्वी से काफी बड़ा—लेकिन वह ठोस गोले की तरह नहीं होता। वैज्ञानिकों का विश्वास है कि धूमकेतु का सिर चट्टान और लोहे के ऐसे करोड़ों टुकड़ों से बना होता है जिनके आसपास गैस रहती है। बहुत संभव है कि अगर पृथ्वी किसी धूमकेतु के सिर में से गुज़री तो यह नष्ट भले ही न हो लेकिन इसे बहुत नुकसान पहुंच सकता है।

जब धूमकेतु सूर्य से बहुत दूर रहता है तो उसमें कोई पूंछ नहीं होती। लेकिन जब धूमकेतु सूर्य के पास आता है तो सूर्य का प्रकाश उसके सिर की कुछ गैस को परे धकेलने लगता है और गैस का यही अंश सूर्य के प्रकाश से पूंछ की तरह चमकने लगता है। धूमकेतु की पूंछ हमेशा सूर्य से परे की ओर रहती है।

हैली का धूमकेतु सबसे अधिक प्रसिद्ध है। इसका नाम प्रसिद्ध अंग्रेज़ ज्योतिर्विद एडमंड हैली के नाम पर रखा गया है। हैली का धूमकेतु प्रति 76 वर्ष पर पृथ्वी के पास आता है। इसी धूमकेतु की पूंछ में से सन् 1910 में पृथ्वी गुज़री थी।

कभी-कभी कोई धूमकेतु सूर्य या अन्य किसी बड़े ग्रह के बहुत पास तक चला जाता है। तब वह टूटकर नष्ट हो जाता है। चट्टानों और लोहे के टुकड़ों के अलावा उसका और कुछ बाकी नहीं रहता। हो सकता है इस तरह कभी सारे धूमकेतु नष्ट हो जाएं।

धूल (DUST) : हमें प्रतिदिन अपने घर में फर्श, दरवाज़ों, खिड़कियों और फर्नीचर पर से धूल साफ करनी पड़ती है। हम देखते हैं कि हर चीज़ पर रोज़ धूल की एक पूरी तह जम जाती है।

लेकिन क्या हम जानते हैं कि इस धूल में कभी-कभी सजीव कण भी होते हैं ? धूल में पत्थर, मृत लकड़ी, राख, सूखे पत्तों आदि के सूक्ष्म कण हो सकते हैं, और यहां तक कि जली हुई उल्काओं के कण भी हो सकते हैं। लेकिन ये सब निर्जीव कण हैं। पर कभी-कभी धूल में खमीर, बैक्टीरिया और जीवाणु भी होते हैं। इसमें कई पौधों के बीजाणु भी होते हैं। फूलों का पराग होता है। ये सब सजीव कण हैं।

खमीर के पौधे इतने छोटे होते हैं कि वे सूक्ष्मदर्शक यंत्र के बिना देखे नहीं जा सकते। बैक्टीरिया उनसे भी छोटे होते हैं। उनमें से कुछ रोग फैलाते हैं। कुकुरमुत्ता, फफूंद और फर्न ऐसे पौधे हैं जिनके बीज नहीं, बल्कि बीजाणु होते हैं। वे बीजाणुओं द्वारा ही इधर-उधर उग आते हैं। इसी तरह फूलों का पराग भी बीजों की उत्पत्ति में सहायक होता है।

ध्रुवतारा (NORTH STAR) : अधिकांश तारे उदय और अस्त होते हुए या आकाश में एक बड़ा-सा चक्कर लगाते हुए दिखाई देते हैं। लेकिन एक तारा ऐसा है जो हर रात उत्तर दिशा में अपने निश्चित स्थान पर ही उदय होता है और सारी रात अपने स्थान से तिल-भर भी नहीं टलता। इसी तारे को ध्रुवतारा कहते हैं। पृथ्वी के घूमने के कारण हमें दूसरे तारे तो घूमते नज़र आते हैं, लेकिन ध्रुवतारा अपने स्थान से इसलिए नहीं टलता क्योंकि पृथ्वी की धुरी हमेशा इसी की ओर रहती है। यह तारा उत्तरी ध्रुव के लगभग ठीक ऊपर रहता है।

यदि सप्तर्षि के अन्तिम दो तारों को एक काल्पनिक

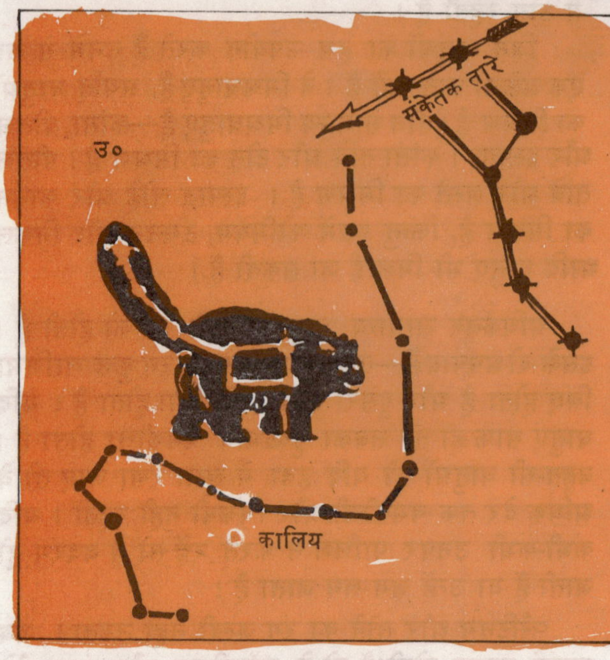

रेखा से मिला दिया जाए तो इस रेखा के अगले सिरे का लक्ष्य ध्रुवतारे की ओर होगा।

नदियां, भारत की (RIVERS OF INDIA) : भारत की नदियों को मोटे तौर पर दो वर्गों में बांटा जा सकता है : हिमालय से निकलनेवाली नदियां और दक्षिणी पठार की नदियां।

हिमालय से निकलनेवाली तीन बड़ी नदियां हैं— सिंधु, गंगा और ब्रह्मपुत्र। सिंधु नदी (पाकिस्तान) की पांच सहायक नदियां हैं—झेलम, चिनाब, रावी, व्यास और सतलज। ये नदियां पंजाब के मैदान को सींचती हैं।

गंगा भारत की बहुत प्राचीन और पवित्र नदी है। हिमालय में 13,800 फुट की ऊंचाई पर गंगोत्री ग्लेशियर के पास एक छोटी-सी हिमगुफा में से गंगा निकलती है। पहाड़ी घाटियों में बहुत तीव्र गति से बहती हुई यह मैदान में उतर आती है। यहां इसमें कई सहायक नदियां मिलती हैं, जैसे यमुना, गोमती, घाघरा, शारदा, गंडक, सोन और कोसी। अपने मुहाने पर सुन्दरवन का डेल्टा बनाते हुए गंगा बंगाल की खाड़ी में मिल जाती है। गंगा की कुल लम्बाई 2510 किलोमीटर है।

ब्रह्मपुत्र नदी पश्चिमी तिब्बत में मानसरोवर झील के पास से निकलती है। तिब्बत में पूर्व दिशा में 800 मील तक बहने के बाद यह दक्षिण की ओर मुड़कर भारत में प्रवेश करती है। तिब्बत में इसका नाम सांपू नदी है। भारत में इसमें दिबांग और लोहित नामक सहायक नदियां मिलती हैं। ब्रह्मपुत्र आसाम की घाटी में से बहने के बाद गंगा की सबसे पूर्वी शाखा पद्मा नदी में मिल जाती है। ब्रह्मपुत्र

की कुल लम्बाई 2900 किलोमीटर है।

दक्षिणी पठार की नदियां तीन प्रकार की हैं—(क) पूर्व की ओर बहनेवाली नदियां जैसे गोदावरी, कृष्णा और कावेरी। ये नदियां बंगाल की खाड़ी में गिरती हैं। इस वर्ग की दो और बड़ी नदियां हैं—महानदी और दामोदर। (ख) पश्चिम की ओर बहनेवाली नदियां जैसे शरवती, नेत्रवती, चेलियार, पेन्नानी और पेरियार। ये सब पश्चिमी घाट से निकलती हैं और अरब सागर में गिरती हैं। (ग) उत्तर की ओर बहनेवाली नदियां उत्तरी मैदान की ओर बढ़ती हैं। इनमें सबसे महत्वपूर्ण है चम्बल, जो यमुना और सोन में पानी पहुंचाती है और पटना के पास गंगा में मिल जाती है। इस वर्ग की दो सबसे बड़ी नदियां हैं—नर्मदा और ताप्ती। ये पश्चिम की ओर बहती हुई अरब सागर में गिरती हैं।

नदी (RIVERS) : करोड़ों साल पहले, जब पृथ्वी का जन्म हुए कुछ ही समय बीता था, पृथ्वी पर पहाड़ों और समुद्रों के अलावा कुछ भी नहीं था। लगातार वर्षा होती रहती थी। वर्षा का पानी पहाड़ों पर से बड़े-बड़े रेलों के रूप में समुद्र में गिरता था। समुद्र की लहरें पहाड़ी किनारों पर नालियां-सी खोदती रहती थीं। धीरे-धीरे बरसाती पानी के रेले इन्हीं नालियों से होकर समुद्र में गिरने लगे। बहते हुए पानी के कारण नालियां और भी गहरी होती गईं। इस प्रकार धीरे-धीरे नदियों का जन्म हुआ।

बाद में पहाड़ ऊंचे होते गए। उनकी चोटियों पर बर्फ जमने लगी। बर्फ की तह मोटी होती गई और ढलानों पर बर्फ फिसलने लगी। बड़े-बड़े ग्लेशियर बह निकले। ग्लेशियर जिस मार्ग से गुज़रते थे उसमें एक घाटी-सी बनाते चलते थे। बाद में बर्फ पिघलने पर नदियां इन्हीं घाटियों से होकर बहने लगीं।

नदी की घाटियों का आकार उनके आसपास की ज़मीन पर निर्भर करता है। कड़ी चट्टानोंवाले पहाड़ों में नदी की घाटियां संकरी और गहरी होती हैं। जैसे सिंधु नदी गिलगिट के पास हज़ारों फुट गहरी और संकरी पहाड़ी घाटी या कैनियन में होकर बहती है। मैदानों में नदी की घाटियां चौड़ी और उथली होती हैं।

अधिकांश नदियां जब समुद्र में गिरती हैं तो अपने साथ बहाकर लाई हुई मिट्टी को अपने मुहाने पर जमा करती जाती हैं। धीरे-धीरे इतनी मिट्टी जमा हो जाती है कि नदी को कई शाखाओं में बंटकर बहना पड़ता है। इस तरह नदियों के मुहाने पर एक तिकोना मैदान बन जाता है जिसे डेल्टा कहते हैं। नर्मदा, ताप्ती और कांगो जैसी नदियां इतनी तेज़ी से बहकर समुद्र में मिलती हैं कि उनके मुहाने पर डेल्टा नहीं बन पाता है। डेल्टा की ज़मीन बहुत उपजाऊ होती है।

संसार के अधिकांश उपजाऊ मैदान बड़ी-बड़ी नदियों द्वारा बनाए गए हैं। भारत में गंगा-सिंधु का मैदान उल्लेखनीय है।

पुराने ज़माने में जब यातायात के साधन कम थे तब नदियों के ज़रिये ही एक स्थान का माल दूसरे स्थान तक पहुंचाया जाता था। अब भी नदियों में यात्रियों और माल को लेकर नावें चला करती हैं। कुछ नदियों में स्टीमर भी चलते हैं। नदियों से नहरें निकाली जाती हैं और दूर-दूर तक की ज़मीन की सिंचाई की जाती है। पहाड़ी जंगलों से लकड़ी के बड़े-बड़े कुंदे काटकर नदियों में डाल दिए जाते हैं जो आसानी से बहकर दूर-दूर तक पहुंच जाते हैं। तेज़ बहनेवाली नदियों से पनबिजलीघर चलाए जाते हैं।

संसार की कुछ नदियां हज़ारों मील लम्बी हैं। असल में यह कहना कठिन है कि कोई नदी कितनी लम्बी है, क्योंकि नदी अक्सर टेढ़ी-मेढ़ी होकर बहती है। कहीं-कहीं नदी के मार्ग में कोई झील भी बन जाती है। इसके अलावा नदी के उद्गम स्थान पर कई धाराएं आकर मिलती हैं और इस सम्बन्ध में प्रायः मतभेद रहता है कि किसी नदी की मूल धारा कौन-सी है। इतना होने पर भी संसार की अधिकांश नदियों की लम्बाई नापी जा चुकी है।

संसार की प्रमुख नदियां

नदी	देश	लम्बाई (मीलों में)
नील	मिस्र	4037
मिसौरी–मिसिसिपी	उत्तरी अमरीका	3988
अमेज़न	ब्राज़ील	3690
ओब	सोवियत संघ	3200
यांसीक्यांग	चीन	3200
कांगो	कांगो	3000
लेना	सोवियत संघ	3000
अमूर	सोवियत संघ–चीन	2800
येनीसी	सोवियत संघ	2800
पराना ला प्लाता	ब्राज़ील–अर्जेंटीना	2720

नमक (SALT) : एक समय था जब धन के रूप में भी नमक का प्रयोग किया जाता था। अंग्रेज़ी में वेतन को 'सैलरी' कहते हैं। यह शब्द लैटिन भाषा के 'साल' शब्द से बना है जिसका अर्थ नमक होता है। रोमन सैनिकों को उनके वेतन का एक अंश नमक के रूप में दिया जाता था।

'नमकहलाल' शब्द अरब का है। इसका अर्थ है कि जिस आदमी ने अपने मालिक का नमक खाया हो, वह उसके प्रति वफादार रहेगा। जो ऐसा नहीं करता, वह 'नमकहराम' कहलाता है। अरब में अगर कोई मेहमान आए और वह मेज़बान के यहां नमक न खाए तो बुरा माना जाता है। अफ्रीका के कुछ भागों में हर आदमी अपने पास नमक का टुकड़ा रखता है। मिलने पर मेहमान को नमक का टुकड़ा चटाना शिष्टाचार समझा जाता है।

नमक की ज़रूरत हर एक को पड़ती है। हम उसके बिना नहीं रह सकते। हम सभी नमक पसन्द करते हैं।

समुद्र का पानी खारा होता है, क्योंकि उसमें नमक होता है। दुनिया के सभी समुद्रों में इतना नमक है कि अगर वह सारा निकाल लिया जाए और सारे आस्ट्रेलिया महाद्वीप पर बिछा दिया जाए तो पूरा महाद्वीप एक मील से भी ज़्यादा मोटी नमक की तह में दब जाएगा। सेंधा नमक चट्टानों से निकलता है और उसकी खानें होती हैं। नमक की चट्टानें जहां पाई जाती हैं, वहां कभी समुद्र थे। समुद्र का पानी सूखकर उड़ गया और नमक की तह दूसरी चट्टानों के नीचे दबी रह गई।

खानों में से नमक निकालना कोई कठिन काम नहीं है। नमक की खानें आसानी से खुद जाती हैं। उनसे नमक के बड़े-बड़े खण्ड तोड़ लिए जाते हैं। कभी-कभी खानों में नीचे पानी डाल देते हैं। इसमें नमक घुल जाता है। फिर इस पानी को बाहर खींच लेते हैं। गरम करने पर पानी तो भाप बनकर उड़ जाता है और नमक नीचे रह जाता है।

जो नमक हम खरीदते हैं, वह दाने-दाने-सा होता है। माइक्रोस्कोप से देखने पर यह कांच जैसा मालूम होता है।

निस्संदेह सारा नमक भोजन में ही नहीं डाला जाता। यूरोप और अमरीका में तथा जहां जाड़ों में बर्फ पड़ती है वहां उस बर्फ को गलाने के लिए भी नमक छिड़का जाता है। कुछ रसायनों में भी नमक का उपयोग किया जाता है।

नमक से जो रसायन बनाए जाते हैं उनका रबर, इस्पात, रंग तथा औषधियां बनाने में उपयोग किया जाता है। चमड़ा तथा ऊन साफ करने और कपड़े को धोने में भी ये रसायन काम आते हैं। यह सूची इसी प्रकार और भी बड़ी हो सकती है। अगर नमक न हो तो बहुत-से कारखाने बन्द हो जाएं।

भारत में नमक उत्पादन के मुख्य केन्द्र हैं : गुजरात, महाराष्ट्र, मद्रास, राजस्थान, उड़ीसा और कच्छ का रन। यहां समुद्र के पानी से नमक निकाला जाता है। काला नमक केवल हिमाचल प्रदेश के मंडी ज़िले में मिलता है। राजस्थान की सांभर, डिडवाना और पंचभद्रा झीलों से भी नमक निकाला जाता है।

निकल (NICKEL) : शुद्ध निकल चांदी के रंग की एक सफेद धातु है जिसमें आसानी से ज़ंग नहीं लग सकता। यह उन इनी-गिनी धातुओं में से एक है जिन्हें चुम्बक खींचता है। वैज्ञानिकों का विश्वास है कि पृथ्वी के गर्भ में बहुत अधिक निकल मौजूद है। लेकिन पृथ्वी के गर्भ में जो निकल है वह इतनी गहराई में है कि उसे निकालना संभव नहीं है। चूंकि पृथ्वी की पपड़ी में काफी निकल नहीं है, इसलिए इसको अक्सर दूसरी धातुओं के साथ मिलाकर ही

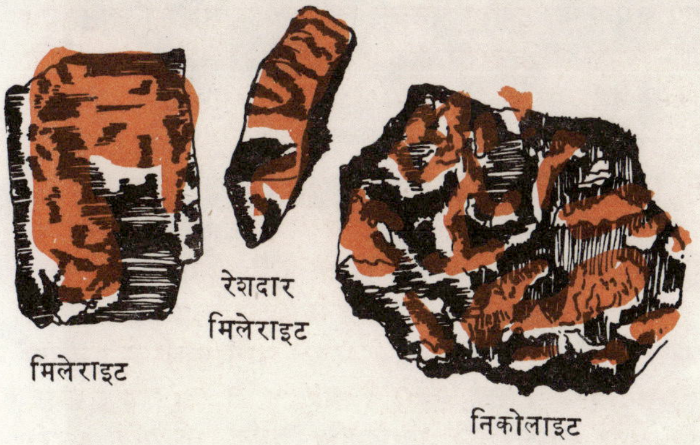

काम में लाया जाता है। इसे निकल ऐलॉय या मिश्रनिकल कहा जाता है। मिश्रनिकल में भी निकल की तरह ही ज़ंग नहीं लग पाता—यह निकल जैसा ही मज़बूत भी होता है।

दुनिया में आज जितना भी निकल काम में आता है, उसका तीन-चौथाई कनाडा की खानों से प्राप्त किया जाता है। निकल की प्रमुख कच्ची धातु को पेंटलैंडाइट (Pentlandite) कहा जाता है।

नियागरा प्रपात (NIAGARA FALLS) : नियागरा प्रपात उत्तरी अमरीका का एक दर्शनीय स्थल है और बहुत-से लोग इसे संसार का सबसे शानदार प्रपात मानते हैं। संसार में लगभग 50 प्रपात हैं जो नियागरा से ऊंचे हैं, लेकिन इसके बराबर चौड़े प्रपात बहुत कम हैं।

नियागरा प्रपात नियागरा नदी में है। यह नदी कनाडा और अमरीका की सीमाओं पर बहती है। नियागरा प्रपात दो भागों में बंटा हुआ है : अमरीकी प्रपात जो 1000 फुट चौड़ा है और कनाडियन या हॉर्सशू प्रपात जिसकी चौड़ाई 2600 फुट है। इन दोनों के बीच में गोट द्वीप स्थित है।

नियागरा नदी में यह प्रपात आज से पचीस हज़ार वर्ष पहले भी था, किन्तु उन दिनों ढालू खड़ी चट्टानों की श्रृंखला आजवाले स्थान से कोई आठ मील हटकर थी। ऊंचाई से पानी गिरने के कारण चट्टानों के किनारे टूटने लगे। चट्टानों की इस श्रृंखला की ऊपरी परत कड़े चूनापत्थर की थी, किन्तु नीचे की परतें मुलायम थीं। नतीजा यह हुआ कि पानी इन मुलायम परतों में घर करने लगा और अन्त में पानी के वेग के आगे ऊपरी कड़ी परत भी नष्ट हो गई। इस प्रकार धीरे-धीरे इस प्रपात का स्थान बदलता रहा। वैज्ञानिकों का विचार है कि कई हज़ार वर्षों बाद नियागरा प्रपात गायब हो जाएगा। यह क्रमशः नीचे ही होता जाएगा क्योंकि कड़े चूनापत्थर की चट्टानों की परत का झुकाव एरी झील की तरफ है जहां से यह प्रपात गिरता है। और इस प्रकार एक दिन विश्व का यह सुन्दर प्रपात अदृश्य हो जाएगा।

आज से सौ वर्ष पहले के मुकाबले अब इस प्रपात में पानी भी कम हो गया है। इसका कारण यह है कि अब नियागरा नदी का बहुत-सा पानी बिजली वगैरह बनाने के लिए ले लिया गया है। (देखें: प्रपात)

नील नदी (RIVER NILE) : नील नदी संसार की सबसे लम्बी नदी है। इसकी लम्बाई लगभग 6690 किलोमीटर या 4000 मील है।

नील नदी के किनारे और उसके डेल्टा में ही प्राचीन मिस्र की सभ्यता का विकास हुआ था। नदी की मिट्टी से एक बड़ी उपजाऊ घाटी बन गई थी और सिंचाई के लिए पानी की कमी न थी, इसलिए चारों ओर रेगिस्तान होने पर भी मिस्र के लोग खुशहाल रहे। आज भी मिस्र में खेती की सिंचाई के लिए नील से पानी लिया जाता है। अब इस नदी पर विशाल बांध बन चुके हैं।

नियागरा/प्रपात

मृग-स्थित गैसीय नीहारिका

नीहारिका (NEBULAE) : यह अंतरिक्ष में स्थित एक प्रकार का बादल है, किन्तु यह साधारण बादल से बिलकुल भिन्न है। नीहारिका, तारों की धूल अथवा गैस से बना बादल है।

रात के समय यदि हम आकाश की ओर देखें तो हमें प्रकाश के कुछ छोटे धुंध जैसे टुकड़े-से नज़र आएंगे। इन्हीं को नीहारिकाएं कहते हैं। यदि हम दूरदर्शक की सहायता से देखें तो पता चलेगा कि इन सब टुकड़ों की शक्लें एक-सी नहीं हैं। उदाहरणार्थ एक टुकड़ा छल्ले जैसा है। इस टुकड़े की नीहारिकाएं चमकती हैं। वैज्ञानिकों का विचार है कि ये अपने आसपास के तारों के प्रकाश को ही प्रतिबिम्बित करती हैं।

कुछ नीहारिकाओं में चमक नहीं होती। वे अंधकार-युक्त होती हैं। इसका कारण यह है कि उनके आस-पास चमकीले तारे नहीं होते। हमें इन नीहारिकाओं का पता भी इसलिए चल पाता है कि ये इतनी अंधियारी होती हैं कि इनके परे का आकाश हमें दिखाई नहीं दे पाता।

चमकीली नीहारिकाओं में से हमें मृग तारामंडल की नीहारिका के बारे में सबसे अधिक मालूम है। मृग आकाश के सबसे चमकीले तारों का वर्ग है।

अंधकारयुक्त नीहारिकाओं में सबसे प्रसिद्ध हॉर्सहेड नीहारिका है। यह भी मृग में स्थित है। एक और अंध-कारयुक्त नीहारिका आकाशगंगा में स्थित है, इसे कोल सैक (कोयले का बोरा) कहते हैं।

पठार (PLATEAU) : यह समुद्र-तल से ऊंचा एक विस्तृत और लगभग समतल भू-खंड होता है।

पठारों की रचना कई तरह से हुई है। कई बार ऐसा हुआ कि पहाड़ों के बनते समय उनके आसपास की ज़मीन भी ऊंची होकर पठारों की शक्ल में बदल गई। कुछ पठार पिघले हुए लावे से बने हैं। जब यह लावा ठंडा होकर चट्टानों की शक्ल में जम गया तो पठारों की रचना हो गई।

तिब्बत का पठार संसार में सबसे ऊंचा है। इसे 'दुनिया की छत' कहा जाता है। पामीर का पठार भी संसार के सबसे ऊंचे पठारों में है। मंगोलिया का पठार 3,000 से 5,000 फुट तक ऊंचा है।

भारत का दक्षिणी पठार एक अत्यन्त प्राचीन भूभाग है। नर्मदा की घाटी इस पठार को दो त्रिभुजाकार रूपों में बांट देती है। यह पठार गंगा की घाटी की ओर ढालू होता गया है।

पराबैंगनी किरणें (ULTRA-VIOLET RAYS) : सूर्य की किरणों में इंद्रधनुष के सातों रंग होते हैं। सूर्य से धरती की ओर ये रंग लहरों के रूप में आते हैं। ये लहरें एक-सी लम्बाई की नहीं होतीं। उदाहरणार्थ, बैंगनी रंग की लहरें सबसे छोटी और लाल रंग की लहरें सबसे बड़ी होती हैं। लेकिन सूर्य से आनेवाली कुछ लहरें बैंगनी रंग की लहरों से भी छोटी होती हैं जिन्हें पराबैंगनी किरणें कहते हैं। ये किरणें हमें दिखाई नहीं देतीं। धूप में अधिक देर रहने से लोगों का रंग सांवला हो जाता है। ऐसा इन पराबैंगनी किरणों के कारण ही होता है।

हवा इनमें से अधिकांश किरणों को पृथ्वी तक नहीं आने देती। यह एक प्रकार से अच्छा ही है। क्योंकि अधिक परिमाण में ये किरणें हानिकर होती हैं। एक हद तक ये हमें लाभ भी पहुंचाती हैं। ये हमें कुछ बीमा-रियों से बचाती हैं। सूर्य-लैंप से पराबैंगनी किरणें देकर कुछ लोगों का उपचार किया जाता है।

पर्वत (MOUNTAINS): ऊपर से देखने में सब पर्वत एक-से लगते हैं, लेकिन यह सत्य नहीं है। अगर पर्वतों के ज़बान होती तो शायद ये बताते कि इनकी रचना अलग-अलग ढंग से हुई है और ये कई किस्म के हैं। ये बड़े-बड़े पहाड़ अपने मन की बात हम से तो छिपा लेते हैं, परन्तु भूविज्ञान के जानकार इनकी नस-नस पहचानते हैं। वे चट्टान के एक छोटे-से टुकड़े को भी देखकर बता देते हैं कि यह पहाड़ किस किस्म का है, और इसका निर्माण किस प्रकार हुआ है।

दिए गए चित्रों में से पहला चित्र एक ज्वालामुखी

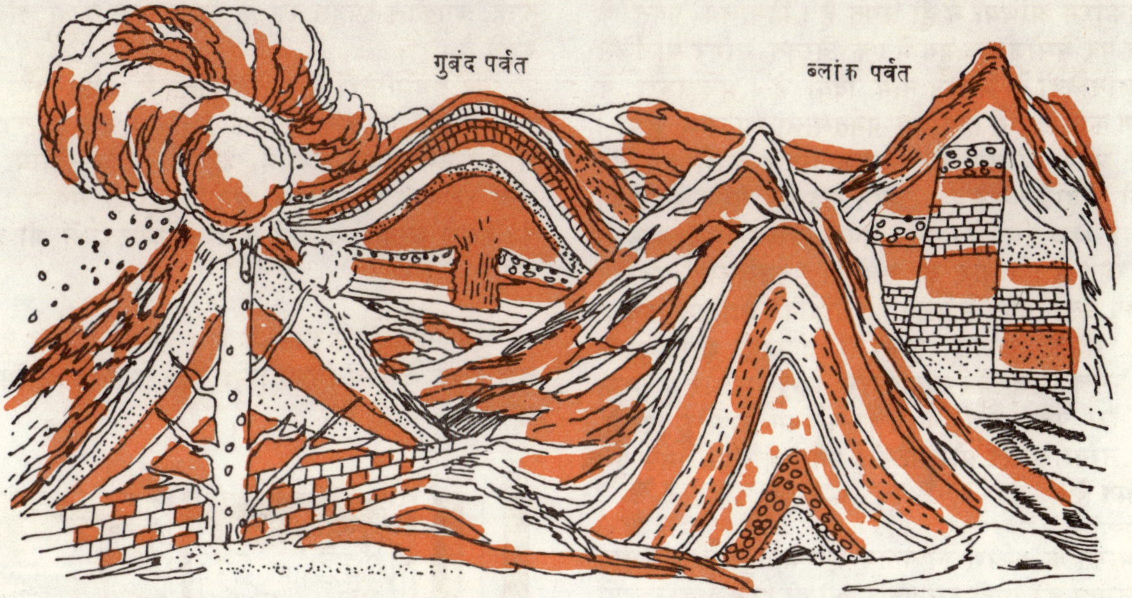

पर्वत का है। ज्वालामुखी पर्वत पृथ्वी के अन्दर की गरम पिघली हुई चट्टानों से बनता है। कभी-कभी ज्वालामुखी फूट पड़ता है और इसके मुख से निकली गरम पिघली हुई चट्टान और लावा आसपास के क्षेत्र को नष्ट कर देता है। इस पर्वत के मुंह से निकली कुछ गरम और पिघली हुई चट्टानें तो इतनी ऊंची जाती हैं कि जमीन पर गिरने के पहले ही वे ठंडे कोयले की शक्ल में बदल जाती हैं।

दूसरे चित्र से पता चलता है कि चट्टानों के सिकुड़ने से किस प्रकार पहाड़ बनते हैं। यूनानी विद्वान ज़ेनोफेनीज़ ने पहली बार यह मत व्यक्त किया था। आज से कोई 2500 वर्ष पहले ज़ब उन्होंने यह बात कही तो लोगों ने उनका मज़ाक उड़ाया। लेकिन, आज अनेक वैज्ञानिकों ने साबित कर दिया है कि ज़ेनोफेनीज़ का कहना ठीक था। उस समय लोगों की समझ में यह बात नहीं आती थी कि ठोस चट्टानों की परतें सिकुड़कर पर्वत का रूप कैसे ले सकती हैं। अब सिद्ध हो गया है कि एक नहीं बल्कि अनेक पहाड़ इसी तरह सिकुड़ने से बने हैं और समुद्र-तल की अनेक चट्टानों ने इस तरह के बहुत से पर्वतों को जन्म दिया है।

तीसरा चित्र एक गुंबद (Dome) पर्वत का है। पृथ्वी-तल की गरम पिघली हुई चट्टान जब ठोस चट्टानों की परतों को एक बहुत बड़े फफोले जैसा बना देती है तब इस गुंबद पर्वत का निर्माण शुरू हो जाता है।

चौथा चित्र ब्लॉक पर्वत का है। ब्लॉक पर्वत तब बनता है जब ढेर की ढेर पिघली हुई चट्टानें पृथ्वी की पपड़ी की चट्टानों की दरारों और गढ़ों में ऊपर-नीचे जम जाती हैं।

आम तौर से पर्वतों की रचना धीरे-धीरे होती रहती है किन्तु ज्वालामुखी पहाड़ झटपट तैयार हो जाते हैं। अक्सर पहाड़ इस तरह बनते हैं—पहले एक बहुत लम्बा टीला-सा खड़ा हो जाता है। धीरे-धीरे हवा और पानी इस टीले की अनेक चोटियां तराश देते हैं। इस प्रकार एक पर्वतमाला का निर्माण हो जाता है। संसार में अनेक पर्वतमालाएं हैं जिनका निर्माण इसी प्रकार हुआ है, जिनमें आल्प्स, रॉकीज़, एंडीज़ और हिमालय पर्वतमालाएं सबसे प्रसिद्ध हैं। पर्वत अमर नहीं होते। आंधी, पानी और बर्फ उनकी रचना में बाधा डालते हैं। लेकिन पर्वत को मिटा देना कोई खेल नहीं है, इसमें लाखों साल लग जाते हैं। पृथ्वी के ज़्यादातर पर्वत लाखों साल बूढ़े हैं, फिर भी यह सच है कि अनेक पर्वत मिट चुके हैं और आज उनका नाम निशान भी बाकी नहीं है। हिमालय पर्वतमाला की एवरेस्ट चोटी दुनिया की सबसे ऊंची चोटी है।

पर्वत	पर्वतमाला	देश	ऊंचाई
एवरेस्ट	हिमालय	नेपाल-तिब्बत	29028
गॉडविन आस्टिन	हिमालय	भारत	28250
कंचनजंघा	हिमालय	नेपाल-भारत	28146
तिरिच मीर	हिमालय	पाकिस्तान	25263
एकनकागुआ	एंडीज़	अर्जेंटीना	22835
मैकिनले	रॉकीज़	कनाडा	20270
किलिमंजारो	किबोस	टांगानिका	19565
कोटोपैक्सी	एंडीज़	इक्वेडोर	19344
ओरीज़ाबा		मैक्सिको	18700
एल्ब्रस	काकेशस	सोवियत संघ	18481

पर्वत, भारत के (MOUNTAINS OF INDIA) : भारत उप-महाद्वीप के पर्वतों में सबसे पहला स्थान हिमालय पर्वतमाला को प्राप्त है। 24,000 फुट से अधिक ऊंचे संसार के कुल 94 पर्वतशिखरों में से अधिकांश हिमालय और

काराकोरम श्रेणियों में ही स्थित हैं। हिमालय पर्वत के स्थान पर मेसोज़ोइक युग में एक विस्तृत सागर था जिसे भूविज्ञानविदों ने टिथीज़ नाम दिया है। भू-हलचल के कारण कालांतर में हिमालय पर्वतमाला का जन्म हुआ। इसमें अनेक श्रेणियां हैं जो समानान्तर चली गई हैं। इनकी चौड़ाई 100 से 250 मील तक है। मुख्य श्रेणी की लम्बाई 1500 मील है। इसके अनेक शिखर हमेशा बर्फ से ढके रहते हैं। संसार का सर्वोच्च पर्वतशिखर एवरेस्ट लगभग इसके मध्य में स्थित है। गॉडविन आस्टिन, कंचनजंघा, लोत्से, मकालू, अन्नपूर्णा, नंदादेवी आदि इसके अन्य प्रमुख शिखर हैं। काराकोरम, हिन्दुकुश और सुलेमान पर्वत इस पर्वत श्रेणी के उत्तर-पश्चिम में और खासी, गारो, नागा, लूशाई और पटकोई पर्वत श्रेणियां इसके पूर्व में स्थित हैं।

भारत के दक्षिण का पठार एक अति प्राचीन भूभाग है। नर्मदा की घाटी इस पठार को दो त्रिभुजाकार रूपों में विभाजित करती है। मालवा के पठार में उत्तर-पश्चिम में अरावली पर्वतश्रेणी है जो उत्तर-पूर्व में काफी संकरी हो गई है और दिल्ली के निकट लुप्त हो जाती है। भूविज्ञानविदों का कथन है कि ये पर्वत अति प्राचीन भारत में सबसे ऊंचे और विस्तृत पर्वत के शेष भाग हैं। इनके दक्षिण में विन्ध्याचल पर्वतश्रेणी है। नर्मदा के दक्षिण का भाग एक त्रिभुजाकार 'टेबुल लैंड' के रूप में है। इसके उत्तर में विन्ध्याचल के समानान्तर सतपुड़ा पर्वतश्रेणी है जो पूर्व में अमरकंटक (छोटा नागपुर) की पहाड़ियों से मिल गई है। इन पहाड़ियों की चोटियां नुकीली नहीं बल्कि चपटी हैं। मध्य तथा पश्चिमी भारत का काफी बड़ा भाग लावा से बना हुआ है। यह लावा यहां बहुत बड़ी-बड़ी ज्वालामुखी खाइयों द्वारा एक विस्तृत परत के रूप में एकत्र हुआ था।

पश्चिमी घाट इस पठार के पश्चिम में अरब सागर की ओर दीवार की भांति खड़े हुए हैं। ये घाट उत्तर से दक्षिण तक फैले हुए हैं। इनमें केवल कुछ ही घाटियां हैं। इन घाटियों में थालघाट, भोरघाट और पालघाट प्रसिद्ध हैं। इनकी चट्टानें कहीं-कहीं तो समुद्र में प्रवेश कर गई हैं। ये घाट दक्षिण में नीलगिरि पर्वत से मिल जाते हैं। पूर्वी घाट नीची चट्टानों के समूह हैं। ये पश्चिमी घाट के मुकाबले में न तो ढालू ही हैं और न उतने ऊंचे ही हैं। (देखें: हिमालय पर्वतमाला)

पारा (MERCURY) : पारा ही एकमात्र वह सामान्य धातु है जो साधारण तापमान में तरल रहती है। बिखर जाने पर इसकी छोटी-छोटी गोलियां बन जाती हैं और इस तरह इधर-उधर लुढ़क जाती हैं कि उन्हें बटोरना सरल नहीं होता। कुछ इस कारण से और कुछ इसके चांदी की तरह चमकीले-रुपहले रंग के कारण इसे तरल चांदी भी कहते हैं।

यह थर्मामीटरों में प्रयुक्त होता है। यह शून्य से 40 अंश नीचे के तापमान पर जम जाता है। अतः उत्तरध्रुवीय और दक्षिणध्रुवीय क्षेत्रों में, जहां का तापमान प्रायः बहुत नीचे रहता है, वहां इसका प्रयोग नहीं हो सकता। हवा का दबाव जानने के लिए कुछ बैरोमीटरों में भी इसका प्रयोग होता है।

कुछ पारा तो प्रकृति में शुद्ध रूप में मिलता है और कुछ गंधक के साथ मिला हुआ मिलता है। उसे सिंगरफ (Cinnabar) कहते हैं।

पाला खिड़कियों के शीशे पर जमता है

पाला (FROST) : जब कड़ाके की सर्दी पड़ती है तब आपने देखा होगा कि घास के मैदानों, खेतों और बाग के पौधों पर सुबह के समय एक हल्की-सी सफेद चद्दर बिछी हुई है। बहुत ठंडे इलाकों में खिड़की के शीशों पर भीतर की ओर बर्फ की एक हल्की-सी परत जम जाती है। इसीको पाला या तुषार कहते हैं। यह तब बनता है जब नम हवा किसी बहुत ठंडी चीज़ को छूती है। जब तापमान शून्य डिग्री से नीचे होता है तभी पाला जमता है, वरना यह ओस की शक्ल में रहता है।

पीट (PEAT) : पीट एक तरह का ईंधन है जो जलाने के काम आता है। यह दलदलों पर जमी काई और घास आदि से बनता है। जब पानी के नीचे की घास और पौधे मुरझा जाते हैं तो वे सब सड़कर मिट्टी में नहीं मिल जाते। दलदल के पानी में कुछ ऐसे तत्त्व होते हैं जो उन्हें सड़कर मिट्टी में नहीं मिलने देते। अधसड़े पौधों की एक मोटी तह बन जाती है। इसे खोदकर सुखा लिया जाता है और फिर जलाया जाता है।

अगर पीट ज़मीन के नीचे दब जाए और इसमें बहुत-सी मिट्टी मिल जाए तो यही हज़ारों साल बाद कोयला बन जाएगा। वैज्ञानिकों का कहना है कि सारा कोयला इसी तरह बना है। (देखें: कोयला)

पृथ्वी (EARTH): हमारी पृथ्वी सूर्य के परिवार की एक सदस्य है। दूसरे ग्रहों की तरह यह भी सूर्य का चक्कर लगा रही है। सूर्य का एक चक्कर पूरा करने में पृथ्वी को एक साल का समय लगता है। पृथ्वी को काफी लम्बा फासला तयकरना पड़ता है। साल-भर में एक चक्कर पूरा करने के लिए पृथ्वी को बहुत तेज़ी से दौड़ना पड़ता है—एक सेकंड में 18 मील, अर्थात् एक मिनट में 1000 मील से ज़्यादा। सूर्य के चारों ओर पृथ्वी की इस परिक्रमा के कारण ही हमारी ऋतुएं बदलती हैं। इस यात्रा में पृथ्वी जब एक जगह रहती है तो गर्मी होती है, दूसरी जगह रहती है तो जाड़ा होता है।

सूर्य की परिक्रमा के लिए दौड़ती हुई पृथ्वी लट्टू की तरह नाचती भी रहती है। यह एक काल्पनिक रेखा पर नाचती है जिसे हम पृथ्वी की धुरी कहते हैं। इस धुरी के एक सिरे पर उत्तरीध्रुव है और दूसरे सिरे पर दक्षिणी ध्रुव। पृथ्वी के इस तरह लट्टू की तरह नाचने के कारण ही रात और दिन होते हैं।

पृथ्वी की धुरी कुछ झुकी हुई है। धुरी के इस तरह झुके रहने का भी ऋतुओं पर असर पड़ता है।

पृथ्वी पर दोनों ध्रुवों के ठीक बीच में चारों ओर एक रेखा की कल्पना की गई है। इसे भूमध्यरेखा या विषुवत् रेखा कहते हैं। लेकिन पृथ्वी पर इसका कोई चिह्न नहीं बना है। अपनी सुविधा के लिए हमने इसकी कल्पना कर ली है और नक्शों में भी इसे दिखाया जाता है।

पृथ्वी लगभग एक गेंद की तरह गोल है। पहले माना जाता था कि यह दोनों ध्रुवों पर कुछ चपटी है। लेकिन अब अन्तरिक्षयानों से किए गए निरीक्षणों से मालूम हुआ है कि पृथ्वी के दोनों ध्रुव क्षेत्र कुछ उठे हुए हैं और पृथ्वी का आकार नाशपाती जैसा है। भूमध्यरेखा पर पृथ्वी की गोलाई 24,902 मील है। ध्रुवों की ओर से नापने पर इसकी गोलाई 24,860 मील है। पृथ्वी पर कोई भी जगह किसी भी दूसरी जगह से 12,451 मील से ज़्यादा दूर नहीं हो सकती।

भूमध्यरेखा से उत्तर पृथ्वी के आधे भाग को उत्तरी गोलार्ध और दक्षिण के आधे भाग को दक्षिणी गोलार्ध कहते हैं। इसी प्रकार पृथ्वी के गोले को पूर्व और पश्चिम में भी पूर्वी गोलार्ध और पश्चिमी गोलार्ध के रूप में बांटा जा सकता है।

पृथ्वी की सतह का दो-तिहाई से अधिक भाग पानी से ढका है। शेष भाग सूखा है जिसपर सात महाद्वीप बसे हुए हैं।

पृथ्वी के चारों ओर वायु की एक पट्टी है। वायु का यह महासागर भी पानी के महासागरों की भांति ही पृथ्वी का एक अंग है। पृथ्वी बड़ी तेज़ी के साथ सूर्य के चारों ओर दौड़ रही है। लेकिन हमें इसका अनुभव नहीं होता। इसका सबसे बड़ा कारण यह है कि पृथ्वी अपने वायुमंडल को अपने साथ लेकर दौड़ रही है।

कभी-कभी पृथ्वी को एक छोटे-से सूर्य का एक छोटा-सा ग्रह कहा जाता है। यह सच है। हमारे सूर्य के परिवार के चार ग्रह पृथ्वी से बहुत बड़े हैं। यह भी सत्य है कि हमारा सूर्य ब्रह्मांड के सूर्यों या नक्षत्रों में सबसे छोटा है। लेकिन अभी तक इसका कोई सबूत नहीं मिल सका है कि ब्रह्मांड में पृथ्वी के समान कोई ऐसा दूसरा ग्रह भी है जहां हमारे जैसे मनुष्य रहते हैं या रह सकते हैं। हो सकता है, हमारी पृथ्वी जैसी और भी अनेक 'पृथ्वियां' हों जो अरबों मील दूर स्थित सूर्यों की परिक्रमा कर रही हों। लेकिन इस सम्बन्ध में अभी कुछ भी नहीं कहा जा सकता। (देखें: भूविज्ञान, भूगोल, सूर्य, चन्द्रमा, **सौर-मण्डल**)

पृथ्वी का इतिहास (HISTORY OF THE EARTH) : हमारी पृथ्वी बहुत पुरानी है। वैज्ञानिकों का विचार है कि पृथ्वी 30,000 लाख साल या इससे भी अधिक पुरानी है। अपने इतने लम्बे इतिहास में पृथ्वी काफी बदली है।

उदाहरण के लिए, पृथ्वी की ज़मीन और इसके सागर काफी बदले हैं। पृथ्वी के कई ऐसे भाग जो आज सूखे हैं, कभी पानी से ढके थे। इसी तरह जहां इस समय सागर लहरा रहा है उसका काफी बड़ा भाग कभी सूखा था।

पृथ्वी की जलवायु भी कई बार बदली है। ऐसा युग भी रहा है जब पृथ्वी का ज़्यादा बड़ा भाग बर्फ से ढका था। फिर ऐसा युग भी आया जब पृथ्वी पर भयानक गर्मी थी। इसी तरह पृथ्वी पर कभी बरसात का युग आता था तो कभी सूखे का लम्बा युग। जहां आजकल रेगिस्तान हैं वहां कभी बड़े घने जंगल थे।

बहुत-से लोग समझते हैं कि पहाड़ कभी नहीं बदलते। लेकिन उनका विचार गलत है। पृथ्वी के लम्बे इतिहास

नवजीव कल्प -6 करोड़ वर्ष
स्तनपायी युग
मध्यजीव कल्प 14 करोड़ वर्ष
सरीसृप युग
कोयला युग
पुराजीव कल्प 35 करोड़ वर्ष
मछली युग
ट्राइलोबाइट युग
प्राजीव कल्प 65 करोड़ वर्ष
बहुत सुगम रचना वाले पौधे और जीव
80 करोड़ वर्ष
केवल एक कोशिका वाले पौधें और जीव
आद्यकल्प के पहले एक बहुत लम्बा युग था जिसे जीवहीन युग कहते हैं। तब कोई प्राणी नहीं था।

में पहाड़ भी कई बार बदले हैं। नये पहाड़ बने हैं और पुराने मिटे हैं। कुछ पहाड़ ज्वालामुखी पर्वत हैं। पृथ्वी के इतिहास में ऐसे युग भी आए हैं जबकि उससे कहीं ज़्यादा ज्वालामुखी पर्वत थे जितने कि अब हैं। एक ज़माने में पृथ्वी की पपड़ी में लम्बी-लम्बी दरारें पड़ी हुई थीं और उनमें से गरम लावे की नदियां बहा करती थीं।

पृथ्वी पर रहनेवाली जीवित वस्तुएं भी बहुत अधिक बदली हैं। करोड़ों साल तक पृथ्वी के सभी पौधे और जीव-जन्तु समुद्र में ही रहते थे। इसके बाद ज़मीन पर रहनेवाले पेड़-पौधों और जीव-जन्तुओं का विकास हुआ। ऐसे कई पेड़-पौधे और जीव-जन्तु अब गायब हो चुके हैं जो कभी पृथ्वी पर बहुतायत से पाए जाते थे।

उदाहरण के लिए, एक ज़माना था जब एक प्रकार के जीव, जिन्हें ट्राइलोबाइट कहा जाता है, समुद्रतटों पर पाए जाते थे। अब एक भी ट्राइलोबाइट नहीं मिलता। फिर ऐसा ज़माना आया जब पृथ्वी पर दैत्याकार छिपकलियां, जिन्हें डाइनोसॉर कहते हैं, बहुत बड़ी तादाद में रहती थीं। डाइनोसॉर को भी खत्म हुए लाखों साल बीत गए।

पृथ्वी के इतिहास में जो बड़े-बड़े परिवर्तन हुए हैं उनका पता वैज्ञानिकों ने लगाया है। उन्होंने चट्टानों का अध्ययन किया। कई जगह पृथ्वी की पपड़ी चट्टानों की परतों से बनी हुई है। चट्टानों की ये परतें किसी कहानी की किताब के पृष्ठों की तरह वैज्ञानिकों को पृथ्वी की कहानी बताती हैं।

वैज्ञानिकों को मालूम है कि अलग-अलग किस्म की चट्टानें अलग-अलग ढंग से बनी हैं। कुछ चट्टानें झीलों और समुद्रों के तल में बनी हैं। कुछ चट्टानें उस गरम लावे से बनी हैं जो ज्वालामुखी के मुंह से निकलकर बहता है। अन्य कुछ चट्टानें हैं जो ज़मीन की गहराई में नीचे की गरम चट्टानों के ठंडा होने से बनी हैं। ये सभी प्रकार की चट्टानें अब भी बन रही हैं। वैज्ञानिकों को यह भी मालूम है कि बहुत-सी चट्टानें अपने बनने के बाद से अब तक बहुत बदल गई हैं। वे जानते हैं कि चट्टानें क्यों बदलती हैं।

फॉसिल या जीवाश्म वैज्ञानिकों को पृथ्वी का इतिहास बताते हैं। फॉसिल चट्टानों में मिलते हैं। ये उन जीवित वस्तुओं के चिह्न हैं जो युगों पहले पृथ्वी पर रहती थीं। उन्हें देखकर हमें उन पेड़-पौधों और जीवों के बारे में मालूम होता है जो कभी पृथ्वी पर रहते थे। ये हमें पृथ्वी के मौसम में हुए परिवर्तनों तथा ज़मीन और समुद्र के परिवर्तनों के बारे में भी बताते हैं।

पहाड़ों की रचना विभिन्न प्रकारों से हो सकती है। चट्टानें किसी कथा-पुस्तक के समान होती हैं और हमें विस्तार से बताती हैं कि कोई पहाड़ कैसे बना।

लेकिन इस कथा-पुस्तक को पढ़ना बड़ा कठिन है। अगर किसी पुस्तक को कई बार आग में जलाया गया हो और उसके कुछ पन्ने बुरी तरह से मुड़े-तुड़े हों तथा कुछ पन्ने बीच से फाड़कर निकाल दिए गए हों तो ऐसी पुस्तक को पढ़कर कुछ समझ पाना हमारे लिए कितना कठिन होगा। इसी प्रकार चट्टानों की परतें कहीं तो गरम लावा से ढंकी हुई हैं, कहीं मुड़ी-तुड़ी हैं और कहीं हवा, पानी और बर्फ के द्वारा घिस गई हैं या नष्ट हो गई हैं। इस चट्टानी पुस्तक को पढ़ना बहुत मुश्किल है। फिर भी वैज्ञानिकों ने इसके जरिये पृथ्वी के इतिहास के बारे में बहुत कुछ पता लगा लिया है। सामने के पृष्ठ पर जो चार्ट दिया गया है उसमें पृथ्वी के लम्बे इतिहास की एक रूपरेखा है। इसे नीचे से ऊपर की ओर पढ़ा जाता है।

शुरू में बहुत लम्बे समय तक पृथ्वी पर कोई जीव नहीं था। इसके बाद बहुत साधारण रचनावाले पौधों और जीवों का विकास हुआ। इसके बाद ट्राइलोबाइट का युग आया। इस युग के अन्त तक पृथ्वी के किसी भी जीव में रीढ़ की हड्डी नहीं होती थी। रीढ़दार जीवों में सबसे पहले मछलियां उत्पन्न हुईं। उभयचर (जल और थल दोनों जगह रहनेवाले जीव), सरीसृप (छिपकली की बनावट के जीव) और स्तनपायी जीवों अथवा पक्षियों से भी बहुत पहले मछलियों का जन्म हुआ।

कोयला युग उस युग को कहते हैं जब हमारे अधिकांश पत्थर-कोयले का निर्माण हुआ। उभयचर जीवों का विकास कोयला युग में हुआ।

कोयला युग के बाद रेंगनेवाले जीवों या सरीसृपों का विकास हुआ। इसके बाद स्तनपायी जीवों का युग आया। आज से दस और बीस लाख वर्ष के बीच महान हिमयुग शुरू हुआ था। वैज्ञानिकों का मत है कि इसी हिमयुग के दौरान सबसे पहले मनुष्यों का विकास हुआ।

हम आज जिस युग में रह रहे हैं उसे मानव युग कहा जा सकता है। मनुष्य भी एक स्तनपायी जीव है। इसलिए मानव युग स्तनपायी युग का ही एक अंग है। लेकिन दूसरे स्तनपायी जीवों की अपेक्षा मनुष्य ने पृथ्वी के इतिहास में बिलकुल दूसरी भूमिका अदा की है। उसने अपनी ज़रूरतों के मुताबिक पृथ्वी को काफी बदला है। उसने नदियों पर बांध बांधकर झीलें बनाई हैं। उसने नदियों के रास्ते बदले हैं। उसने नहरें बनाई हैं और दलदलों को सूखी मिट्टी से भरा है। उसने समुद्र में दीवारें खड़ी करके अपने लिए ज़मीन प्राप्त की है। उसने पहाड़ों में छेद करके सुरंगें बनाई हैं। इस तरह मनुष्य ने पृथ्वी को काफी बदला है। (**देखें: चट्टान, भूविज्ञान, ज्वालामुखी, कोयला**)

पेंटेड डेज़र्ट (PAINTED DESERT): उत्तरी अमरीका के ऐरिज़ोना राज्य में ग्रांड कैनियन के पास यह एक प्रसिद्ध स्थान है। इसे इसकी रंगीन चट्टानों के कारण 'पेंटेड

अर्थात् रंगीन कहा जाता है। इसकी ज्यादातर चट्टानें लाल रंग के बलुआ पत्थर और शेल की हैं। पेंटेड डेज़र्ट विशेष रूप से अपने प्रस्तरित वन के लिए विख्यात है।
(देखें: प्रस्तरित वन)

पेट्रोलियम (PETROLEUM) : मिट्टी का तेल या घासलेट, पेट्रोलियम का ही एक रूप है। यह ज़मीन के नीचे मिलता है। इसके लिए कुएं खोदे जाते हैं। पेट्रोलियम अंग्रेज़ी का शब्द है। इसका मूल लैटिन से आया है। मूल का अर्थ होता है 'चट्टान का तेल'। बिना साफ किया हुआ कच्चा तेल बहुत गाढ़ा और गहरे काले रंग का होता है।

वैज्ञानिकों का कहना है कि पेट्रोलियम उन असंख्य छोटे-छोटे पौधों और जीवों से निकला है जो लाखों साल पहले छिछले समुद्रों में मिलते थे। ये पौधे और जीव मरने के बाद यहां गिर गए और कीचड़ में दब गए। कुछ काल बाद इस कीचड़ पर रेत की मोटी परत आ गई। इसपर फिर कीचड़ और मरे हुए जीवों और सड़े पौधों की गन्दगी आ गई। फिर इसपर रेत की एक तह जम गई। इसी तरह कई तहें बनती चली गईं। धीरे-धीरे नीचे वाली तहों में दबे हुए पौधों और जीवों से तेल बना। लेकिन कोई बिल्कुल ठीक-ठीक नहीं जानता कि ऐसा किस तरह हुआ।

फिर लाखों साल बीत गए। नीचे दबी हुई रेत तथा कीचड़ की तहों ने ठोस चट्टानों का रूप धारण कर लिया। कीचड़ ने शेल का रूप ले लिया, रेत बलुआ पत्थर बन गई और जो घोंघे आदि थे वे चूनापत्थर बन गए। बलुआ पत्थर और चूनापत्थर में छोटे-छोटे बहुत-से छेद होते हैं। इन छेदों से तेल एक से दूसरी जगह जा सकता था। इस तरह सारा तेल बंद चट्टानों की दरारों आदि में जमा हो गया। तेल पानी से हलका होता है। इसलिए जिन चट्टानों की दरारों और गहराइयों में पानी था, उनमें भी

कुएं खोदने के प्रारंभिक यंत्र

तेल पानी के ऊपर बना रहा।

पेट्रोलियम के सम्बन्ध में लोगों को सदियों से जानकारी है। पेट्रोलियम प्रायः ज़मीन के नीचे गहराई पर ही मिलता है, लेकिन कभी-कभी ऊपर भी आ जाता है। प्राचीन काल में लोगों ने इसे काफी ऊपर पाया। वे इसका उपयोग दवाओं आदि के लिए करते थे तथा जलाने के काम में भी लाते थे। वे कभी-कभी मिट्टी के तेल के जल जाने के बाद नीचे बचे ऐस्फाल्ट का उपयोग सीमेंट की तरह ईंटों को जोड़ने में करते थे। ये ईंटें फर्श और दीवारों आदि के बनाने के काम में आती थीं। इसका उपयोग नौकाओं में पानी न आने देने के लिए भी किया जाता था। लेकिन बहुत समय तक लोगों ने कुएं खोदकर तेल निकालने की बात नहीं सोची।

पेट्रोलियम बहुत-सी चीज़ों का मिश्रण है। उसकी कई चीज़ों को अलग करके और उनमें अन्य वस्तुएं मिलाकर उपयोगी चीज़ें बनाई जा सकती हैं। उनमें पेट्रोल, मिट्टी का तेल, डीज़ल तेल, ग्रीज़, पैराफीन और ऐस्फाल्ट शामिल हैं।

लोगों ने कुएं खोदकर तेल निकालने की बात बहुत समय तक नहीं सोची, इसका एक कारण यह भी था कि ज़रूरत-भर तेल और चिकनाई उन्हें पौधों या जानवरों से मिल जाती थी। आज से लगभग सौ साल पहले स्थिति बदल गई। मशीनों का युग आरम्भ हुआ। मशीनों को चलाने और उन्हें चिकना रखने के लिए अच्छी किस्म के तेल की ज़रूरत थी। लालटेनों में जलाने के लिए मिट्टी के तेल की ज़रूरत थी।

सन् 1859 में तेल का पहला कुआं खोदा गया। तेल लगभग बीस-इक्कीस मीटर नीचे मिल गया। इसमें से प्रतिदिन पचीस पीपे तेल निकलता था। इसके बाद और भी कुएं खोदे गए।

तब तक मोटरों और हवाई जहाज़ों का आविष्कार नहीं हुआ था। कोई पेट्रोलियम में रुचि नहीं रखता था। वह फेंक दिया जाता था। मोटरों और हवाई जहाज़ों के बनने के पहले इस तरह लाखों लिटर पेट्रोलियम फेंक दिया गया। बाद में पेट्रोलियम का उपयोग शुरू हुआ।

पेट्रोलियम से चीज़ें बनाना काफी कठिन है। साधारणतः यह होता है कि पेट्रोलियम को तब तक गरम किया जाता है जब तक उसका अधिकांश भाग भाप नहीं बन जाता। यह भाप एक ऊंची मीनार में ले जाई जाती है। सबसे हलकी भाप सबसे ऊपर और इसके बाद कम हलकी उसके नीचे, सबसे नीचे सबसे भारी और इस क्रम से भाप जमा होती जाती है। यहां फिर इनको तरल पदार्थ में बदल दिया जाता है। सबसे ऊपर की भाप सबसे हलकी होती है। उसका पेट्रोल बन जाता है, जो सर्वोत्तम होता है। इसके नीचे की भाप मिट्टी का तेल बन जाती है। इसी तरह अन्य चीज़ें बनती हैं।

अमरीका, वेनजुएला, सोवियत संघ, सऊदी अरब कुवैत, ईरान तथा ईराक में तेल के बड़े-बड़े कुएं हैं। भारत (असम) में पहले ही तेल के कुएं थे। अकलेश्वर (गुजरात) और नहरकटिया (असम) में नई जगहों पर तेल मिला है।

संसार के आधे से ज़्यादा तेल के कुओं पर अमरीकी कम्पनियों का अधिकार है। कुओं की खुदाई बड़ी-बड़ी मशीनों से होती है। इनपर बहुत खर्च आता है। कुछ कुएं बहुत गहरे होते हैं। एक बार तो चार मील नीचे तक कुआं खोदने पर तेल मिला था। डेरिक नामक यंत्र से खुदाई करने पर जब तेल मिलता है तो वह उसके पाइप के ज़रिये ऊपर लाया जाता है। परन्तु प्रायः तेल को पम्प से ऊपर खींचना पड़ता है। कुएं खोदने में लाखों-करोड़ों रुपये खर्च हो जाते हैं। (देखें: डामर)

पैरीकूटीन ज्वालामुखी (PARICUTIN) : मैक्सिको के एक किसान के खेत में 20 फरवरी सन् 1943 को एक ज्वालामुखी ने जन्म लिया। गांव के नाम पर इसका नाम भी पैरीकूटीन रखा गया। वह किसान अपने खेत में हल चला रहा था कि उसका लड़का दौड़ता हुआ उसके पास आया और उसे बताया कि ज़मीन के अन्दर एक प्रकार की गड़गड़ाहट सुनाई दे रही है। अब किसान ने भी अपना काम छोड़कर इस गड़गड़ाहट को सुनने का प्रयत्न किया। उसे यह आवाज़ तो सुनाई दी ही, ज़मीन के एक छेद से धुएं की एक बदली भी निकलती दिखाई दी। इसपर गरीब किसान भागा-भागा गांव गया और वहां से कुछ और लोगों को साथ लेकर वापस खेत पर लौटा। दुनिया के इतिहास में सिर्फ ये ही लोग ऐसे हैं जिन्होंने किसी ज्वालामुखी पर्वत को जन्म लेते देखा है।

आठ महीने में पैरीकूटीन ज्वालामुखी 1500 फुट ऊंचा हो गया। पैरीकूटीन गांव राख की ढेरी में बदल गया। लोग-बाग गांव छोड़कर भाग गए।

पांच वर्ष बाद ऐसा लगा कि पैरीकूटीन अब ठंडा हो जाएगा। धीरे-धीरे विस्फोट बन्द हो गए। लोगों का विचार है कि अब इस ज्वालामुखी से कोई डर नहीं है, लेकिन ज्वालामुखी का क्या विश्वास, वह कब फूट पड़े।

प्रकाश (LIGHT) : अगर प्रकाश न होता तो हम कुछ भी नहीं देख सकते थे। हम किसी वस्तु को तभी देख सकते हैं जब उस वस्तु से प्रकाश हमारी आंखों तक आता है। इनमें सभी प्रकार की वस्तुएं सम्मिलित हैं जैसे तारे, बादल, कुत्ता, कुर्सी-मेज़ आदि। हम तारों, बिजली की बत्ती और जुगनुओं को चमकते हुए देख सकते हैं क्योंकि वे अपना निजी प्रकाश छोड़ते हैं। हम चांद, ज़मीन और पतंगों को चमकते हुए इसलिए देखते हैं कि वे सूर्य या दीपक से प्रकाश ग्रहण करते हैं।

जो वस्तुएं अपना प्रकाश छोड़ती हैं उन्हें ज्योतिमान

(Luminous) वस्तुएं कहते हैं। ऐसी वस्तुओं को जो केवल तब नज़र में आती हैं जब उनपर प्रकाश चमकता है, उन्हें अज्योतिमान (Non-luminous) वस्तुएं कहते हैं। हम अज्योतिमान वस्तुओं को परावर्तित प्रकाश द्वारा देखते हैं।

प्रकाश की गति बहुत तेज़ है। यह 1,86,000 मील प्रति सेकंड की गति से चलता है। जब बादलों में बिजली चमकती है तब हम जान सकते हैं कि प्रकाश कितनी तेज़ी से चलता है। हमें बिजली की चमक पहले दिखाई देती है और उसकी कड़क कुछ क्षण बाद सुनाई देती है।

प्रकाश हमेशा सीधा चलता है। यह मुड़ नहीं सकता। लेकिन हमने ऐसे तरीके निकाल रखे हैं जो प्रकाश की किरणों को मोड़ सकते हैं। हमने आइने, लेन्स और प्रिज़्म का आविष्कार किया है जो प्रकाश को मोड़ सकते हैं। हम इनकी सहायता से चीजों को बड़ा या छोटा करके भी देख सकते हैं। हमने सूक्ष्मदर्शक, दूरदर्शक, पेरिस्कोप, आतशी शीशा और बाइनॉकुलर का आविष्कार किया है। इनकी सहायता से हम ऐसी चीज़ों को देख सकते हैं जिन्हें केवल आंख से नहीं देख सकते।

प्रतिध्वनि (ECHO): पत्थर की एक ठोस दीवार की ओर मुंह करके चिल्लाने से हमारे शब्द प्रतिध्वनित होते हैं। प्रतिध्वनि तब उत्पन्न होती है जब ध्वनि की लहरें किसी ठोस और चिकनी सतह से टकराकर लौटती हैं। जिस प्रकार प्रकाश शीशे से प्रतिबिम्बित होता है उसी प्रकार ध्वनि दीवार से प्रतिध्वनित होती है।

किसी ऐसी घाटी में जिसके चारों ओर पहाड़ हों, आवाज़ कई बार गूंज सकती है। कई स्थान अपनी इस गूंज के लिए प्रसिद्ध हैं। आयरलैंड में एक जगह बिगुल की एक आवाज़ की 100 प्रतिध्वनियां तक गिनी गई हैं।

प्रतिध्वनि

प्रतिध्वनि के सम्बन्ध में प्रयोग करने के लिए किसी व्यक्ति को ठोस दीवार से कम से कम 60 फुट दूर रहना चाहिए। अधिक पास रहने से प्रतिध्वनि इतनी जल्दी लौट आती है कि वह मूल ध्वनि में मिल जाती है।

एंजेल प्रपात विश्व का सर्वोच्च प्रपात है।

प्रपात (WATERFALL): कभी-कभी झील या समुद्र की ओर जाती हुई नदी के मार्ग में चट्टानों की सीधी ढाल आ जाती है और नदी उससे होती हुई नीचे गिरती है। इस तरह नीचे गिरती हुई नदी को प्रपात या झरना कहते हैं। नियागरा विश्व का सबसे प्रसिद्ध प्रपात है। इसकी गिनती संसार के आश्चर्यों में की जाती है।

भारत में भी कुछ बड़े सुन्दर प्रपात हैं, जिनमें मध्य-प्रदेश के चचई और भेड़ाघाट तथा उत्तर प्रदेश का कांपी प्रपात विशेष प्रसिद्ध हैं।

प्रशांत महासागर (PACIFIC OCEAN): यह संसार का सबसे बड़ा महासागर है। यदि सब महाद्वीपों को एक

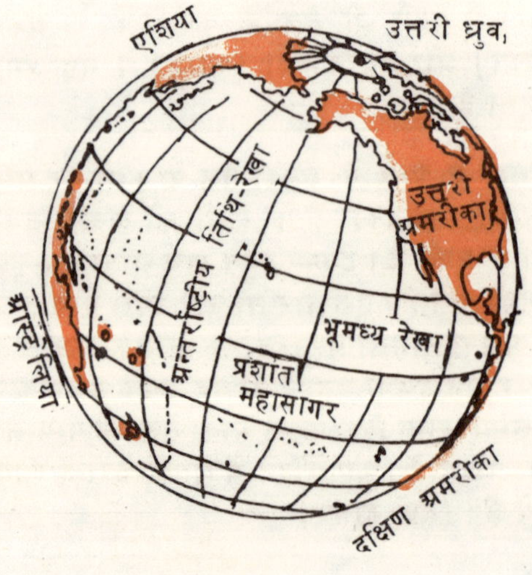

साथ मिला दिया जाए तो भी प्रशांत महासागर का क्षेत्र उन सबसे बड़ा सिद्ध होगा।

अपने नाम के अनुरूप ही प्रशांत महासागर प्रायः शांत रहता है किन्तु कभी-कभी इसमें टाइफून और हरीकेन नामक भयानक तूफान भी आते हैं। इसके तटवर्ती अधिकांश देशों में पहाड़ हैं। इनमें से कुछ ज्वालामुखी पहाड़ भी हैं। इस महासागर में हज़ारों द्वीप हैं जिनमें से बहुत से ज्वालामुखी पर्वतों के मुह बन्द हैं।

प्रशांत महासागर विशाल तो है ही, गहरा भी है। यह मैरियाना द्वीपसमूह के पास एक स्थान पर सबसे अधिक गहरा है। वहां इसकी गहराई लगभग नौ मील है।

प्रस्तरित वन (PETRIFIED WOOD) : उत्तरी अमरीका के ऐरिज़ोना राज्य में एक वीरान जगह है जिसे 'पेंटेड डेज़र्ट' या रंगीन रेगिस्तान के नाम से पुकारा जाता है। इसकी सबसे बड़ी विशेषता यह है कि इसमें एक प्रस्तरित वन है—पथराये हुए पेड़-पौधों का एक विशाल जंगल। लाखों वर्ष पहले यहां एक असली वन था। जब कोई पेड़ ज़मीन पर गिर पड़ता था तो वह दलदल में धंस जाता था। दलदल का पानी अपने खनिज द्रव्यों के प्रभाव से पेड़ को सड़ने नहीं देता था, बल्कि धीरे-धीरे उसे एक नया रूप देने लग जाता था। अन्त में पेड़ ठोस पत्थर का बन जाता था। (देखें:पेंटेड डेज़र्ट, जीवाश्म)

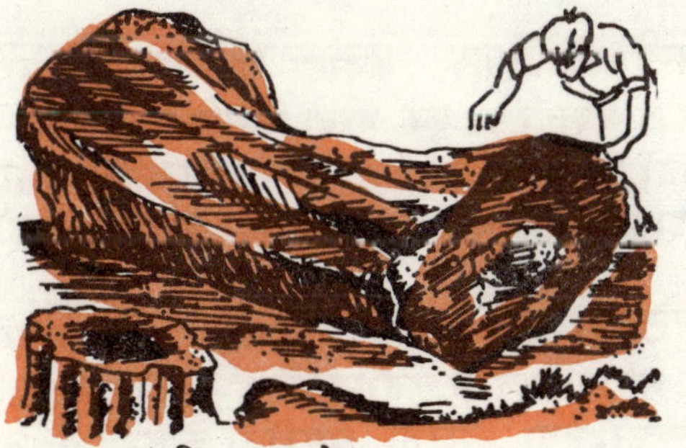

प्रस्तरित वन का एक गिरा हुआ पेड़

प्राकृतिक गैस (NATURAL GAS) : जब यूरोपवालों ने पहले-पहल अमरीका की ऐपलेशियन पहाड़ियों की खोज की तो वहां के रेड इंडियन आदिवासियों ने उन्हें एक अद्भुत दृश्य दिखाया। वहां कई जगह नंगी पहाड़ियों पर उन्हें ऐसी आग दिखाई दी जो दिन-रात जलती रहती थी, पर वहां जलने योग्य कोई भी वस्तु दिखाई न देती थी। रेड इंडियन लोग उसे चमत्कार समझते थे। जो ईंधन वहां जलता था वह ऐसा था कि उसे कोई नहीं देख सकता था। यह प्राकृतिक गैस थी।

लगभग सौ वर्ष पहले की बात है कि न्यूयार्क के पास ही एक बस्ती के लोगों ने पड़ोस के खड्ड के किनारे एक शिला की दरारों से निकलती हुई प्राकृतिक गैस देखी।

गैस पाइपलाइन बिछाई जा रही है।

उसे नलियों के द्वारा दूर ले जाकर जलाते थे।

इस प्रकार तेल के लिए खुदाई करते हुए यह प्राकृतिक गैस मनुष्य के हाथ लगी। प्राकृतिक गैस और तेल उन नन्हे पौधों और जीव-जंतुओं से बने हैं जो लाखों वर्ष पहले समुद्र में रहते थे। ये दोनों वस्तुएं बहुत अधिक गहराई पर शिलाओं के मध्य एक ही स्थान पर मिलती हैं।

कुछ समय बाद तेल कर्मचारियों ने अनुभव किया कि गैस को यों ही बेकार नहीं जाने देना चाहिए। जिन स्थानों पर ईंधन की आवश्यकता थी वहां गैस पहुंचाने के लिए पाइप-लाइनें बिछाई जाने लगीं। इसका सबसे बड़ा उत्पादक देश अमरीका है जहां गैस की 2,00,000 मील से भी अधिक लम्बी पाइप-लाइनें हैं।

कुछ लोगों ने नलियों द्वारा उस गैस को अपने घरों तक पहुंचा दिया और उसे जलाकर प्रकाश करने लगे। यद्यपि 1821 से ही प्राकृतिक गैस का प्रयोग इस रूप में होने लगा था पर इसकी असली कीमत केवल पचास वर्ष पहले पहचानी गई।

जब तेल निकालने के लिए लोगों ने कुएं खोदने आरम्भ किए तो कई कुओं से प्राकृतिक गैस निकली, जिससे बहुत परेशानी होती थी। कभी उससे धमाके हो जाते थे, कभी उसमें आग भड़क उठती थी और कभी उसके द्वारा तेल में आग लग जाती थी।

अमरीका के अतिरिक्त भारत, आस्ट्रेलिया, मध्यपूर्व, कनाडा, जापान, रूमानिया, चीन और रूस में प्राकृतिक गैस निकलती है। भारत सरकार ने प्राकृतिक गैस की खोज और तेलशोधन के लिए देहरादून में एक आयोग की स्थापना की है। अभी तक ज्वालामुखी (पंजाब) तथा नहरकटिया (असम) में तेल और प्राकृतिक गैस की खोज में पर्याप्त सफलता मिली है।

प्राकृतिक गैस साफ-सुथरी वस्तु है। लोग घरों में खुशी से इसका प्रयोग करते हैं। विदेशों में स्टोव और रेफ्रिजरेटर में गैस का प्रयोग साधारण बात है। वैज्ञानिक कई

अन्य उपकरणों में भी इसके प्रयोग की विधियां निकालने में प्रयत्नशील हैं। (देखें: पेट्रोलियम)

प्राकृतिक पुल (NATURAL BRIDGES) : संसार में कुछ पुल ऐसे भी हैं जिनका निर्माण मनुष्य के हाथों नहीं बल्कि प्रकृति के हाथों हुआ है। ऐसे पुलों को प्राकृतिक पुल कहते हैं।

कभी-कभी तेज़ी से बहता हुआ पानी चट्टानों की दरारों को सुरंगों या गुफाओं की शक्ल में बदल देता है। इसके बाद कई बार छत का कुछ हिस्सा तो नीचे गिर जाता है और चट्टान का एक पुल-सा बन जाता है। कई बार ऐसा होता है कि चट्टान की पतली दीवार हवा के झोंके के साथ आनेवाले रेत के धक्कों को नहीं सह पाती और धीरे-धीरे उसके बीचोबीच एक बड़ा छेद हो जाता है। पानी के बहाव या हवा के साथ आए रेत के दबाव से यह छेद बड़ा होता रहता है और अन्त में इस छेद के ऊपरवाली चट्टान एक पुल की शक्ल में बदल जाती है। ज़्यादातर प्राकृतिक पुल बलुआ पत्थर या चूनापत्थर से बने हैं।

अमरीका में ऊटा नामक प्रदेश में इस तरह के कई प्राकृतिक पुल हैं। इस प्रदेश के ब्राइस कैनियन नामक स्थान में अमरीका का सबसे ऊंचा प्राकृतिक पुल है जिसकी ऊंचाई समुद्र-तल से लगभग 8,000 फुट है। ऊटा में ही एक और प्राकृतिक पुल है जिसका नाम लैंड्स्केप आर्क है और

इन्द्रधनुषी प्राकृतिक पुल

जिसकी लम्बाई लगभग 300 फुट है। यहां का एक और प्राकृतिक पुल बड़ा प्रसिद्ध है जिसका नाम उसकी इन्द्रधनुषी चट्टान के कारण रेनबो प्राकृतिक पुल रखा गया है। स्काटलैंड के पश्चिमी तट पर भी एक प्राकृतिक पुल है। इस पुल की विशेषता यह है कि यह पहले एक गुफा थी जो समुद्र के पानी के प्रभाव के कारण अब एक पुल बन गई है। (देखें: दैत्य का पुल)

प्रायद्वीप (PENINSULA) : जैसा कि नाम से ही स्पष्ट है, प्रायद्वीप बहुत कुछ द्वीप से मिलता-जुलता होता है। इन दोनों में फर्क यह है कि द्वीप के चारों ओर पानी होता है,

जबकि प्रायद्वीप के तीन ओर। प्रायद्वीप वास्तव में भूमि का वह हिस्सा होता है जो समुद्र में बहुत दूर तक चला जाता है। इस प्रकार तीन ओर से पानी से घिरा होने पर भी वह भूमि से बराबर जुड़ा रहता है जबकि द्वीप भूमि से नहीं जुड़ा होता।

दक्षिण महाद्वीपों में प्रायद्वीप कम हैं लेकिन यूरोप, एशिया और उत्तरी अमरीका में इनकी भरमार है। असल बात तो यह है कि पूरा यूरोप ही एशिया का एक विशाल प्रायद्वीप है। अरब, मलाया, भारत और कोरिया—ये चारों एशिया के प्रायद्वीप हैं। नार्वे, स्वीडन, डेनमार्क, स्पेन, पुर्तगाल, इटली और यूनान आदि यूरोपीय देश प्रायद्वीपों पर ही बसे हैं। उत्तरी अमरीका के प्रायद्वीपों में अलास्का, लोअर कैलिफोर्निया और फ्लोरिडा आदि प्रमुख हैं।

प्रेयरी (PRAIRIE) : कनाडा और उत्तरी अमरीका में घास के मैदानों का एक लम्बा सिलसिला है। इन समतल मैदानों को प्रेयरी कहते हैं। इन मैदानों की ज़मीन बहुत उपजाऊ है और यहां बहुत बड़े पैमाने पर खेती होती है।

प्लैटिनम (PLATINUM) : कोलम्बस द्वारा अमरीका का पता लगाए जाने के लगभग सौ वर्ष बाद स्पेनवासियों ने मेक्सिको तथा दक्षिणी अमरीका के बहुत-से भागों को जीत लिया। वे वहां मिलनेवाले सोने को हथियाना चाहते थे। उन्होंने दक्षिणी अमरीका के राजाओं के सोने के खज़ानों पर कब्जा कर लिया। लेकिन उन्हें इतने से ही सन्तोष नहीं हुआ। उन्होंने पता लगाया कि सोना अमरीका की नदियों की रेत को छानकर निकाला जा सकता है। लेकिन जब सोना इस तरह निकाला गया तो कुछ सफेद-सा द्रव्य भी उसके साथ आ गया। उन्होंने उस धातु को जमा करने की कोशिश नहीं की और उसे फेंक दिया। उन्हें पता न था कि सोने से यह धातु कहीं अधिक मूल्यवान और दुर्लभ है तथा किसी दिन इसकी कीमत सोने से भी अधिक हो जाएगी।

सफेद रंग की इस बहुमूल्य धातु को धातुओं का सम्राट कहा जाता है। इसपर आसानी से काम हो सकता है।

इसमें कभी ज़ंग नहीं लगता। किसी भी तेज़ाब से यह गल नहीं सकता। यह बड़ा सख्त होता है। इसका बहुत ही पतला तार बनाया जा सकता है। इसके पच्चीस हज़ार तारों को ऐंठा जाए तो बाल बराबर मोटा तार बनेगा।

प्लैटिनम के गहने बनते हैं। लेकिन सारा प्लैटिनम गहने बनाने में ही नहीं लग जाता। प्लैटिनम रेडियो, टेलीविज़न, एक्सरे मशीनों, हवाई जहाज़ के चिनगारी पैदा करनेवाले प्लगों आदि में भी काम आता है। दांत बांधने के लिए डाक्टर प्लैटिनम का तार काम में लाते हैं। इन तारों से टूटी हड्डियां भी बांधी जाती हैं।

कनाडा और सोवियत रूस में सबसे अधिक प्लैटिनम मिलता है। दक्षिणी अफ्रीका और दक्षिणी अमरीका में भी प्लैटिनम होता है।

फ़ियोर्ड (FIORD) : ऊंचे-ऊंचे पहाड़ों की घाटी में जब समुद्र की कोई लम्बी पतली शाखा चली जाती है तो उसे फ़ियोर्ड कहते हैं। इसलिए फ़ियोर्ड उसी स्थान पर बन सकता है जहां पहाड़ समुद्रतट तक फैले होते हैं। फ़ियोर्ड का निर्माण हिमनदी से होता है।

नार्वे अपने फ़ियोर्डों के लिए प्रसिद्ध है। ग्रीनलैंड और न्यूज़ीलैंड के तटों पर भी फ़ियोर्ड हैं।

बर्फानी तूफान (BLIZZARD) : ऐसे तूफान ठंडे इलाकों में प्रायः आते रहते हैं। हल्की बर्फ का गिरना आनन्द-दायक होता है, लेकिन बर्फ के साथ जब तेज़ हवा चलने लगती है तो बड़ा कष्ट होता है। अनेक यात्री बर्फानी तूफान में फंसकर अपने प्राण गंवा चुके हैं।

बलुआ दलदल (QUICKSAND) : बलुआ दलदल की बालू के कण आम रेत की तरह खुरदरे नहीं बल्कि छोटे, गोल और चिकने होते हैं। गीले होने पर इसके कण एक-दूसरे से चिपकते नहीं, बल्कि एक-दूसरे के ऊपर से खिसक जाते हैं। इसका परिणाम यह होता है कि एक कण दूसरे पर टिकता नहीं और जब कोई चीज़ इसके ढेर पर गिरती है तो इसमें उसी तरह धंस जाती है जिस तरह दलदल में धंसती है। इसीलिए इसे चोर-रेत भी कहते हैं।

बलुआ दलदल अधिकतर दुनिया के उन हिस्सों में पाया जाता है जो महा हिमयुग में बर्फ से ढक गए थे। यह उन स्थानों पर भी मिलता है जहां रेत के नीचे एक परत मिट्टी की होती है। मिट्टी की यह परत पानी को जज़्ब होने से रोकती है। इस तरह पानी दलदल में ही रह जाता है।

बाढ़ (FLOODS): नदियों में अक्सर बाढ़ आती रहती है। कभी-कभी इतना पानी बरसता है कि वह नदी के दोनों किनारों के बीच समा नहीं पाता है और आसपास की

ज़मीन पर फैल जाता है। इसीको हम बाढ़ कहते हैं।

बाढ़ से कभी-कभी बड़ा नुकसान होता है। खेत डूब जाते हैं और फसल बरबाद हो जाती है। गांव के गांव बह जाते हैं। मकान और पुल टूट जाते हैं।

कभी-कभी पहाड़ों पर की बर्फ के पिघलने से भी नदियों में बाढ़ आ जाती है। कभी-कभी समुद्र का पानी नदी में चला आता है और इस तरह बाढ़ आ जाती है। कभी किसी बांध के टूटने से भी बाढ़ आ जाती है। भारत में कोसी नदी अपनी बाढ़ के लिए प्रसिद्ध है। अब इसपर काफी काबू पा लिया गया है। लेकिन पहले इससे बड़ा नुकसान हुआ करता था। (देखें: नदी)

कपासी मेघ,

स्तरी मेघ

बादल (CLOUDS: कभी-कभी हमें नीला आकाश नहीं दिखाई देता। काले-काले बादल सारे आकाश में छाए रहते हैं। कभी ऐसा होता है कि नीले आकाश में बादलों के छोटे-बड़े टुकड़े तैरते रहते हैं। हमें आकाश में बादलों की तरह-तरह की आकृतियां दिखाई देती हैं। बादल आम तौर से पानी की बारीक-बारीक बूंदों से या बर्फ के बारीक कणों से बने होते हैं। रेलगाड़ी का इंजन सीटी देते समय भाप का एक छोटा-सा बादल छोड़ता है। जाड़े के दिनों में हमारे मुंह से भाप का बादल निकलता है। आकाश के बादल भी कुछ ऐसे ही होते हैं।

पक्षाभ मेघ

चित्रित आकाश

तूफानी बादल काले होते हैं। बहुत-सी धूल उड़कर उनमें समा जाती है और उन्हें काला बना देती है। लेकिन आम तौर से बादल काले इसलिए नज़र आते हैं कि वे बहुत घने होते हैं। सूर्य का प्रकाश उन्हें पार नहीं कर पाता। लेकिन नीचे से काले बादलों की भी चोटियां चमकती हुई सफेद दिखती हैं।

वायुमडल में ऊंचे उठे हुए फूले-फूले बादलों को कपासी मेघ (Cumulus) कहते हैं। कपासी मेघ की चोटी कभी-कभी ज़मीन से कई मील ऊपर होती है।

कुछ भूरे बादलों की परत सारे आकाश पर छाई रहती है। इन्हें स्तरी मेघ (Stratus) कहते हैं।

चिड़िया के परों जैसे सफेद-सफेद बादलों को पक्षाभ मेघ (Cirrus) कहा जाता है। ये बादल कभी-कभी धुएं के छल्ले जैसे भी दिखाई देते हैं। पक्षाभ मेघ ज़मीन से बहुत ऊंचे होते हैं—कम से कम सात या आठ मील ऊंचे।

कुछ बादल आधे पक्षाभ और आधे कपासी मेघ होते हैं। इस प्रकार के बादलों वाले आकाश को चित्रित आकाश (Mackerel Sky) कहते हैं। आम तौर से दो या तीन प्रकार के बादल एक ही समय में आकाश में देखे जा सकते हैं।

बादलों में पानी की बूंदें या बर्फ के कण बहुत बारीक होते हैं। ये इतने बारीक होते हैं कि एक चाय के चम्मच में दस करोड़ से भी अधिक समा सकते हैं। पानी की प्रत्येक बूंद या बर्फ के कण के केन्द्र में उससे भी बारीक एक धूल का कण होता है। हवा में जो पानी की भाप रहती है उससे बादलों का पानी और बर्फ के कण बनते हैं। यह भाप धूल के बारीक किन्तु ठोस कण पर बैठ जाती है और पानी की बूंद या बर्फ का कण बन जाती है।

कभी-कभी बादल बिलकुल गायब हो जाते हैं, क्योंकि हवा उन्हें हमारी नज़र से दूर उड़ा ले जाती है। कभी-कभी पानी या बर्फ के कणों के भाप बनकर उड़ जाने के कारण भी बादल गायब हो जाते हैं। पानी की बूंदें या बर्फ के कण वर्षा या हिम के रूप में बरस जाते हैं और इस तरह भी बादल गायब हो जाते हैं। काला बादल वर्षा या हिमपात के बाद गायब भले ही न हो लेकिन हल्का ज़रूर हो जाता है। (देखें: वर्षा, बिजली)

बालू (SAND) : प्रायः सभी झीलों और समुद्रों के किनारों पर बालू पाई जाती है। रेतीली मिट्टी में भी रेत या बालू का एक बड़ा हिस्सा रहता है।

बालू अनेक किस्म की चट्टानों से बनी है। आरम्भ में पृथ्वी पर रेत बिलकुल नहीं थी, लेकिन धीरे-धीरे चट्टानें टूटती गईं और उनके छोटे-छोटे टुकड़े रेत की शक्ल में बदलते गए।

बालू के अधिकांश कण बिल्लौर के छोटे-छोटे कण होते हैं। बिल्लौर बहुत कठोर होता है। हवा के साथ बहती हुई बालू चट्टानों को अजीब शक्लों में तराश देती है।

बालू

रेगिस्तानों में बालू के चल टीले पड़ोस के उपजाऊ खेतों को दाबकर बैठ जाते हैं।

बालू के टीले (SAND DUNES) : बालू के टीले, झीलों और समुद्रों के तटों पर या रेगिस्तानों में दिखाई देते हैं। संसार में बालू के कुछ सबसे ऊंचे टीले उत्तरी अमरीका में मिशिगन झील के तट पर हैं।

बालू के टीले हवा से बनते हैं। बालू से लदी हवा किसी छोटे पौधे से टकराती है और कुछ बालू वहां गिर जाती है। इस तरह बालू का एक ढेर-सा लग जाता है। फिर हवा उस ढेर से टकराकर उसपर बालू गिराती रहती है और धीरे-धीरे वहां बालू का एक टीला खड़ा हो जाता है।

बालू के टीले सरकते भी रहते हैं। हवा इनसे टकरा-टकराकर इन्हें एक ओर से ऊंचा करती जाती है। इससे टीले की दूसरी तरफ बालू लुढ़कने लगती है। इस तरह टीला धीरे-धीरे सरकता है। कभी-कभी यह इस तरह बढ़ता हुआ किसी जंगल को ढक लेता है। कभी इसके आगे बढ़ने से इसके नीचे दबा मृत जंगल बाहर निकल आता है।

बहुत-से बालू के टीले ऐसे भी हैं जो अब सरकते नहीं। इनके आगे कोई नया टीला बनने लगता है, जिससे हवा बहुत कुछ रुक जाती है। फिर पुराने टीले पर कुछ छोटे-मोटे पौधे उग आते हैं। उनसे ऊपर की बालू कुछ स्थिर हो जाती है और हवा में उतनी उड़ती नहीं। तब वहां पौधे भी उग आते हैं और टीला बिलकुल स्थिर हो जाता है। कुछ टीले तो ऐसे हैं जिनपर जंगल उगे हुए हैं।

न्यू मेक्सिको में बालू के कुछ टीले

बाल्टिक सागर (BALTIC SEA) : नार्वे ग्रौर स्वीडन एक लम्बे प्रायद्वीप पर बसे हैं जो यूरोप के उत्तरी किनारे से दक्षिण की ग्रोर निकला हुग्रा है। इस प्रायद्वीप के पूर्व में बाल्टिक सागर है।

बाल्टिक सागर को छः देश छू रहे हैं : स्वीडन, सोवियत संघ, पौलैंड, जर्मनी, फिनलैंड ग्रौर डेनमार्क। स्वीडन की, राजधानी स्टॉकहोम, फिनलैण्ड की राजधानी हेल्सिन्की ग्रौर डेनमार्क की राजधानी कोपेनहेगन बाल्टिक के किनारे के बन्दरगाह हैं। रूस का सबसे बड़ा बन्दरगाह लेनिनग्राद भी इसी सागर में फिनलैण्ड की खाड़ी में स्थित है। यही कारण है कि बाल्टिक में जहाज़ों का ग्रावागमन बहुत ग्रधिक होता है। ग्रटलांटिक महासागर ग्रौर उत्तर सागर के बड़े जहाज़ इसके बन्दरगाहों में ग्राते हैं। पहले उत्तर सागर से बाल्टिक में ग्रानेवाले जहाज़ों को डेनमार्क का चक्कर लगाना पड़ता था। ग्रब वे कील नहर में से होकर जाते हैं जो डेनमार्क के दक्षिण में जर्मनी के ग्रारपार बनी है।

बाल्टिक का पानी बहुत कम खारा है। इसलिए यह ग्रासानी से जम जाता है। जाड़े में तीन-चार महीने इसके बन्दरगाह बेकार रहते हैं।

बास्पोरस (BOSPORUS) : यह जलसंधि काले सागर ग्रौर मारमरा सागर को मिलाती है। भूमध्य सागर ग्रौर काले सागर के बीच ग्राने-जाने वाले जहाज़ों को इसे पार करना पड़ता है।

यह जलसंधि लगभग बीस मील लम्बी ग्रौर दो मील चौड़ी है। यह यूरोपीय ग्रौर एशियाई तुर्की के बीच स्थित है। (देखें:जलसन्धि)

बिजली (LIGHTNING) : ग्राकाश में चमकनेवाली बिजली विद्युत् (Electricity) का ही एक बड़ा स्फुलिंग या चिनगारी है। कभी यह एक बादल से दूसरे बादल में जाती है। तब इससे कोई नुकसान नहीं होता। कभी यह किसी बादल से ज़मीन पर ग्रा गिरती है। तब यह बहुत ग्रधिक नुकसान कर सकती है। बिजली किसी मकान पर गिर सकती है ग्रौर उसे जलाकर राख कर सकती है। इससे पेड़ जल जाते हैं, पशु मर जाते हैं ग्रौर यहां तक कि ग्रादमी भी मर जाते हैं।

बिजली ग्राकाश में कभी ज़ंजीर की तरह ग्रौर कभी चिमटे की तरह चमकती है। कभी-कभी यह ग्राग के एक बड़े भारी गोले की तरह भी चमकती है। लेकिन ऐसा बहुत ही कम होता है। बहुत कम लोगों ने ग्राग के गोले की तरह चमकती हुई बिजली को देखा है। इस प्रकार की बिजली को कन्दुक तड़ित (Ball Lightning) कहते हैं।

बिजली जब चमकती है तो ज़ोरों की कड़कड़ाहट होती है। लोग इस ग्रावाज़ से डर जाते हैं। लेकिन इससे कोई नुकसान नहीं होता। हां, बिजली चमके तो किसी पेड़ के नीचे नहीं खड़ा होना चाहिए, क्योंकि बिजली हमेशा ऊंची चीज़ पर गिरती है।

ग्राकाश में चमकती हुई बिजली।

बिजली के चमकने ग्रौर गर्जन के सुनाई पड़ने के बीच समय का जो ग्रन्तर होता है, उसके ग्राधार पर यह पता लगाया जा सकता है कि बिजली कितनी दूर चमक रही है। प्रकाश बहुत तीव्र गति से चलता है—एक सेकंड में 1,86,000 मील। इसलिए बिजली का प्रकाश हमें तुरन्त दिखाई देता है। लेकिन ग्रावाज़ धीमी गति से चलती है —पांच सेकंड में एक मील। इसलिए ग्रगर बिजली की चमक के पांच सेकंड बाद ग्रावाज़ सुनाई पड़े तो यह समझना चाहिए कि बिजली एक मील दूर चमकी है।

बिजली के बारे में पुराने ज़माने में लोगों में तरह-तरह की गलत धारणाएं प्रचलित थीं। ग्रमरीका के प्रसिद्ध वैज्ञानिक बेंजामिन फ्रैंकलिन ने सबसे पहले पता लगाया था कि बिजली वास्तव में विद्युत् की ही एक विशाल चिनगारी है। बादल में रहनेवाली पानी की बारीक-बारीक बूंदे जब हवा में से गुज़रती हैं तो उनमें विद्युत् ग्रा जाती है। जब किसी बादल में विद्युत् की मात्रा बहुत बढ़ जाती है तो उसमें से एक चिनगारी निकल पड़ती है। जब यह चिनगारी हवा में से गुज़रती है तो उसे बहुत गरम कर देती है। गरम हवा फैल जाती है ग्रौर जब वह तेज़ी से ग्रागे बढ़ती है तो विस्फोट जैसी ग्रावाज़ होती है। इसी ग्रावाज़ को हम कड़कड़ाहट के रूप में सुनते हैं। (देखें: बादल)

ब्रह्मांड (UNIVERSE) : ब्रह्मांड में सभी कुछ ग्रा जाता है—पृथ्वी ग्रौर उसकी प्रत्येक वस्तु, सौरमंडल ग्रौर ग्राकाश-गंगा। इसमें दूसरे लाखों नक्षत्रलोक भी शामिल हैं।

ब्रह्मांड कितना बड़ा है—इसके बारे में कुछ नहीं कहा जा सकता। ज्यों-ज्यों ग्रधिक शक्तिशाली दूरदर्शक बनते जा रहे हैं, ग्राकाश में स्थित नये-नये नक्षत्रलोक प्रकाश में ग्रा रहे हैं। वास्तव में हमारे पास वे ग्रंक ही नहीं हैं जो ब्रह्मांड के विस्तार या ग्राकार के बारे में बता सकें।

भूकम्प (EARTHQUAKE) : भूकम्प हल्का भी हो सकता और तेज़ भी। हल्के भूकम्प में ज़मीन कुछ कांपती है। खिड़की के किवाड़ और तश्तरियां आदि खड़खड़ाने लगती हैं। लोग कुछ डर जाते हैं। लेकिन कभी-कभी बहुत तेज़ भूकम्प आता है। उससे बहुत नुकसान होता है। बड़े-बड़े मकान तक गिर जाते हैं। नगर बरबाद हो जाते हैं। हज़ारों आदमी मर जाते हैं। अगर भूकम्प समुद्र में आता है तो किनारे पर बड़ी ऊंची-ऊंची लहरें उठने लगती हैं। बड़ी-बड़ी नावें उलट जाती हैं। संसार के इतिहास में कई बड़े भयानक तूफान आ चुके हैं। सन् 1934 में बिहार में एक बड़ा भयानक भूकम्प आया था। उत्तर-पश्चिम पाकिस्तान में स्थित क्वेटा नगर 1935 के भूकम्प में पूर्णत: ध्वस्त हो गया था। सन् 1960 के आरम्भ में एक बड़ा भयानक भूकम्प आया था। उसमें उत्तरी अफ्रीका के समुद्रतट का एक छोटा नगर आगादिर बिलकुल बरबाद हो गया। इसमें 12,000 से भी ज़्यादा आदमी मारे गए थे। सन् 1920 में चीन के कांसू प्रांत में भूकम्प से 2,00,000 आदमी मारे गए थे।

कभी-कभी भूकम्प ज्वालामुखी फूटने से भी आता है। सन् 1914 में जापान के एक द्वीप में ज्वालामुखी के फूटने से कुछ पहले 400 बार भूकम्प आया था। पृथ्वी की पपड़ी की किसी बड़ी दरार में बड़ी-बड़ी चट्टानों के धंसने से भी भूकम्प होता है।

पर्वतों से दूर स्थित स्थानों में भूकम्प का बहुत कम खतरा रहता है। पर्वतों के निर्माण और भूकम्प का बड़ा गहरा सम्बन्ध है।

वैज्ञानिकों ने एक यंत्र का आविष्कार किया है जो भूकम्पों का लेखा रखता है। इसे भूकम्पमापी या साइज़्मोग्राफ कहते हैं। (देखें: ज्वालामुखी)

भूक्षरण (EROSION) : भूमि का क्षरण या भूक्षरण उसी समय से हो रहा है जब से पृथ्वी बनी है। शुरू से ही ज़मीन और समुद्र में एक प्रकार का संघर्ष चल रहा है। कहीं ज़मीन की जीत होती है—नई ज़मीन निकल आती है या पुरानी ज़मीन और भी ऊंची हो जाती है। कहीं समुद्र की जीत होती है—वह ज़मीन को काट देता है और अपने साथ बहा ले जाता है।

हवा, बर्फ, पानी की लहरें और बहता हुआ पानी ज़मीन को बहाते या नष्ट करते रहते हैं। बालू के कणोंवाली हवा चट्टान तक को काटकर नष्ट कर सकती है। हवा में उड़ती हुई बालू ने कई जगह चट्टानों में तरह-तरह की आकृतियां बना दी हैं। अगर पानी की लहरों में बालू और कंकर भी काफी मात्रा में बहकर आ रहे हों तो वे भी चट्टानों को काट सकते हैं। बर्फ की नदियां गहरी घाटियां खोद सकती हैं। वे किसी बड़े भारी हल की

पानी की धारा ज़मीन में गलियां और घाटियां काट देती हैं।

तरह काम करती हैं और बड़ी-बड़ी चट्टानों और मिट्टी को अपने आगे-आगे ठेलती ले जाती हैं। भूमि के इस प्रकार कटने या टूटने-फूटने को भूक्षरण या भूमि का कटाव कहते हैं।

बहता हुआ पानी सबसे ज़्यादा ज़मीन काटता है। समुद्र की ओर दौड़ते हुए पानी से जितना भूक्षरण होता है उतना हवा, बर्फ और लहरें मिलकर भी नहीं कर पाती हैं।

लाखों, करोड़ों वर्ष से भूमि का कटाव जारी है। पूरी पर्वतमालाएं इससे नष्ट हो चुकी हैं। चट्टानों में गहरी गहरी घाटियां, जैसे उत्तरी अमरीका की ग्रांड कैनियन घाटियां, बन गई हैं।

अगर ज़मीन घास या पेड़ों से ढकी हुई न होकर खुली होती है तो भूक्षरण अधिक तेज़ी से होता है। घास और पेड़ों की जड़ें मिट्टी को पकड़े रहती हैं।

भूगोल (GEOGRAPHY) : इस संसार में जो करोड़ों आदमी हैं वे पृथ्वी के गोले के एक-तिहाई से भी कम भाग पर रहते हैं। इस विशाल गोले के बाकी दो-तिहाई से भी अधिक भाग पर पानी है। जिन क्षेत्रों में लोग रहते हैं, उनमें कई बातों में काफी फर्क है। कोई पहाड़ी जगह है तो कोई मैदानी। कहीं बहुत ठंड पड़ती है तो कहीं बहुत गर्मी। कोई जगह बहुत सूखी है तो कहीं बहुत पानी बरसता है। इसीलिए लोगों के रहन-सहन में भी फर्क है।

इसकी लम्बाई 2,000 मील से अधिक है। इसकी औसत गहराई एक मील है। अटलांटिक महासागर से भूमध्यसागर में आने के लिए जिब्राल्टर जलसंधि को पार करना पड़ता है।

इस समुद्र में स्थित सैकड़ों द्वीपों में से सिसिली सबसे बड़ा है। भूमध्यसागर अपने चारों ओर बसे हुए देशों के लिए एक अत्यन्त महत्त्वपूर्ण जल-मार्ग है।

किसी देश की बनावट कैसी है, उसकी जलवायु कैसी है, वहां कैसे लोग रहते हैं, वे क्या काम करते हैं आदि की जानकारी हमें भूगोल से ही मिलती है।

भूगोल में नक्शों का बड़ा महत्त्व होता है। उनसे हमें सारी पृथ्वी के बारे में और किसी एक देश के बारे में बहुत-सी जानकारी मिलती है। (देखें: मानचित्र)

भूमध्यसागर (MEDITERRANEAN SEA) : चारों ओर से धरती से घिरे हुए इस सागर का बड़ा महत्त्व है। इस सागर के इर्द गिर्द अनेक सभ्यताओं का इतिहास रचा गया है।

भूविज्ञान (GEOLOGY) : पृथ्वी किस चीज़ से बनी है, यह जैसी आज दिखाई देती है वैसी कैसे बनी है, आदि प्रश्नों का उत्तर हमें भूविज्ञान के अध्ययन से मिलता है। भू-विज्ञानविद् चट्टानों, खनिज पदार्थों, फॉसिलों, भूकम्पों, ज्वालामुखियों, पहाड़ी घाटियों, कन्दराओं आदि का अध्ययन करते हैं। वे भूमि और समुद्र के बीच चलनेवाले उस लम्बे संघर्ष का भी अध्ययन करते हैं जो पृथ्वी के आरम्भकाल से ही चल रहा है। वे इस बात का पता लगाते हैं कि पर्वतों का निर्माण किस प्रकार हुआ और किस प्रकार वे नष्ट होते रहते हैं।

पृथ्वी अनेक प्रकार की चट्टानों से बनी है। कुछ स्थानों पर चट्टानों की परतों पर परतें जमी हुई हैं। चट्टानों की इन परतों के अध्ययन से भूविज्ञानविद् पृथ्वी की जलवायु में हुए परिवर्तनों, भूमि और समुद्र में हुए परिवर्तनों और लावा के प्राचीनकालीन बहाव के बारे में पता लगाते हैं। इन परतों के नीचे दबे हुए फॉसिल भी बहुत-सी सूचना प्रदान करते हैं।

भूविज्ञान एक बहुत बड़ा विज्ञान है। इसलिए इसे कई छोटे विज्ञानों में बांटा गया है। इन सबके अलग-अलग नाम

1- उच्च तापमान से या पिघले हुए लावा से बनी चट्टानों को आग्नेय चट्टान कहा जाता है।

2- जलाशयों की तली में जमने वाली तलछट से बनी चट्टान को तलछटी चट्टान कहते हैं।

3- ताप, दबाव या रसायनों के प्रभाव से बदली हुई चट्टान कायांतरित चट्टान कहलाती है

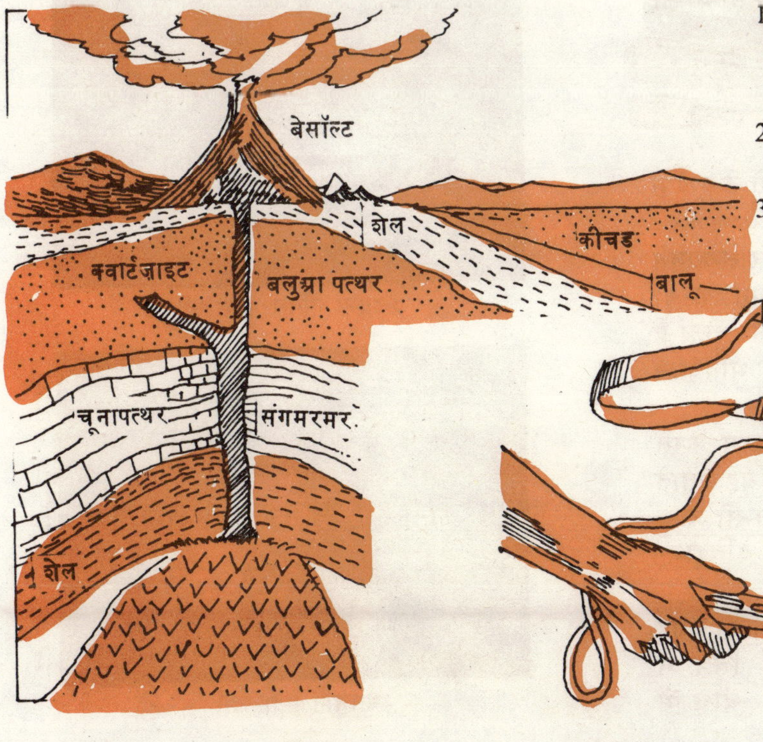

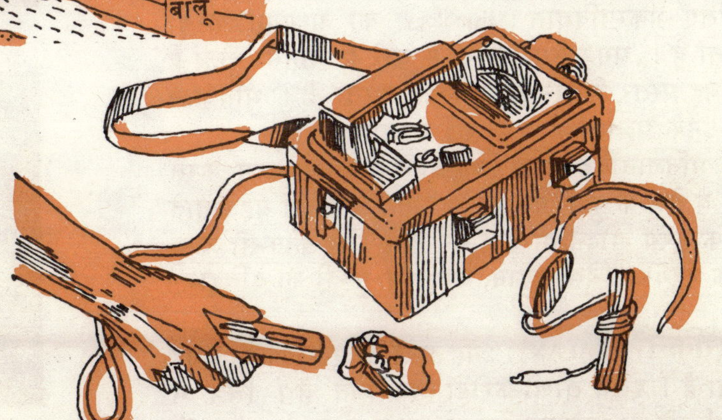

भूविज्ञानविद् के उपकरण

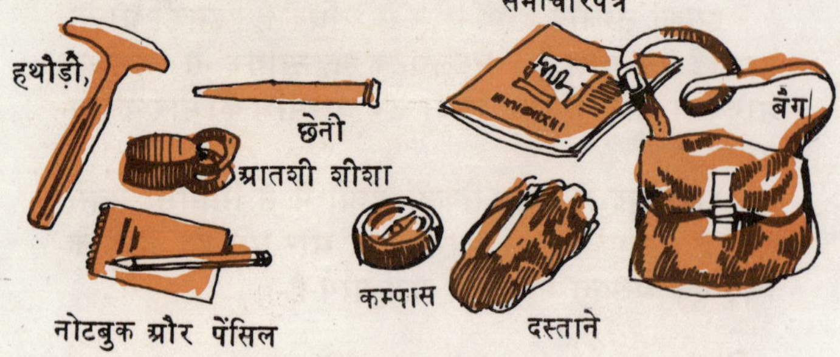

हैं। अगर कोई विशेष रूप से प्राचीनकाल के जीवों के बारे में जानना चाहता है तो वह फॉसिल विज्ञान (Palaeontology) का अध्ययन करता है। भूकम्पों के बारे में विस्तार से जानने के लिए भूकम्पविज्ञान (Seismology) का अध्ययन करना पड़ता है। अगर उसे चट्टानों के बारे में जानना होता है तो वह प्रस्तर विज्ञान का अध्ययन करता है। भूविज्ञान की इनके अलावा और भी कई शाखाएं हैं।

भूविज्ञानविद् हमारे लिए बहुत-से जरूरी काम करते हैं। वे तेल के कुओं का पता लगाते हैं। वे हमें यह बताते हैं कि सुरंग खोदने या बांध बनाने के लिए कौन-सी जगह ठीक रहेगी। (देखें: चट्टान, जीवाश्म, पृथ्वी का इतिहास)

मंदाकिनी (GALAXY) : यह तारों का एक विशाल समूह होता है। इसमें लाखों-करोड़ों तारे होते हैं। चित्र में मंदाकिनी का आकार एक मालपूए जैसा है—बीच में

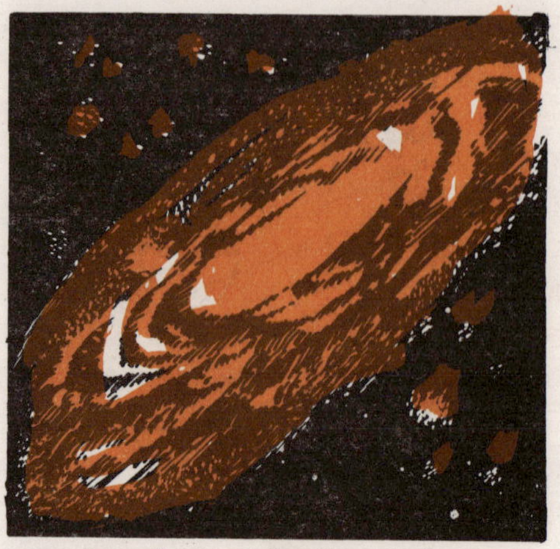

देवयानी मंडल की सर्पिल मंदाकिनी

मोटा और किनारे पर चपटा। यह उस मंदाकिनी का चित्र है जो हमें आकाश में देवयानी तारामंडल (Andromeda) की ओर देखने पर दिखाई देती है।

देवयानी तारामंडल की इस मंदाकिनी के फोटो एक शक्तिशाली दूरदर्शक से लिए गए हैं। दूरदर्शक के बिना इस तारासमूह को देख पाना बहुत कठिन है। हालांकि इसमें करोड़ों तारे हैं, लेकिन यह हमसे इतनी अधिक दूर है कि दूरदर्शक के बिना यह पूरी मंदाकिनी हमें एक हल्के, धुंधले तारे के रूप में दिखाई देती है।

हमारा सूर्य अपने सभी ग्रहों के साथ एक मंदाकिनी का ही अंग है जिसे हम आकाशगंगा कहते हैं। यह रात में आकाश के एक छोर से दूसरे छोर तक एक धुंधले बादल

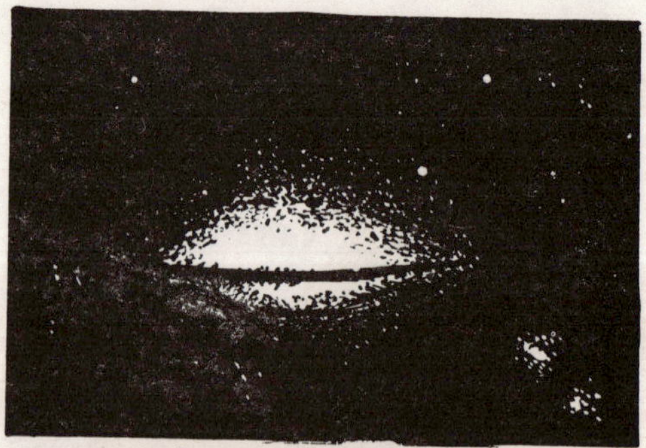

हैटनुमा सर्पिल मंदाकिनी

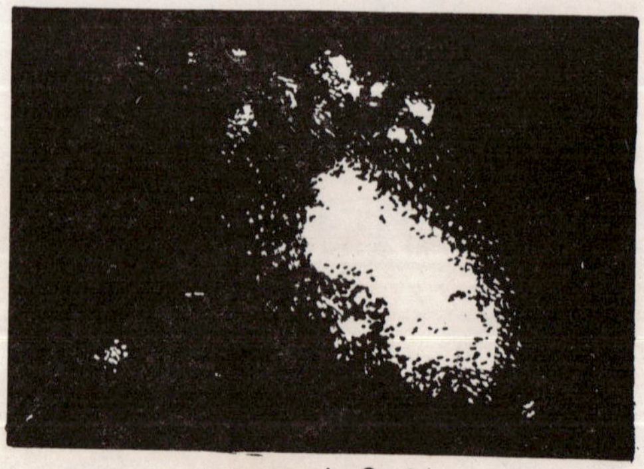

असमान मंदाकिनी

की पट्टी के रूप में फैली रहती है। हमारी आकाशगंगा में लगभग 10,00,000 लाख तारे हैं। वैज्ञानिकों का मत है कि यह भी आकार में देवयानी की सर्पिल मंदाकिनी के समान ही है।

कोई भी ठीक से यह नहीं कह सकता कि ब्रह्मांड में कितनी मंदाकिनियां हैं। फिर भी इनकी संख्या लाखों में है। जब भी पहले से बड़े किसी दूरदर्शक का निर्माण होता है तो और भी अधिक मंदाकिनियों का पता चलता है। इनमें से कुछ मंदाकिनियां हमसे इतनी दूर हैं कि उनके प्रकाश को हम तक पहुंच पाने में 10,000 लाख साल तक का समय लग जाता है। हाल में ही रेडियो दूरदर्शकों के बन जाने से वैज्ञानिकों को और अधिक दूर के तारों और मंदाकिनियों का पता लगाने में सफलता मिली है। **(देखें: तारामण्डल)**

मरीचिका (MIRAGE) : नाविक और रेगिस्तान के यात्री अक्सर मरीचिका द्वारा छले जाते हैं। मरीचिका कुछ पदार्थों का विकृत प्रतिबिम्ब है जो हवा की परतों से छन कर कुछ दूसरी ही शक्ल में बदल जाता है। इसे देखकर लोगों को धोखा हो जाता है। महासागर के बीच कई बार नाविकों को ऐसा लगता है कि उनसे कुछ ही दूर पर ज़मीन है, मगर जब वे वहां पहुंचते हैं तो वहां भी सागर ही मिलता है। रेगिस्तान में अपने से कुछ ही दूर किसी झील या जलाशय को देखकर यात्री का मन हरा हो उठता है, मगर जब तरह-तरह के कष्ट उठाकर वह वहां पहुंचता है तो उसे वहां भी गरम बालू ही मिलती है।

यह नकली ज़मीन और नकली झील क्या है? बहुत दिनों तक लोगों की समझ में इसका रहस्य नहीं आया। वे यही समझते रहे कि महासागर में जल ही जल और रेगिस्तान में रेत ही रेत देखने के कारण लोग बीमार पड़ जाते हैं, और उनकी आंखों को धोखा हो जाता है। सन् 1798 में नेपोलियन के मित्र फ्रांसीसी वैज्ञानिक गैस्पार मोंगे ने इस रहस्य पर पड़ा हुआ पर्दा हटा दिया।

मरीचिका निरी कल्पना नहीं होती। वह मरीचिका वाले स्थान के आसपास स्थित चीज़ों का प्रतिबिम्ब होता है। विचित्र बात तो यह है कि जिन शीशों से होकर यह प्रतिबिम्ब पड़ता है वे शीशे और कुछ नहीं, हवा की परतें ही होती हैं। ये परतें अपने ठीक ऊपर या नीचे की हवा के मुकाबले कहीं अधिक गरम या ठंडी होती हैं। प्रतिबिम्बित चित्र अक्सर उल्टा हो जाता है और फैल जाता है। आसमान का प्रतिबिम्ब झील या जलाशय जैसा दिखाई देने लगता है। जिस समय रेगिस्तान के यात्री कुछ दूर पर पानी की कल्पना से खुश हो रहे होते हैं उस समय उनके सामने वास्तव में पानी नहीं होता बल्कि हवा की परतों से छनकर आकाश की तस्वीर ही उन्हें पानी जैसी दिखाई देती है।

रेगिस्तान की मरीचिका

कभी-कभी हवा की ठंडी और गरम परतें कुछ इस प्रकार एक के ऊपर एक लग जाती हैं कि वे लेन्स का रूप ले लेती हैं। ऐसा होने पर पदार्थों का प्रतिबिम्ब पदार्थों की अपेक्षा कई गुना बड़ा हो जाता है। कभी-कभी कोई मरीचिका बहुत अधिक पेचीदा हो उठती है। ऐसा तब होता है जब गरम और ठंडी हवा की बहुत सारी परतें बिना किसी तरतीब के जम जाती हैं।

इटली के दक्षिणी किनारे पर बसे एक गांव के निवासियों को पास ही सिसली द्वीप में एक अनोखा शहर बसा हुआ दिखाई देता है। यह शहर कभी दिखाई देता है और कभी गायब हो जाता है। लोगों ने इसका एक नाम भी रख दिया है—फैटा मोरगाना। कई बार ऐसा लगता है कि यह एक शहर नहीं बल्कि एक के ऊपर एक कई शहर बसे हुए हैं। वास्तव में यह शहर उस स्थान से कई मील दूर स्थित इमारतों का प्रतिबिम्ब मात्र है जो लोगों को भ्रम में डालता रहता है।

मरे नदी (MURRAY RIVER) : मरे आस्ट्रेलिया की सबसे लम्बी नदी है और डार्लिंग इसकी मुख्य सहायक नदी है। मरे आस्ट्रेलियाई आल्प्स पर्वत से निकलती है और एलेक्ज़ेंड्रीना झील में मिल जाती है। इसकी लम्बाई लगभग 1600 मील है।

महाद्वीप (CONTINENTS) : पृथ्वी की सतह का एक-तिहाई से कुछ कम भाग ज़मीन का है। शेष भाग पर पानी है। पूरी ज़मीन आपस में मिली हुई नहीं है। हज़ारों द्वीप हैं। इनके अलावा, ज़मीन के सात बड़े-बड़े भाग हैं जिन्हें महाद्वीप कहते हैं।

ये सात महाद्वीप इस प्रकार हैं: एशिया, यूरोप, अफ्रीका, उत्तरी अमरीका, दक्षिणी अमरीका, आस्ट्रेलिया और अंटार्कटिका। इनमें से आस्ट्रेलिया और अंटार्कटिका ही ऐसे महाद्वीप हैं जो पानी के कारण दूसरों से बिलकुल अलग-थलग हैं। उत्तरी अमरीका और दक्षिणी अमरीका

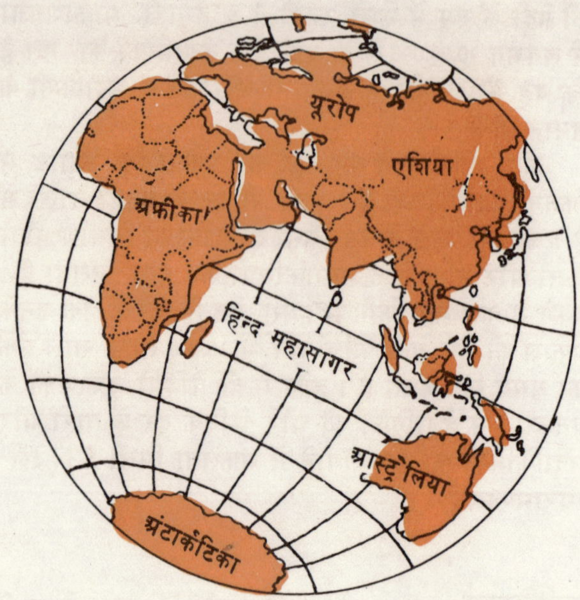

ज़मीन की एक पतली पट्टी से जुड़े हुए हैं। इसी प्रकार एशिया और अफ्रीका भी एक दूसरे से जुड़े हुए हैं। और, एशिया और यूरोप इतनी दूर तक एक-दूसरे से जुड़े हुए हैं कि कभी-कभी उन्हें एक ही महाद्वीप माना जाता है और 'यूरेशिया' कहा जाता है।

एशिया सबसे बड़ा महाद्वीप है। इसके कुछ हिस्सों में बहुत घनी आबादी है। संसार के आधे से भी ज़्यादा लोग एशिया के देशों में रहते हैं।

आस्ट्रेलिया सबसे छोटा महाद्वीप है। इसकी आबादी भी घनी नहीं है। अंटार्कटिका यूरोप या आस्ट्रेलिया से बड़ा है। लेकिन वहां कोई नहीं रहता। वह पूरा बर्फ से ढका है।

नीचे के चार्ट में सातों महाद्वीपों के क्षेत्रफल और वहां की आबादी के बारे में बताया गया है।

महाद्वीप	क्षेत्रफल वर्गमील (लाख)	जनसंख्या (लाख)
एशिया	170	15,000
अफ्रीका	115	2,150
उत्तरी अमरीका	85	2,350
दक्षिणी अमरीका	68	1,200
यूरोप	38	5,600
आस्ट्रेलिया	30	90
अंटार्कटिका	50	0

महाद्वीप, लुप्त (LOST CONTINENT) : जो महाद्वीप कभी थे लेकिन अब गायब हो गए हैं उन्हें लुप्त महाद्वीप कहते हैं। 2,000 साल से भी पहले प्रसिद्ध यूनानी दार्शनिक प्लेटो ने 'अटलांटिस' नामक एक महाद्वीप के बारे में लिखा था। उसने लिखा है कि यह महाद्वीप भूमध्यसागर के प्रवेश द्वार (हर्क्यूलीज़ के स्तम्भ) के पश्चिम में स्थित था। इसके निवासी बहुत सभ्य थे। लेकिन एक बहुत बड़े भूकम्प में यह महाद्वीप समुद्र में समा गया और हमेशा के लिए गायब हो गया। प्लेटो ने लिखा है कि यह घटना उसके जीवनकाल से भी 9,000 साल पहले घटी थी। लेकिन इस घटना की सचाई के बारे में कुछ नहीं कहा जा सकता।

पृथ्वी के धरातल पर अक्सर परिवर्तन होते रहते हैं। समुद्र में छोटे-छोटे द्वीप निकलते हैं और गायब हो जाते हैं। ज्वालामुखी के विस्फोट से पुराने पहाड़ टूटते रहते हैं और नये बनते रहते हैं। समुद्र के तट का रूप बदलता रहता है। भूकम्प अक्सर आते रहते हैं। लेकिन अभी तक वैज्ञानिक इसका कोई सबूत नहीं पा सके हैं कि पिछले 1,00,000 साल के दौरान ज़मीन का कोई बहुत बड़ा भाग समुद्र में डूबा हो।

इस बात के कुछ चिह्न अवश्य मिलते हैं कि अटलांटिक महासागर में आजकल जहां अज़ोर द्वीपसमूह है वहां कभी एक बड़ा द्वीप था। लेकिन उस द्वीप को गायब हुए एक या डेढ़ करोड़ साल हो चुके हैं। यह उससे भी बहुत पहले की बात है जब पृथ्वी पर मनुष्य का जन्म हुआ। इसलिए वैज्ञानिकों को प्लेटो की कहानी पर विश्वास नहीं है। इस प्रकार की और भी कहानियां प्रचलित हैं।

महासागर (OCEANS) : पृथ्वी के दो-तिहाई से अधिक भाग में पानी ही पानी है। इस पानी का सबसे बड़ा भाग चार महासागरों के रूप में है। इन चारों महासागरों में प्रशांत महासागर सबसे बड़ा है। यह सबसे गहरा भी है।

सभी महासागरों का पानी खारा है, नदियां अपने पानी के साथ चट्टानों पर से नमक छुड़ा लाती हैं और इस प्रकार नमक समुद्र में पहुंचता रहता है। समुद्र में से पानी

विश्व के महासागरों की धाराएं

तो हर समय भाप बनकर उड़ता रहता है लेकिन नमक उसीमें रह जाता है। इसलिए दिन प्रतिदिन महासागरों का पानी अधिक खारा होता जा रहा है।

महासागरों में कुछ 'नदियां' या धाराएं भी होती हैं। इनमें कुछ धाराएं गरम हैं और कुछ ठंडी। ये समुद्री धाराएं जिन देशों के पास से होकर गुज़रती हैं उनकी जलवायु को बहुत प्रभावित करती हैं।

महासागरों से हमें मछलियां, ह्वेल का तेल, स्पंज, मोती और अन्य कई प्रकार की वस्तुएं प्राप्त होती हैं।

महासागर	क्षेत्र (वर्ग मीलों में)	औसत गहराई (फुटों में)	अधिकतम गहराई (फुटों में)
प्रशान्त	6,38,00,000	14,050	35,948
अटलांटिक	3,18,30,000	12,880	30,246
हिन्द	2,83,57,000	13,000	24,440
आर्कटिक	54,40,000	4,200	17,850

मानचित्र (MAP) : साथ के चित्र में पृथ्वी के धरातल के एक भाग का वह दृश्य दिखाया गया है जो किसी हवाई जहाज़ से दिखाई देता है। इसके पास ही इस भूमिखंड का एक मानचित्र या नक्शा दिया गया है। नक्शे में खेत, पेड़ और मकान आदि नहीं बने हुए हैं। शहर की ठीक स्थिति को प्रकट करने के लिए नक्शे में सिर्फ एक वृत्त बना दिया गया है। मानचित्र में नदी और द्वीप तो दिखाए गए हैं लेकिन नावें नहीं दिखाई गई हैं। मानचित्र में एक चीज़ दिखाई गई है जो चित्र में नहीं दिखाई देती—मानचित्र में एक सड़क को रंग में दिखाया गया है, जिसका अर्थ यह है कि यह मुख्य या बड़ी सड़क है।

इस प्रकार मानचित्र एक ऐसा चित्र होता है जो पृथ्वी के धरातल पर नदियों, पहाड़ों, मैदानों और समुद्रतटों की ठीक स्थिति को प्रकट करता है। मानचित्र में दिशाओं और दूरियों को प्रकट करने के लिए विशेष संकेतों का प्रयोग किया जाता है।

एक नगर का हवाई चित्र

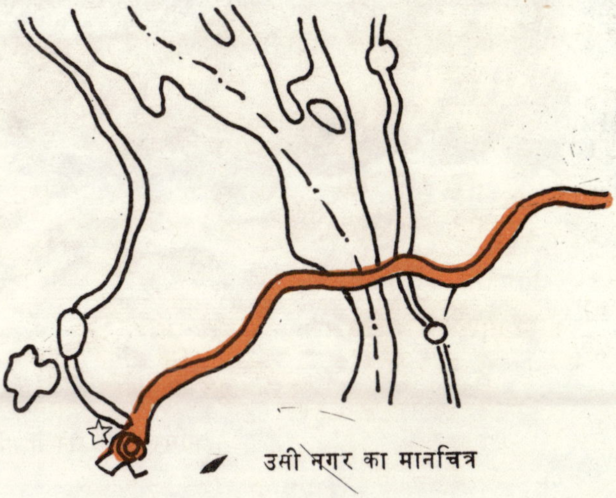

उसी नगर का मानचित्र

कुछ मानचित्र किसी छोटे स्थान के होते हैं, और कुछ मानचित्र पूरे देश या पूरी पृथ्वी के होते हैं। किसी गोले पर बने पृथ्वी के मानचित्र को ग्लोब कहा जाता है। उसे देखने से पता चलता है कि पृथ्वी पर भारत, एशिया, यूरोप, उत्तरी और दक्षिणी अमरीका आदि कहां स्थित हैं; हिमालय, आल्प्स और ऐपलेशियन आदि पर्वत कहां हैं; हिन्द महासागर, प्रशान्त महासागर और अटलांटिक महासागर किन-किन देशों के तटों को छूते हैं।

कागज़, कपड़े आदि पर बने मानचित्रों में दूरी को प्रकट करने के लिए छोटे पैमाने लिखे होते हैं, जिनके आधार पर यह मालूम किया जा सकता है कि कोई स्थान कितने मील दूर है।

मानचित्र कई प्रकार के होते हैं जैसे प्राकृतिक मानचित्र, राजनीतिक मानचित्र, जलवायु का मानचित्र, उपज और खदानों का मानचित्र, जनसंख्या का मानचित्र आदि।

मानचित्रों की कहानी बड़ी पुरानी है। लोगों ने दूर-दूर की यात्राएं करके एक-एक स्थान को नाप-जोखकर मानचित्र तैयार किए हैं। पुराने ज़माने में मानचित्र इतने अच्छे बने हुए नहीं होते थे जैसे आजकल होते हैं। इसलिए लोगों को लम्बी यात्राएं करने में बड़ी कठिनाई हुआ करती थी। पूरी पृथ्वी का ठीक मानचित्र बनाने में कई सदियों का समय लगा है और अनेक अन्वेषकों, यात्रियों और वैज्ञानिकों ने इसमें मदद की है। मानचित्रों को ठीक करने और उन्हें अधिक उपयोगी बनाने का काम अब भी जारी है। (देखें:भूगोल)

मानसून (MANSOON) : दक्षिणी एशिया में हिन्द महासागर की ओर से चलनेवाली उन हवाओं को जो वर्षा लाती हैं, मानसूनी हवाएं कहते हैं। मानसून एक अरबी शब्द 'मौसम' का बिगड़ा हुआ रूप है। मानसून दो प्रकार के होते हैं : दक्षिण-पश्चिमी या ग्रीष्मकालीन मानसून और उत्तर-पूर्वी या शीतकालीन मानसून।

ग्रीष्मकालीन मानसून की हवाएं हिन्द महासागर पर कई हज़ार मील लम्बी यात्रा करके जून के आरम्भ में भारत में आती हैं। भारत में 90 प्रतिशत वर्षा इसी मानसून से होती है। जब इस मानसून की हवाएं हिमालय पर्वतमाला से टकराती हैं तो वहां खूब वर्षा होती है। मैदानी इलाकों में इतनी वर्षा नहीं होती। राजस्थान में केवल कुछ इंच पानी बरसता है जबकि बम्बई में 60 इंच से अधिक और चेरापूंजी में 470 इंच।

सितम्बर के अन्त तक ये हवाएं लौटने लगती हैं तथा जनवरी के आरम्भ में शीतकालीन मानसून सारे भारत, बंगाल की खाड़ी और अरब सागर पर छा जाता है। इस मानसून से बहुत कम वर्षा होती है।

मिट्टियां, भारत की (SOILS OF INDIA) : भारत की अधिकांश मिट्टियां प्राचीन नदियों की काटी हुई चट्टानों से बनी हैं। इनमें कहीं-कहीं स्थानीय चट्टानों का मिश्रण भी मिलता है। भारत की मिट्टियां दो वर्गों में बांटी जा सकती हैं : (क) नदियों द्वारा लाई हुई मिट्टी और हवा द्वारा एकत्र की हुई मिट्टियां। इसमें उत्तरी भारत के समतल भागों की वे मिट्टियां शामिल हैं, जो गंगा-ब्रह्मपुत्र के मैदान और राजस्थान के कुछ भाग में मिलती हैं। (ख) स्थानीय चट्टानों से बनी हुई मिट्टियां, जिनमें प्रायद्वीप की तथा हिमालय पर्वत के कुछ क्षेत्रों की मिट्टियां शामिल हैं।

गंगा-ब्रह्मपुत्र की घाटी में कांप या कछारी मिट्टी (Alluvial Soil) मिलती है। भारत का उत्तरी मैदान इसी मिट्टी से बना है। कछारी मिट्टी में बालू, चिकनी मिट्टी, दोमट, रेतीली दोमट तथा चिकनी दोमट आदि मिट्टियां मिलती हैं। कहीं-कहीं कंकर भी पाए जाते हैं। कछार तीन

अधिक वर्षा होने से नदियों में बाढ़ आ जाती है

प्रकार की होती है—नई कछार या खादर, पुरानी कछार का बांगर ग्रौर डेल्टाई कछार।

भारत के दक्षिणी पठार की मिट्टी बहुत प्राचीन है ग्रौर स्थानीय चट्टानों के क्षरण से बनी है। इसमें चार प्रकार की मिट्टियां मिलती हैं—काली मिट्टी ग्रथवा रेगर, लाल ग्रौर पीली मिट्टी, लेटराइट मिट्टी ग्रौर कछारी मिट्टी। काली मिट्टी की उत्पत्ति लावा से हुई है। यह बम्बई, गुजरात, मध्यप्रदेश, हैदराबाद ग्रौर मद्रास के कुछ भागों में मिलती है। लाल या पीली मिट्टी मद्रास, मैसूर, मध्यप्रदेश ग्रौर छोटा नागपुर में पाई जाती है। लेटराइट मिट्टी कुछ विशेष प्रकार की चट्टानों के मानसून के प्रभाव से होनेवाले क्षरण से बनती है। यह दक्षिण के पहाड़ी प्रदेशों, मध्यप्रदेश, बंगाल ग्रौर ग्रसम के कुछ भागों में मिलती है। कछारी मिट्टी पंजाब, उत्तर प्रदेश, बिहार, बंगाल तथा ग्रसम ग्रौर उड़ीसा के कुछ भागों में पाई जाती है।

मिट्टी (SOIL) : ग्रच्छी मिट्टी में चट्टान के छोटे-छोटे टुकड़े, निर्जीव पौधों के तने, जड़ें ग्रौर पत्तियां, मरे हुए छोटे-छोटे जीवों के नष्ट होते हुए शरीर ग्रौर जीवित जीव ग्रादि ग्रनेक चीज़ें मिली रहती हैं। बैक्टीरिया नामक छोटे-छोटे असंख्य पौधे भी मिट्टी में मिले होते हैं।

ग्रारम्भ के दिनों में पृथ्वी पर मिट्टी नहीं थी, बल्कि हर तरफ ठोस चट्टानें ही थीं। समय के साथ-साथ ये चट्टानें टूटती गईं ग्रौर इनके चूरे से मिट्टी बनती गई। ग्रब तो प्रायः हर चट्टान पर मिट्टी की एकाध तह ज़रूर चढ़ी हुई है। मिट्टी की तह में प्रायः दो परतें होती हैं। निचली परत में चट्टान के छोटे-छोटे टुकड़े होते हैं ग्रौर ऊपरी परत में बैक्टीरिया, जीव तथा दूसरे पदार्थ होते हैं।

मिट्टी कई किस्म की होती है, जैसे : दोमट मिट्टी, काली मिट्टी, लाल मिट्टी, भुरभुरी मिट्टी ग्रौर मटियार या चिकनी मिट्टी ग्रादि।

भूक्षरण

मिट्टी को बचाने के तरीके

एक खेत की भीतरी परतें।

यदि एक तरफ जल और वायु मिट्टी को नष्ट करते हैं तो दूसरी तरफ नई मिट्टी भी बनती रहती है। चट्टानें बराबर टूटती रहती हैं और मिट्टी की शक्ल में बदलती रहती हैं। लेकिन चट्टानों से मिट्टी एक दिन में नहीं बन जाती, बल्कि इसमें सैकड़ों-हज़ारों साल लग सकते हैं।

मिसिसिपी नदी (MISSISSIPPI RIVER) : उत्तरी अमरीका को मिसिसिपी नदी दो भागों में बांट देती है। यह उत्तर में कनाडा और अमरीका की सीमा से लेकर दक्षिण में मेक्सिको की खाड़ी तक प्रवाहित होती है। विस्कौन्सिन, इलिनॉय, मिसौरी, ओहाइयो, अर्कन्सास और रेड इसकी सहायक नदियां हैं। यह विशाल नदी उत्तरी मिनेसोटा में इटास्का नामक एक छोटी-सी झील से निकलती है। इस नदी के इस उद्गम को देखकर यह अनुमान नहीं लगाया जा सकता कि यह संसार की तीसरी सबसे बड़ी नदी है। इटास्का झील से लेकर मेक्सिको की खाड़ी तक इसकी लम्बाई लगभग 2500 मील है। कहीं-कहीं इसकी चौड़ाई एक मील से भी ज़्यादा है। इस नदी ने अपने मुहाने पर एक विशाल डेल्टा बना लिया है जो हर साल बड़ा होता जा रहा है।

लगभग 400 साल पहले स्पेन के अन्वेषक दे सोतो ने पहली बार इस नदी का पता लगाया था। फिर लगभग 100 वर्ष बाद प्रख्यात फ्रांसीसी अन्वेषकों मार्क्वेत, जोलियत और ला साले ने इसे लम्बाई में तै किया।

मृत सागर (DEAD SEA) : इस सागर का कुछ हिस्सा इज़राइल में और कुछ जोर्डन में पड़ता है। वास्तव में, यह एक बड़ी झील है। इसका पानी खारा है। इसलिए इसें सागर कहते हैं। इसका पानी संसार के महासागरों के पानी की तुलना में चार या पांच गुना ज़्यादा खारा है। तैरना न जाननेवाले लोग भी मृत सागर में डूब नहीं सकते। पानी में नमक की मात्रा इतनी अधिक है कि किसी का उसमें डूबना असम्भव है।

मृत सागर ऐसी गहरी घाटी में स्थित है जो समुद्रतल से बहुत नीची है। इस झील की सतह समुद्रतल से 1300 फुट नीची है और इसकी अपनी गहराई 1300 फुट है।

इसमें जोर्डन नदी का पानी आता है। इसमें से कोई नदी नहीं निकलती। इसके आसपास की जलवायु इतनी सूखी और गरम है कि अगर इसमें बाहर से पानी का आना बन्द कर दिया जाए तो यह हर साल 15 फुट के हिसाब से सूखता चला जाएगा। इसमें से नमक तथा अन्य कई प्रकार के खनिज पदार्थ निकाले जाते हैं।

मृत्यु घाटी (DEATH VALLEY) : यह उत्तरी और दक्षिणी अमरीका की सबसे नीची जगह है। यह अमरीका के कैलिफोर्निया राज्य में स्थित है। मृत्यु घाटी समुद्रतल से 280 फुट नीची है और बालू से भरी हुई है। यह संसार के सबसे गरम स्थानों में से एक है।

मेक्सिको की खाड़ी (GULF OF MEXICO) : मेक्सिको की खाड़ी, अटलांटिक महासागर की एक विशाल भुजा है। मिसिसिपी इसी खाड़ी में गिरती है। इस खाड़ी से अमरीका के पूर्वार्ध की ओर अक्सर गर्म हवाएं चलती हैं।

मैदान (PLAIN) : लम्बे-चौड़े और हरे-भरे समतल भूमिखण्ड को मैदान कहते हैं। जो मैदान नदियों द्वारा लाई

बादलों से हमें आनेवाले मौसम का पता चलता है

टार्नेडो एक सूँडवाला तूफ़ानी बादल है

बादलों से सूर्य की किरणें छितरा जाती हैं।

वर्षावाले बादलों में बिजली चमकती है।

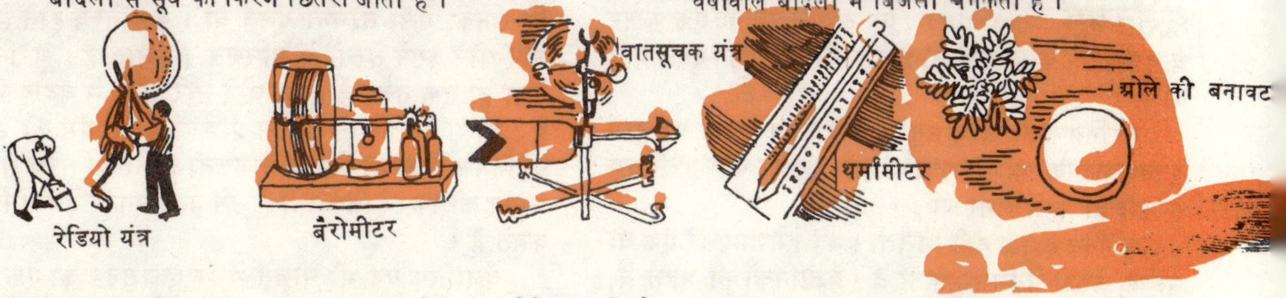

गई मिट्टी से बने होते हैं वे बहुत उपजाऊ होते हैं। ऐसे ही मैदानों में संसार की प्राचीन सभ्यताओं का विकास हुआ है। ऐसे मैदानों में भारत का गंगा-सिन्धु और ब्रह्मपुत्र नदियों का मैदान, मैसोपोटेमिया का दजला और फ़रात नदियों का मैदान, मिस्र का नील नदी का मैदान आदि प्रमुख हैं।

मौसम (WEATHER) : वायुमंडल की स्थिति को मौसम कहते हैं। किस दिन मौसम कैसा रहेगा यह कई बातों पर निर्भर करता है : तापमान कितना है, हवा का दबाव कितना है, वायु किस दिशा में बह रही है, वायुमंडल में नमी कितनी है, बारिश कितनी हुई है आदि-आदि।

वर्षा, हिम, ओले, सहिम वृष्टि, पाला और ओस—ये सभी मौसम के अंग हैं। इसी प्रकार शीत लहर, बादल, समीर, झंझा, तूफान और हरीकेन भी मौसम के ही अंग हैं।

संसार के किस भाग में कैसा मौसम है यह इस बात पर सबसे अधिक निर्भर करता है कि उस प्रदेश को सूर्य की कितनी गर्मी मिलती है।

मौसम पर बहुत-सी स्थानीय परिस्थितियों का काफी प्रभाव पड़ता है। समुद्र भूमि की अपेक्षा देर में गरम होता है, लेकिन वह अधिक देर तक गरम भी रहता है। इसीलिए सागर-तट के क्षेत्र सर्दियों में अपेक्षाकृत गरम और गर्मियों में अपेक्षाकृत ठंडे रहते हैं। समुद्र-तल से जिस स्थान की ऊंचाई जितनी अधिक होती है वहां का तापमान उतना ही कम होता है। पूर्वी अफ्रीका में किलिमंजारो पर्वत इसकी एक दिलचस्प मिसाल है। यह पर्वत भूमध्यरेखा पर स्थित है लेकिन समुद्रतल से बहुत ऊंचा होने के कारण इसकी चोटी पर हमेशा हिम जमा रहता है।

गर्मियों में कभी-कभी मौसम में बहुत नमी होती है। इस नमी को 'आर्द्रता' (Humidity) कहते हैं। आर्द्रता से गर्मी और भी बढ़ जाती है, क्योंकि इसके कारण हमारे पसीने का वाष्पीकरण नहीं हो पाता।

प्रसिद्ध अमरीकी लेखक मार्क ट्वेन को शिकायत थी कि मौसम की बात तो सब करते हैं, उसका इलाज कोई नहीं करता। यदि आज वे जीवित होते तो उन्हें पता चलता कि उनकी शिकायत दूर कर दी गई है। अब हमने मौसम के इलाज ढूंढ़ निकाले हैं। हम अपने मकानों को गर्मियों में ठंडा और जाड़े में गरम रख सकते हैं। ऐसा करने के लिए हमें विशेष कष्ट नहीं उठाना पड़ता, दीवार पर लगा एक बटन दबा देने से हमारा काम चल जाता है।

घरों में ही नहीं बाहर के मौसम को बदलने के लिए भी प्रयोग किए जा रहे हैं। बादलों पर हवाई जहाज़ों से सूखी बर्फ (जमी हुई कार्बन डाइऑक्साइड) बरसा कर उनसे बारिश कराई जाती है। बुरे मौसम को अच्छे मौसम में बदलने के प्रयोग जारी हैं।

यूरेनियम (URANIUM): यह दूधिया रंग की एक कठोर धातु है। यह बहुत भारी होती है, सीसे से लगभग दुगने भार वाली।

यूरेनियम की खोज सन् 1789 में हुई। इसका यह नाम यूरेनस नामक ग्रह पर पड़ा। इस ग्रह का पता यूरेनियम से कुछ ही पहले लगा था।

यूरेनियम शुद्ध नहीं मिलता। यह हमेशा दूसरे एक या अधिक तत्त्वों से मिला रहता है। वैज्ञानिकों की भाषा में, यूरेनियम केवल यौगिकों में ही उपलब्ध होता है। पिचब्लेंड नामक खनिज पदार्थ अधिकांशतः यूरेनियम के यौगिकों से मिलकर बना है।

यूरेनियम की खोज से बहुत पहले यूरोप के अनेक कांच बनानेवाले कांच और चीनी के बर्तनों को रंगने के लिए इसके यौगिकों का प्रयोग करते थे। उससे भी और पहले अमरीका के रेड इंडियन आदिवासी भी इन यौगिकों का प्रयोग करते थे।

जब यूरेनियम की खोज हुई तो वैज्ञानिकों ने उसमें

कच्ची यूरेनियम

यूरेनियम की तलाश

यूरेनिनाइट

पिचब्लेंड

रुचि लेनी शुरू कर दी। लेकिन तब यह किसीने नहीं सोचा था कि 160 वर्ष बाद वैज्ञानिक इस धातु के लिए सारी दुनिया छानते फिरेंगे और इस धातु के बारे में एक ऐसी खोज होगी जो परमाणु शक्ति के युग का सूत्रपात करेगी। यह खोज थी—यूरेनियम के विखण्डन से परमाणु शक्ति उत्पन्न होने की जानकारी।

किसी तत्त्व का परमाणु उस तत्त्व का सूक्ष्मतम अंश होता है। इसलिए यूरेनियम का परमाणु उसका सूक्ष्मतम अंश होता है। यूरेनियम के परमाणु बहुत छोटे होते हैं। ये इतने छोटे होते हैं कि एक बिंदु (•) में कई अरब परमाणु समा सकते हैं। लेकिन ये प्रकृति में प्राप्त अन्य सभी तत्त्वों के परमाणुओं से बड़े होते हैं।

वैज्ञानिकों का विश्वास था कि एक तत्त्व कभी दूसरे तत्त्व में नहीं बदल सकता। अब वे भलीभांति जानते हैं कि उनका ऐसा सोचना गलत था। कुछ तत्त्व होते हैं जो धीरे-धीरे दूसरे तत्त्वों में परिणत हो जाते हैं। यूरेनियम ऐसा ही एक तत्त्व है। यह धीरे-धीरे सीसे में बदल जाता है। सीसा बनते जाने की इस प्रक्रिया में रेडियम की भांति यूरेनियम में से भी किरणें निकलती हैं। जिस तत्त्व से इस प्रकार की किरणें निकलती हैं उसे वैज्ञानिक 'रेडियो-ऐक्टिव' कहते हैं।

वैज्ञानिक यह भी सोचते थे कि एक तत्त्व का एक परमाणु उसके बाकी परमाणुओं जैसा ही होता है। उनका यह सोचना भी गलत है। यूरेनियम के परमाणु तीन तरह के होते हैं और किसी एक तरह के परमाणु दूसरी तरह के परमाणुओं से मेल नहीं खाते। इन तीनों प्रकार के परमाणुओं को यू–234, यू–235 और यू–238 कहते हैं। इनमें यू–238 परमाणुवाला यूरेनियम सबसे आम और यू–234 परमाणुवाला यूरेनियम सबसे दुर्लभ माना जाता है। लेकिन, परमाणु शक्ति के लिए यू–235 परमाणुवाले यूरेनियम को ही प्रयोग में लाया जाता है।

यूरेनियम की मदद से वैज्ञानिक एक ऐसे सवाल का जवाब देने की स्थिति में आ सके हैं जिसने उन्हें बहुत दिनों से परेशान कर रखा था—पृथ्वी कितनी पुरानी है ? इस सवाल की कुंजी उन्हें यूरेनियम के सीसे में बदलने की प्रक्रिया में मिली। वैज्ञानिकों को ज्ञात है कि यूरेनियम को सीसा बनाने में कितना समय लगता है। जब उन्हें किसी चट्टान में यूरेनियम और यूरेनियम से बदलकर बना सीसा मिलता है तो, यह देखकर कि दोनों धातुओं का अनुपात क्या है, वे बता सकते हैं कि वह चट्टान कितनी पुरानी है। यूरेनियम की मदद से वैज्ञानिक इस निश्चय पर पहुंचे हैं कि पृथ्वी कम से कम 30,00,00,00,000 वर्ष पुरानी है।

रत्न (GEMS) : भारत में आभूषणों के रूप में रत्न धारण करने की प्रथा हज़ारों साल पुरानी है। 4000 वर्ष पूर्व बेबिलोनिया में भी रत्नों का क्रय-विक्रय होता था। प्राचीन यूनानियों ने आसपास के देशों से रत्न और मणियां लाने के लिए यात्रियों के जत्थे भेजे। प्राचीन यूनानी भी रत्नों को जड़कर पहनते थे। रत्नों की हमेशा बड़ी मांग रही है, क्योंकि ये सुन्दर होते हैं और इनकी सुन्दरता नष्ट नहीं होती। दुर्लभ होने के कारण ये बहुत कीमती होते हैं।

रत्नों में हीरा सबसे अधिक लोकप्रिय है। इसे खास तौर पर इसके चमकीलेपन के कारण पसन्द किया जाता है। हीरा कार्बन का क्रिस्टल होता है। सबसे बढ़िया हीरे दक्षिणी अफ्रीका में पाए जाते हैं।

बड़े लाल (Ruby) अत्यन्त दुर्लभ और सुन्दरतम रत्न माने जाते हैं। ये बड़े हीरों से भी दुर्लभ माने जाते हैं। सैकड़ों सालों से श्रेष्ठतम लाल बर्मा में पाए जाते रहे हैं। भारत की पुरानी रियासतों के राजाओं आदि के पास उत्कृष्टतम लाल हैं। कहते हैं कि इनमें से कुछ के पास मुर्गी के अंडे के बराबर बड़े लाल हैं।

लाल बनाए भी जा सकते हैं। इन्हें नकली लाल (Synthetic Rubies) कहते हैं। नकली लाल अपने आकार के असली नगीनों से कहीं सस्ते होते हैं।

नीलम (Sapphire) बर्मा में तथा दूसरे कई स्थानों में पाए जाते हैं। कुछ बढ़िया नीलम मौंटाना (अमरीका) में पाए गए हैं, लेकिन सर्वश्रेष्ठ नीलम भारत में कश्मीर में 14,000 फुट की ऊंचाई पर पाए जाते हैं। लाल की तरह नकली नीलम भी तैयार किए जा सकते हैं।

पन्ना (Emerald) हरे रंग का बड़ा सुन्दर रत्न है। प्राचीन काल में लाल सागर के पास पन्ने की प्रसिद्ध खानें थीं। आजकल दक्षिणी अमरीका के कोलंबिया राज्य की खानों में श्रेष्ठतम पन्ना पाया जाता है। भारत में उदयपुर और अजमेर में पन्ना मिलता है।

बेरूज (Amethyst) प्रसिद्ध खनिज पदार्थ, बिल्लौर (Quartz) का क्रिस्टल है। बिल्लौर के कई रंग होते हैं, लेकिन लैवेण्डर या नीलारुण रंग के नगीनों को ही बेरूज कहते हैं।

चित्र में जो पुखराज (Topaz) दिखाया गया है उसका रंग पीला है, लेकिन पुखराज के लिए पीला होना ज़रूरी नहीं है। पुखराज नीला, हरा, यहां तक कि गहरा लाल भी होता है। सबसे बढ़िया पुखराज ब्राज़ील में पाया जाता है।

तामड़ा (Garnet) अधिकतर लाल रंग का होता है। भूरे, पीले, हरे और काले रंग का तामड़ा भी पाया जाता है। पहले तामड़े का चलन बहुत अधिक था। अब यह उतना लोकप्रिय नहीं रह गया है। सर्वश्रेष्ठ तामड़ा अमरीका में पाया जाता है। भारत में गहरे नीलारुण रंग का तामड़ा किशनगढ़ और जयपुर में मिलता है।

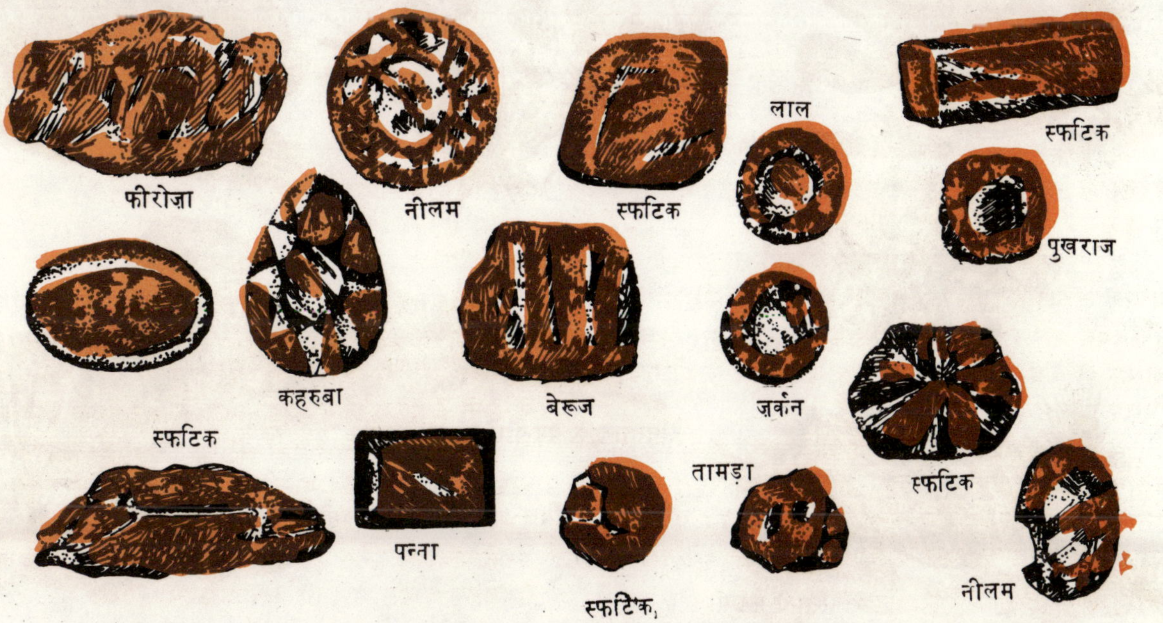

कुछ ज़र्कन (Zircons) बिलकुल हीरे जैसे लगते हैं। ये वर्णहीन क्रिस्टल होते हैं, किन्तु लाल या पीले ज़र्कन सबसे अधिक कीमती माने जाते हैं। प्रायः सभी ज़र्कन श्रीलंका में पाए जाते हैं।

बहुत-से लोगों का ख्याल है कि सभी प्रकार के रत्नों में सबसे सुन्दर रत्न उपल (Opal) है। उपल हंगरी, मेक्सिको और अमरीका में पाया जाता है, लेकिन श्रेष्ठतम उपल आस्ट्रेलिया में पाया जाता है।

खनिज रत्नों में सबसे अधिक उपयोग फीरोज़ा (Turquoise) का होता है। फीरोज़ा दुनिया के अनेक भागों में पाया जाता है। सर्वश्रेष्ठ फीरोज़ा ईरान में पाया जाता है। प्राचीन यूनानी भी खानों से फीरोज़ा निकालते थे।

मोती दूसरे रत्नों से भिन्न हैं। उनकी खानें नहीं होतीं, बल्कि वे समुद्र में पाई जाने वाली मोती की सीपों के अन्दर से निकाले जाते हैं। सीपों के अन्दर से मोती प्रचुरमात्रा में निकाले जाते हैं, लेकिन उनमें से बहुत कम इतने सुन्दर होते हैं कि उन्हें रत्न कहा जा सके।

रत्नों के बारे में अनेक अंधविश्वास प्रचलित हैं। कुछ लोगों की धारणा है कि हीरा पहनने से खतरों से बचाव होता है। यह भी माना जाता है कि लाल संपत्ति, स्वास्थ्य, सुबुद्धि और प्रसन्नता प्रदान करनेवाला रत्न है। किसी समय में यह माना जाता था कि पन्ने में भविष्य की बातों को पहले ही बता देने की शक्ति होती है। एक ज़माना था जब उपल दुर्भाग्य का चिह्न माना जाता था। हमारे देश में नीलम के बारे में तरह-तरह के अंधविश्वास प्रचलित हैं। आजकल अधिकांश लोग अंधविश्वासों के फेर में नहीं पड़ते। वे रत्न इसलिए पहनते हैं क्योंकि वे सुन्दर होते हैं।

राइन नदी (RHINE RIVER) : यह नदी स्विट्ज़रलैण्ड से निकलकर उत्तर की दिशा में बहती है और 800 मील बहने के बाद उत्तरी सागर में मिल जाती है। यूरोप में और कोई नदी ऐसी नहीं है जिससे होकर इतना अधिक माल एक देश से दूसरे में जाता हो।

रॉकी पर्वतमाला (ROCKY MOUNTAINS) : रॉकी पर्वत को उत्तरी अमरीका का मेरुदण्ड कहा जाता है। यह अलास्का से कनाडा और अमरीका से न्यू मेक्सिको तक फैला हुआ है।

इसकी सबसे प्रसिद्ध चोटी पाइक्स पीक है।

रेगिस्तान (DESERTS): संसार में कुछ ऐसे स्थान हैं जहां बहुत कम या नहीं के बराबर पानी बरसता है। चिली के उत्तरी भाग में कई साल बीत जाते हैं और एक बूंद वर्षा नहीं होती। लेकिन ऐसे स्थान बहुत कम हैं। अधिकांश सूखे स्थानों में कुछ न कुछ वर्षा होती है। ऐसे सूखे इलाकों को रेगिस्तान कहते हैं।

रेगिस्तानों में मीलों दूर तक बालू ही बालू नज़र आती है। तेज़ हवा बालू के टीलों को एक जगह से दूसरी जगह हटाती रहती है। रेगिस्तानों के बीच कहीं-कहीं नखलि-

रेगिस्तान के पेड़-पौधे और जीव-जंतु

स्तान भी होते हैं, जहां पेड़-पौधे उग सकते हैं। वहां पानी के झरने या सोते भी होते हैं। इन झरनों में कहीं दूर से वर्षा या हिम का पानी आता है।

सूखे और गरम रेगिस्तान में भी रातें काफी ठंडी हो सकती हैं। वहां की हवा में बहुत कम नमी रहती है। इसलिए दिन की गर्मी सूरज के छिपते ही कम होने लगती है। कुछ देर में ठंडक हो जाती है। अक्सर रेगिस्तानों में दिन में कड़ी गर्मी और रात में कड़ी ठंड पड़ती है।

कुछ पेड़-पौधे और जीव-जन्तु रेगिस्तानी इलाकों में भी बड़े मज़े से रहते हैं। वे इसके लायक ही बने होते हैं। इनमें से कुछ चित्र में दिखाए गए हैं।

कुछ रेगिस्तानी पौधों की जड़ें बहुत लम्बी होती हैं। वे ज़मीन में बहुत गहराई से पानी खींच सकती हैं। अन्य कुछ पौधे ऐसे बने होते हैं कि उनमें पानी लम्बे समय तक जमा रहता है। उनकी पत्तियां और तने खूब मोटे होते हैं। उनमें से कुछ के ऊपर तेल जैसा चिकना आवरण भी चढ़ा रहता है, जिससे पानी भाप बनकर उड़ नहीं पाता। कुछ पौधे रेगिस्तान के ही योग्य बने होते हैं। वे बड़ी जल्दी से पनपते हैं, बड़े होते हैं, उनमें फूल आते हैं और फल लगते हैं। फिर वे जल्दी ही खत्म हो जाते हैं। उनके बीज काफी समय तक सूखे पड़े रहते हैं। ज़रा-सी वर्षा होते ही उनके अंकुर फूटने लगते हैं।

रेगिस्तान के जीव-जन्तुओं को अन्य जीव-जन्तुओं की अपेक्षा कम पानी की ज़रूरत होती है। इनमें से कुछ ऐसे भी हैं जो कभी भी पानी नहीं पीते। (देखें बालू के टीले, मरीचिका)

लाल सागर (RED SEA) : यह सागर वास्तव में लाल है। इसमें एल्गी नामक लाल रंग की एक विशेष प्रकार की सेवार बहुतायत से पाई जाती है जिससे इसका पानी लाल नज़र आता है।

अफ्रीका और अरब के बीच में स्थित लाल सागर वास्तव में अरब सागर की एक भुजा है। इसके और भूमध्यसागर के बीच ज़मीन की एक पतली-सी पट्टी भर है, जिससे होकर स्वेज़ नहर गुज़रती है। संसार का एक बहुत महत्त्वपूर्ण जलमार्ग भूमध्यसागर से स्वेज़ नहर होता हुआ लाल सागर से गुज़रता है, वहां वह दक्षिण-पूर्व एशिया तक चला जाता है।

लोहा और इस्पात (IRON AND STEEL) : कहा जाता है कि जब सिकंदर भारत से लौटने लगा तो पोरस ने उसे एक मूल्यवान उपहार दिया था। वह सोने या हीरे के रूप में नहीं था—वह था लगभग 15 किलो उच्चकोटि का लोहा। भारत में बहुत पुराने समय से अच्छी कोटि का लोहा तैयार किया जाता रहा है। दिल्ली में कुतुबमीनार के समीप स्थित लौहस्तंभ ऐसे लोहे से बना है जिसपर जंग

कच्चे लोहे की खान का चित्र

मैंगनेटाइट

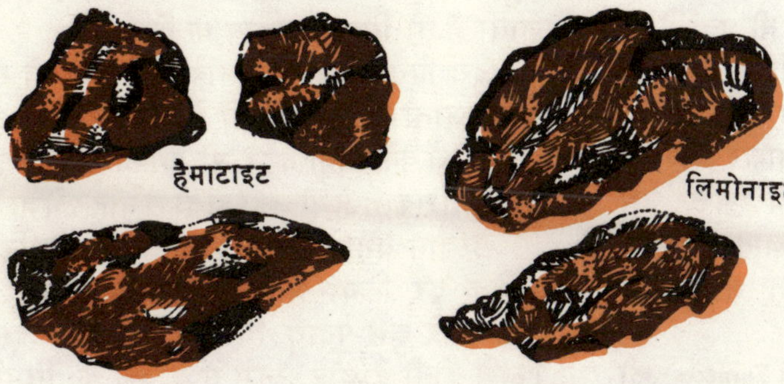

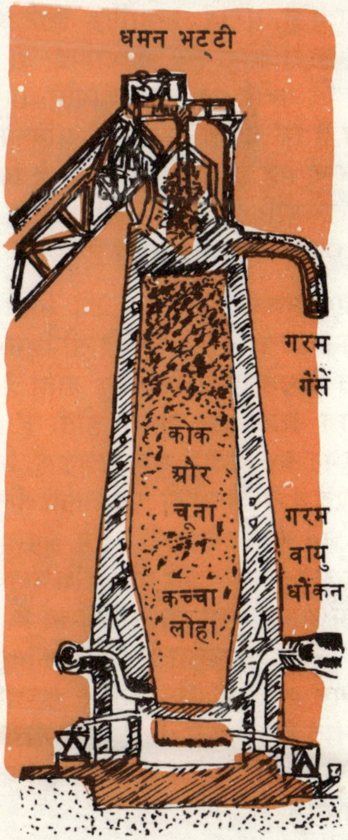

नहीं लगता। यह तीसरी या चौथी सदी में बना था।

ग्राज से 5000 वर्ष पहले मिस्र के निवासी एक लाल-सी चट्टान के टुकड़ों को रगड़ ग्रौर मांजकर उसपर पालिश करके मनिया बनाया करते थे। वे इस धातु को जिसमें लोहा मिला होता था, फीरोज़ा की तरह एक बहुत मूल्यवान चट्टान समझते थे। इस चट्टान से या ग्रन्य ग्रयस्कों (Ores) से लोहा बनाना वे नहीं जान पाए थे।

उस युग की सबसे प्रचलित धातु तांबा थी। मिस्र-निवासी तांबे के हथियार-ग्रौज़ार तथा कलश ग्रादि बनाया करते थे। फिर तांबे का स्थान कांसे ने ले लिया, जो तांबे ग्रौर टीन को मिलाकर बनाया जाता है। बाद में लोहे ने कांसे का महत्त्व घटा दिया। मिस्रवासियों के पराभव का एक कारण यह भी था कि उनके यहां लोहे की खानें नहीं थीं।

इस्पात भी, जो लोहे से बनाया जाता है, काफी पुरानी धातु है। ईसाई धर्मयुद्ध के ज़माने में दमिश्क ग्रपने इस्पात के लिए मशहूर था ग्रौर यहां की बनी तलवारों से ग्रनेक लड़ाइयां जीती गईं।

ग्राज करोड़ों मन लोहे ग्रौर इस्पात से तमाम छोटी-बड़ी चीज़ें बनाई जाती हैं। ग्राज ग्रगर लोहा ग्रौर इस्पात दुनिया से गायब हो जाए तो हमारे जीवन का रूप ही बदल जाएगा।

सबसे पहले लोहा उल्कापिंडों (Meteorites) से निकाला जाता था। कुछ उल्कापिंडों में तो ग्रधिकांश भाग लोहे का ही होता है, परन्तु उल्कापिंड इतने ग्रधिक नहीं मिलते। ग्रगर सारा लोहा हमें उल्कापिंडों से ही मिलता होता तो लोहा निःसन्देह एक बहुत कीमती धातु होता। ऐसा माना जाता है कि धरती के गर्भ में ग्रधिकांशतः लोहा ही भरा है, परन्तु वह इतनी गहराई पर है कि हमारे लिए उसकी कोई उपयोगिता नहीं। लोहा ग्राम तौर से कच्चे लोहे (Iron Ore) से बनाया जाता है।

एक सुलभ कच्चे लोहे को मैगनेटाइट ग्रौर दूसरे को लिमोनाइट कहते हैं। मिस्रवासी जिस कच्चे लोहे से मनिया बनाते थे उसे हेमेटाइट कहा जाता है। इन तीनों में लोहे के साथ ग्रॉक्सीजन मिली होती है। इनसे लोहा ग्रलग करने का ग्रर्थ होता है ग्रॉक्सीजन को निकाल बाहर करना।

यह बात किसीको पता नहीं कि सबसे पहले लोहा निकालने की किसे सूझी। हमें केवल इतना ही पता है कि ईस्वी सन् से 1500 वर्ष पूर्व दक्षिण-पूर्वी एशिया के लोग, जिनमें भारतवासी भी सम्मिलित हैं, कच्चे लोहे को गर्म करके लोहा निकालते थे। वे धौंकनियां चलाकर ग्राग को खूब गर्म करते थे ग्रौर उसपर कच्चा लोहा रखकर उसे पिघलाते थे। लोहा पिघलकर नीचे गिर जाता था ग्रौर शेष चीज़ें ऊपर रह जाती थीं। इस तरह उन्हें लोहा मिल जाता था।

लोहा बड़ी-बड़ी धमन भट्टियों (Blast Furnaces) की सहायता से साफ किया जाता है। धमन भट्टी एक बहुत ऊंचे बुर्ज जैसी होती है जिसकी ऊंचाई लगभग दस-मंज़िले मकान जितनी होती है। यह इस्पात की बनी होती है ग्रौर इसके भीतर ग्रग्निसह ईंटें लगी होती हैं। भट्टी का मुंह ऊपरी सिरे पर होता है। छोटे-छोटे ठेलों में कच्चा लोहा, कोक ग्रौर चूनापत्थर भरकर लगातार ऊपर पहुंचाया जाता है। लोहे को कच्चे लोहे से ग्रलग करने में कोक ग्रौर चूनापत्थर का बहुत महत्त्वपूर्ण योग होता है।

धमन भट्टियों के पास ही तीन-चार ग्रौर बुर्ज होते हैं। ये ग्रंगीठियां होती हैं। इनमें हवा को 1,200° फा० के लगभग तापमान पर गर्म किया जाता है। धमन भट्टी के पेंदे के पास लगे पाइप से यह गर्म हवा मशीन द्वारा वेग से धौंकी जाती है।

गर्म हवा धमन भट्टी के भीतर के पदार्थों को गर्म कर देती है ग्रौर इसके द्वारा एक रासायनिक परिवर्तन होता है, जिससे धमन भट्टी के भीतर का तापमान 3,000° फा० के लगभग पहुंच जाता है। यह तापमान लोहे के गलन-बिन्दु से ऊपर होता है।

ग्रन्य परिवर्तनों में एक यह होता है कि कोक, जो लगभग शुद्ध कार्बन होता है, कच्ची धातु से लोहे को ग्रलग कर देता है। कार्बन के साथ ग्रॉक्सीजन मिलकर कार्बन डाईग्रॉक्साइड बन जाती है। कार्बन डाईग्रॉक्साइड एक गैस है। यह भट्टी के सिरे के पास लगे हुए पांइप द्वारा बाहर निकल जाती है। पिघला हुग्रा लोहा टपककर भट्टी के नीचे बने एक कुण्ड में एकत्र होता है।

दूसरा परिवर्तन यह होता है कि पिघले हुए लोहे में से लोहे ग्रौर कोक की ग्रशुद्धि को चूनापत्थर दूर कर देता है। इस परिवर्तन में एक दूसरी तरह का तरल पदार्थ पैदा होता है जिसे कचरा (Slag) कहते हैं। कचरा लोहे से हल्का होता है ग्रौर यह ऊपर उतरा ग्राता है।

कुछ घण्टों के ग्रन्तर से धमन भट्टी को साफ कर लिया जाता है। साफ करने का ग्रर्थ है, लोहे में से कचरे को ग्रलग करना है। लोहा एक रास्ते से बाहर निकलता है ग्रौर कचरा दूसरे से। ये डोलों में इकट्ठे होते रहते हैं। डोल भट्टियों के पास एक कतार में लगे रहते हैं। धमन भट्टी रातदिन चालू रहती है। ग्रगर कभी बन्द भी की जाती है तो सिर्फ मरम्मत के लिए।

इस पिघले हुए लाल लोहे में से कुछ को सांचों में ढाल लिया जाता है। यह खण्डों में जमकर सख्त हो जाता है। इन खण्डों को, जहां कहीं भी इनकी ज़रूरत हो, वहां पहुंचाया जा सकता है या जहाज़ों द्वारा बाहर भेजा जा सकता है।

इस्पात बनाने के लिए लोहे की ग्रशुद्धियों को ग्रौर ग्रधिक दूर किया जाता है तथा साथ ही इसमें कार्बन तथा दूसरे कुछ पदार्थ मिलाए जाते हैं। इस्पात की कई किस्में होती हैं ग्रौर उनमें से प्रत्येक के निर्माण के ग्रपने

सिद्धान्त हैं। उदाहरण के लिए, स्टेनलेस स्टील बनाने के लिए इसमें क्रोमियम और निकल तथा कार्बन का मिश्रण डाला जाता है। इसी तरह दूसरी चीज़ें भी मिलाई जाती हैं। टंगस्टन इस्पात को अधिक कठोर बना देता है। मोलिब्डेनम मिलाने से इस्पात कुछ रसायनों द्वारा बर्बाद होने से बच जाता है।

लोहे से इस्पात बनाने के लिए कई तरह की भट्टियां काम में लाई जाती हैं। आजकल अधिकांश इस्पात खुले मुंहवाली भट्टियों में बनाया जाता है। सबसे उत्तम इस्पात बिजली से चलनेवाली भट्टियों में तैयार होता है।

इस्पात बनाने में बहुत सावधानी बरतनी होती है। इसमें मिलाई जानेवाली हर चीज़ को बहुत सावधानी से तौला जाता है।

भट्टी से निकलकर इस्पात खण्डों में जमने के लिए उड़ेला जाता है। इनको धातुपिण्ड या सिल (Ingots) कहते हैं। फिर ये धातुपिण्ड सोख गड्ढे में जाते हैं। यहां उन्हें गरम करके उन शक्लों में बदला जाता है जिनकी आवश्यकता उन्हें काम में लानेवालों को होती है। इस्पात का प्रयोग आजकल अनगिनत कामों में होता है।

अब इस्पात बनाने का काम मशीनों द्वारा किया जा रहा है। इस्पात के कारखाने में काम करनेवालों की सुरक्षा का पूरा ध्यान रखा जाता है। सबसे महत्त्वपूर्ण बात यहां काम करनेवालों को उन खतरों से परिचित कराना और उनसे सावधान रहने की शिक्षा देना है जिनका सामना उन्हें करना पड़ सकता है।

भारत में कच्चे लोहे का बहुत बड़ा भंडार है। संसार में जितना कच्चा लोहा है उसका एक-चौथाई भारत में मिलता है। उड़ीसा, महाराष्ट्र, बिहार, मध्यप्रदेश और मैसूर में हेमैटाइट लोहा काफी मात्रा में मिलता है और पश्चिम बंगाल में कार्बोनेट लोहे का काफी बड़ा भंडार है। जमशेदपुर, हीरापुर, भद्रावती, भिलाई, राउरकेला, दुर्गापुर आदि में इस्पात के बड़े-बड़े कारखाने हैं।

वर्षा (RAINS) : वर्षा की नन्ही से नन्ही बूंद भी बादल में रहनेवाली बूंदों से कई गुना बड़ी होती है। शायद बादल की कई नन्ही-नन्ही बूंदें मिलकर एक बड़ी बूंद की शक्ल में बदल जाती हैं और तब वह बड़ी बूंद बरस जाती है। या, शायद बादल की नन्ही-नन्ही बूंदें बर्फ के गोलों की शक्ल में बदल जाती हैं और ये गरम हवा के स्पर्श से पिघलकर वर्षा की बूंदों में बरस जाते हैं।

वर्षामापी पैमाना

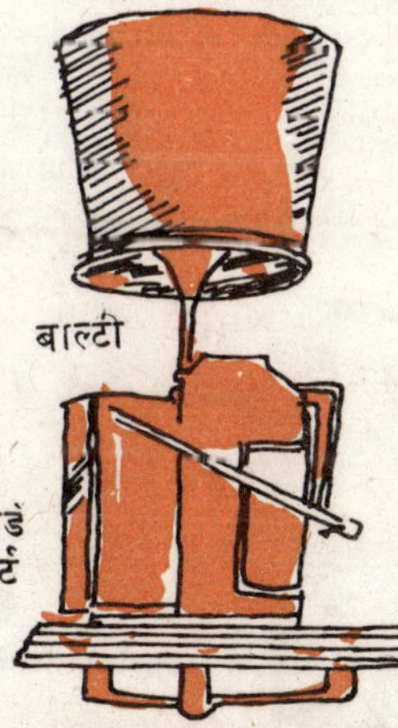

बादल की बूंदें (परिबर्धित)

सबसे छोटी वर्षा-बूंद (परिवर्धित)

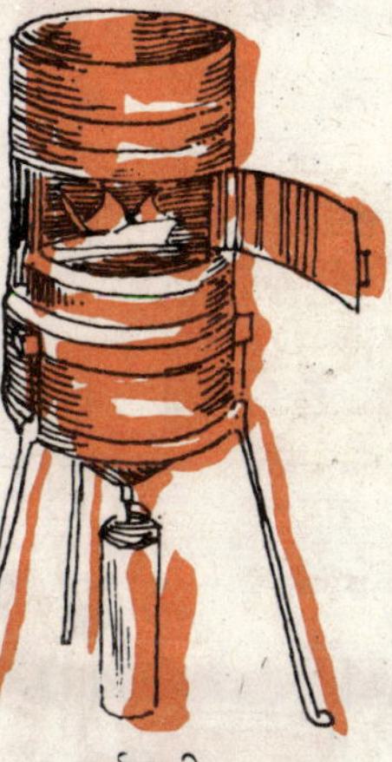

वर्षामापी उलटाऊ बाल्टी

कभी-कभी ऐसा होता है कि बिना बादल के बारिश होती है। ऐसा इसलिए होता है कि कोई-कोई बादल ज़मीन से कई मील ऊपर बरसता है, लेकिन बारिश की बूंदों को यह लम्बी दूरी तय करने में इतना समय लगता है कि उनके भूमि तक पहुंचते-पहुंचते बादल गायब हो जाता है।

वर्षा को मापनेवाले उपकरण को वर्षामापी कहते हैं। इससे पता चलता है कि कितनी इंच वर्षा हुई। जब मौसम-वैज्ञानिक कहता है कि एक इंच वर्षा हुई तो इसका मतलब यह होता है कि अगर वर्षा का पानी किसी समतल जगह पर इकट्ठा हो जाता, और उसमें से थोड़ा-सा पानी भी ज़मीन न सोखती तो उस जगह पर एक इंच गहरा पानी होता।

वर्षा कहीं बहुत कम और कहीं बहुत अधिक होती है। उदाहरणार्थ, चिली देश में एरिका नामक स्थान पर 50 वर्ष में एक इंच वर्षा होती है, जबकि उत्तर-पूर्वी भारत के चेरापूंजी नामक स्थान में एक साल में औसतन 500 इंच वर्षा होती है।

अक्सर ऐसा होता है कि बादल तो छाए रहते हैं किन्तु वर्षा नहीं होती। पिछले कुछ वर्षों में वैज्ञानिकों ने प्रयत्न किया है कि इन बादलों से वर्षा कराई जा सके। उन्हें कुछ सफलता भी मिली है, लेकिन मनचाहे स्थान पर वर्षा कराना कोई आसान काम नहीं है। **(देखें: तीव्र वर्षा, मानसून)**

वाइट द्वीप (ISLE OF WIGHT) : यह द्वीप इंग्लैंड के दक्षिणी तट पर हैम्पशायर के सामने है। हर साल हज़ारों सैलानी अपनी छुट्टियां मनाने इस सुन्दर द्वीप में आते हैं। द्वीप का एक और आकर्षण यहां का खड़िया का विशाल टीला है जो पश्चिम से पूर्व तक चला गया है।

वायु (AIR) : हमारे चारों ओर वायु फैली हुई है। हमारे ऊपर, नीचे और आसपास हर जगह वायु है। यहां तक कि हमारे शरीर में भी वायु है। हम वायु को देख नहीं सकते, न सूंघ सकते हैं और न चख सकते हैं। यह अगर बह न रही हो तो हम इसे महसूस भी नहीं कर सकते। लेकिन ऐसी कई बातें हैं जिनसे हमें हवा की उपस्थिति का पता चल सकता है।

खाली बोतल या खाली गिलास असल में कभी भी खाली नहीं होता है। उसमें हवा रहती है। जब उसमें पानी भरा जाता है तो हवा बाहर निकल आती है। पानी निकाल देने पर हवा फिर से बोतल में चली जाती है। असल में खाली जगह तो वह होती है जहां कुछ भी न हो—यहां तक कि हवा भी न हो। ऐसी खाली जगह को निर्वात या 'वैक्यूम' कहते हैं।

हवा से भरी बोतल या गिलास को हम खाली इसलिए

कहते हैं कि उसमें की हवा हमें दिखाई नहीं देती। हवा अदृश्य रहती है, क्योंकि हवा गैसों से बनी है और अधिकांश गैसें अदृश्य हैं।

पृथ्वी के चारों ओर हवा की एक मोटी पट्टी है। यह कई मील ऊपर तक चली गई है। हवा की इस पट्टी को वायुमंडल कहते हैं। वायुमंडल के निचले हिस्से में वायु के कण बहुत घने होते हैं और ऊपर के हिस्से में दूर-दूर होते हैं। यानी, ऊंचाई के अनुसार वायु पतली होती जाती है।

वायु की इसी पट्टी के कारण हमें आकाश का रंग नीला दिखाई देता है। वायु सूर्य के प्रकाश को छितरा देती है। अगर वायु न होती तो हमें आकाश काला दिखाई देता।

जैसा कि चित्र में बताया गया है, वायुमंडल कई परतों का बना है। खोज करनेवाले कई अन्वेषक वायुमंडल की जानकारी प्राप्त करने के लिए काफी ऊंचाई तक गए हैं। बहुत-से गुब्बारे और राकेट भी वायुमंडल में ऊंचाई तक गए हैं।

वायु का वज़न अधिक नहीं होता है। एक फुट लम्बे, एक फुट चौड़े और एक फुट गहरे डिब्बे की वायु वज़न में तीन ग्राम से भी कम होगी। लेकिन वायु इतनी अधिक है कि उसका कुल वज़न लाखों मन होगा। वायु हममें से प्रत्येक को बड़े ज़ोर से दबा रहीहै। अगर हमारे शरीर के भीतर की वायु और खून का दबाव बाहर की वायु के दबाव के बराबर न हो तो हम बाहर की हवा के दबाव में पिस जाएंगे।

इस पृष्ठ के प्रत्येक वर्ग इंच पर वायु का दबाव लगभग सात किलोग्राम है। इसी बात को इस तरह कहा जा सकता है कि पृथ्वी की सतह के प्रत्येक वर्ग इंच पर वायु का दबाव लगभग सात किलोग्राम होता है। मनुष्य के शरीर की सतह पर ऐसे कई सौ वर्ग इंच होते हैं। इसलिए, किसी व्यक्ति के शरीर पर वायु कई क्विंटल का दबाव डालती है।

समुद्र-तल की अपेक्षा किसी पहाड़ की चोटी पर वायु का दबाव कम होता है। पहाड़ बहुत ऊंचा होता है इसलिए उसके ऊपर वायु की मात्रा कम हो जाती है।

वायु को दबाया जा सकता है, जिससे वह कम जगह घेरती है। मोटर के टायर में और फुटबाल में दबी हुई वायु होती है।

वायु गरम होने पर फैलती है और ठंडी होने पर सिकुड़ जाती है। कभी-कभी गर्मी के दिनों में साइकिल का टायर 'बर्स्ट' हो जाता है, क्योंकि उसकी ट्यूब के भीतर की वायु गरम होने से फैल जाती है।

वायु से हमें ऑक्सीजन मिलती है जो हमें जीवित रखती है। सभी जीवों और लगभग सभी पेड़-पौधों को जीवित रखने के लिए ऑक्सीजन की ज़रूरत होती है। वायु के पांच भागों में से लगभग एक भाग ऑक्सीजन होता है। शेष भागों का अधिकांश नाइट्रोजन का होता है। लेकिन बहुत-सी दूसरी गैसें भी वायु में मिली रहती हैं, जैसे कार्बन डाइऑक्साइड, क्रिप्टन और आर्गोन। वायु में पानी की भाप और कुछ धूल भी हमेशा मौजूद रहती है।

सूर्य के परिवार में पृथ्वी के अलावा आठ अन्य प्रमुख ग्रह हैं। इनमें से मंगल का वायुमंडल पृथ्वी के वायुमंडल से मिलता-जुलता है। शुक्र का वायुमंडल भी कुछ ऐसा ही हो सकता है। इसके बारे में ठीक-ठीक कुछ नहीं कहा जा सकता। लेकिन अन्य ग्रहों पर वायुमंडल नहीं है। इसलिए वहां मनुष्यों या ऐसे जीव-जन्तुओं और पेड़-पौधों के होने की संभावना नहीं है जैसे कि पृथ्वी पर पाए जाते हैं।

विसूवियस (VESUVIUS) : विश्व का एक प्रसिद्ध ज्वालामुखी विसूवियस इटली में नेपल्स के निकट है। इस भयानक ज्वालामुखी ने आज से कोई सत्रह सौ वर्ष पूर्व तीन भरे-पूरे रोमन नगरों को अचानक दफना दिया था। इन नगरों के नाम थे : पोम्पेई, हरक्यूलेनियम और स्ताबी। इस भयानक विस्फोट के समय प्रसिद्ध रोमन वैज्ञानिक प्लिनी प्रथम वहीं मौजूद था। वह इस विस्फोट के बारे में अधिक से अधिक जानकारी प्राप्त करना चाहता था। अपने इसी प्रयत्न में वह इस ज्वालामुखी के बहुत पास

लावे को हटाकर निकाला गया प्राचीन रोमन नगर, हरक्यूलेनियम

चला गया। ज्वालामुखी से निकली विषैली गैसों में उसका दम घुट गया और वह मर गया।

सन् 1748 में एक किसान इसकी तलहटी में अंगूरों के बाग के लिए ज़मीन खोद रहा था कि उसकी नज़र पोम्पेई के दबे हुए नगर के खंडहरों पर पड़ी। फिर इस नगर को खोद निकालने का काम शुरू हुआ। उसके बाद हरक्यूलेनियम की खुदाई हुई। इस खुदाई के सिलसिले में इन खंडहरों से बहुत-से खज़ाने भी मिले।

आधुनिक काल में भी इस ज्वालामुखी में अक्सर विस्फोट हुए हैं। सन् 1906 में एक विस्फोट हुआ जो अट्ठारह दिनों तक होता रहा। सन् 1944 में, द्वितीय विश्वयुद्ध के समय, विसूवियस में एक और भयानक विस्फोट हुआ। इस विस्फोट से पर्यटकों को ज्वालामुखी की चोटी तक पहुंचाने वाली एक केबल रेल उड़ गई और नीचे सैन सेबैस्टियानो नामक गांव नष्ट हो गया।

शिरोबिंदु (ZENITH) : आकाश एक उल्टे कटोरे की भांति हमारे ऊपर है। आकाश का जो बिंदु किसी व्यक्ति या वस्तु के ठीक ऊपर होता है उसे शिरोबिंदु कहते हैं। इस प्रकार हर वस्तु या व्यक्ति का अपना एक शिरोबिंदु होता है जो उसके चलने के साथ-साथ बदलता चलता है।

संगमरमर (MARBLE) : संगमरमर एक तरह का चूनापत्थर है। कभी-कभी इसका उपयोग बड़े-बड़े भवन बनाने में होता है। इसका दूसरा उपयोग मूर्तियां बनाने या स्मारक तैयार करने में होता है। चूनापत्थर की तरह संगमरमर भी आज से हज़ारों वर्ष पूर्व समुद्र में रहने वाले लाखों-करोड़ों नन्हे जीवों की हड्डियों से तैयार हुआ है। काफी समय बीत जाने पर ये नन्हे कंकाल एक पर एक इकट्ठे होते गए और फिर दबकर एक चट्टान के रूप में बदल गए। दूसरे चूनापत्थरों से संगमरमर के अधिक कठोर होने का कारण यह है कि इसपर अत्यधिक दबाव और गर्मी का प्रभाव पड़ा है। अक्सर यह ऐसे क्षेत्रों में भी एकत्र हुआ है जो किसी युग में ज्वालामुखी पर्वतों के क्षेत्र में थे।

संगमरमर की गिनती कीमती पत्थरों में होती है। संगमरमर की खोज इसके सुन्दर रंगों के कारण होती है। इसमें अक्सर नीले, पीले, हरे और लाल धब्बे पड़े रहते हैं। शुद्ध संगमरमर बिलकुल सफेद रंग का होता है। इसमें जो रंग पाए जाते हैं वे इसमें मिली हुई अशुद्धियों में रासायनिक परिवर्तन से उत्पन्न हुए हैं। संगमरमर के कुछ रंग बहुत मनमोहक होते हैं। भारत में जबलपुर के समीप अच्छी कोटि के संगमरमर की चट्टानें हैं।

संगमरमर में अक्सर बहुत सुन्दर रंगों की चित्तियां पाई जाती हैं

नखलिस्तान की ओर जाता हुआ अरब यात्री

सहारा (SAHARA) : यह संसार का सबसे बड़ा रेगिस्तान है। यह अफ्रीका महाद्वीप के उत्तरी भाग में स्थित है।

सहारा की रचना दूसरे रेगिस्तानों से कुछ अलग है। दूसरे रेगिस्तानों में मीलों तक रेतीले टीलों के अलावा कुछ दिखाई नहीं देता, जबकि सहारा के अधिकांश भागों में छोटे-छोटे चट्टानी क्षेत्र और ठूंठ झाड़ियां भी मिलती हैं। रेत के ऊंचे टीलों की भी इसमें कमी नहीं है। इसका अधिकांश भाग समुद्र तल से 500 फुट ऊंचा है।

गर्मियों और सर्दियों में यहां मौसम लगभग एक-सा रहता है। दिन बेहद गरम होता है लेकिन रातें ठंडी होती हैं।

सहारा बहुत सूखा है, लेकिन कुछ वर्षा भी यहां हो जाती है। वर्षा के बाद कभी-कभी रेत पर हरी घास का सुन्दर कालीन-सा बिछ जाता है, लेकिन दिन की भीषण गर्मी उसे जल्दी ही नष्ट कर देती है।

सहारा में अनेक छोटे-बड़े नखलिस्तान हैं। यहां पानी की वजह से हरियाली और ठंडक रहती है। नील नदी की घाटी इस रेगिस्तान का सबसे बड़ा नखलिस्तान है जिसमें लाखों लोग रहते हैं।

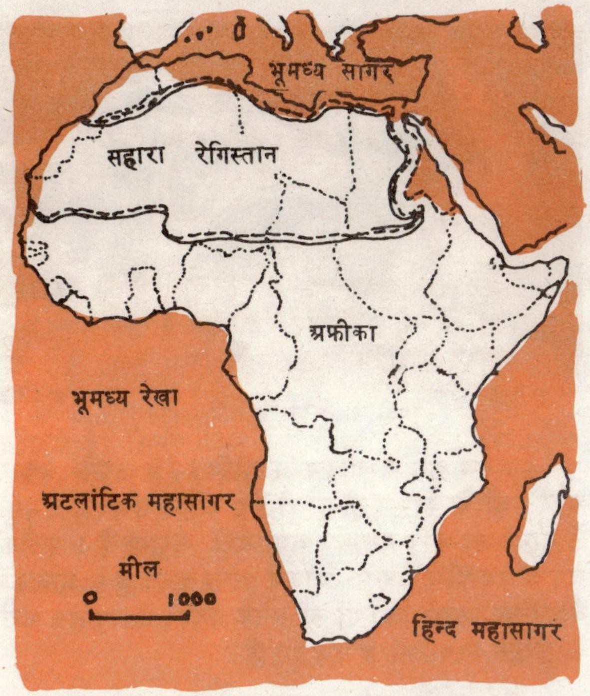

सहारा में आवागमन का प्रमुख साधन ऊंट ही है, और ऊंटों के काफिले हर समय देखे जा सकते हैं। (देखें: रेगिस्तान)

सीसा (LEAD): अधिकतर लोग जानते हैं कि सीसे का रंग कैसा होता है, क्योंकि उन्होंने पेंसिल के भीतर की सींक को देखा है। लेकिन पेंसिल की सींक सीसे की नहीं होती। वह जिस चीज़ से बनी होती है उसे ग्रैफाइट कहते हैं। सीसा एक बहुत मुलायम धातु है। इसे नाखून से खुरचा जा सकता है। सीसे की चद्दर को कैंची से काटा जा सकता है। ताज़ी कटी हुई सीसे की चद्दर चांदी के रंग की होती है। लेकिन हवा लगने के बाद जल्द ही इसका रंग मटमैला भूरा हो जाता है।

आम तौर से लोग कहते पाए जाते हैं कि 'सीसे की तरह भारी' या 'सीसा भरा हुआ'। सचमुच सीसा लोहे से काफी भारी होता है। लेकिन यह सबसे भारी धातु नहीं है। सीसा सोने से हल्का होता है और प्लैटिनम से भार में आधा पड़ता है।

सीसा हमारे लिए बहुत उपयोगी है। यह आसानी से पिघल जाता है। लोहे, प्लैटिनम या सोने की अपेक्षा सीसा बहुत आसानी से पिघलता है। सीसे का गलन बिन्दु 327° सें० है। सोना 1063° सें० पर पिघलता है, लोहा 1535° सें० पर और प्लैटिनम 1760° सें० पर।

सीसे को पिघलाकर इसे विभिन्न आकारों में ढाला जा सकता है। सीसे के खिलौने सांचे में ढालकर बनाए जाते हैं। ठंडे पानी में पिघले सीसे की बूंदें गिराकर छोटी-

गैलेना के क्रिस्टल

खोद कर निकाले हुए क्रिस्टल

छोटी गोलियां बनाई जाती हैं। सीसे का इस्तेमाल छपाई के अक्षर या टाइप ढालने में भी होता है और टाइपों से अखबार और किताबें छपती हैं। इसलिए कुछ लोगों का कहना है कि सीसे ने सभ्यता के विकास में लोहे, चांदी या सोने से अधिक योगदान दिया है।

आज से लगभग 3000 वर्ष पूर्व से लोग सीसे के बारे में जानते हैं। सीसे से पानी के नल बनाए जाते थे। प्राचीन रोमवासियों ने सीसे के बहुत-से नल बनाए थे, जो बाद में लगभग 2000 वर्ष तक बचे रहे।

सीसे और जस्ते को मिलाकर पहले लोग अनेक तरह के बर्तन बनाया करते थे। दो धातुओं को जोड़ने के लिए हम जिस टांके (सोल्डर) का इस्तेमाल करते हैं वह भी सीसे और जस्ते को मिलाकर बनाया जाता है।

सीसे का बहुत अधिक इस्तेमाल बिजली के केबल, और संचायक बैटरी बनाने के काम आता है। गहरे समुद्रों में गोता लगानेवालों की पोशाक में भी कुछ सीसा लगाया जाता है। कुछ सीसा एक्स-किरणों और ऐसी ही दूसरी किरणों से बचने के लिए पट्टी बनाने के काम आता है।

कई प्रकार की ऐसी यौगिक वस्तुएं हैं जिनमें सीसा मिला रहता है। इनमें से कुछ रोगन बनाने और कुछ विशेष प्रकार का शीशा तैयार करने के काम आती हैं। कुछ विभिन्न किस्में पेट्रोल तैयार करने के काम आती हैं।

सीसे के काम में बहुत समय तक लगे रहना खतरनाक भी सिद्ध हो सकता है। कभी-कभी कर्मचारियों के शरीर में इसका ज़हर फैल जाता है।

अधिकांश सीसा गैलेना नामक एक कच्ची धातु से निकलता है। खान से निकली हुई गैलेना धातु के ढोंके चांदी की तरह खूबसूरत लगते हैं।

सीसे के मुख्य उत्पादक अमरीका, आस्ट्रेलिया, मेक्सिको, कनाडा, पेरू और पश्चिमी जर्मनी हैं। रूस और दक्षिण-पश्चिमी अफ्रीका भी भविष्य में सीसे के बहुत बड़े उत्पादक बन जाएंगे। भारत में सीसा उदयपुर के समीप ज़वार और जयपुर के समीप बंजवी की खानों से निकाला जाता है।

सूर्य (SUN) : सूर्य भी एक तारा ही है। आकाश में अनेक तारे इससे बहुत बड़े हैं लेकिन उनके मुकाबले यह हमारे बहुत अधिक निकट है, इसलिए यह हमें सब तारों से बड़ा दिखाई देता है। सूर्य हमसे 9,30,00,000 मील दूर है। यदि यह हमसे केवल 10,00,000 मील दूर होता तो हमें पूरे आकाश में सूर्य ही सूर्य दिखाई देता।

सूर्य तारों से छोटा है किन्तु पृथ्वी की तुलना में बहुत बड़ा है। यह पृथ्वी से दस लाख गुना बड़ा है।

आजकल अंतरिक्ष यात्रा की चर्चा ज़ोर पकड़ रही है, लेकिन कोई भी आदमी सूर्य पर जाना पसन्द नहीं करेगा। यह इतना गरम है कि कोई भी इसके पास नहीं फटक सकता। इसके अलावा सूर्य पर गुरुत्वाकर्षण इतना अधिक है कि वहां पहुंचने पर आदमी अपने ही बोझ से कुचलकर मर जाएगा।

सूर्य के पूर्ण ग्रहण के समय सूर्य परिमंडल और सौर ज्वालाएं

सूर्य ठोस नहीं है। यह गैसों का एक महापिण्ड है। ये गैसें इतनी गरम हैं कि इनसे प्रकाश निकलता है। सूर्य से चमकती हुई गैसों की गुलाबी लपटें उठती रहती हैं जिन्हें सौर-ज्वालाएं कहते हैं। सौर-ज्वाला की कोई-कोई लपट तो 9,00,000 मील तक जाती है।

सूर्य के चारों ओर एक प्रभामण्डल है जिसे सूर्य-परिमण्डल (Corona) कहते हैं। यह परिमण्डल सूर्य-ग्रहण के अवसर पर ही दिखाई दे सकता है। वैज्ञानिकों का विचार है कि सूर्य-परिमण्डल बहुत ही छोटे-छोटे कणों से बना एक बादल है जो सूर्य के प्रकाश से प्रकाशित रहता है।

पृथ्वी की तुलना में सौर ज्वालाएं

हम सब सूर्य के कारण ही जीवित हैं। इसके प्रकाश और गर्मी के कारण ही पृथ्वी पर जीवन संभव है। समुद्र के पानी को भाप बनाकर वर्षा यही कराता है। इसीकी धूप से पेड़-पौधे अपना भोजन प्राप्त करते हैं। आजकल वैज्ञानिक इसकी किरणों का अनेक प्रकार से उपयोग करने के तरीके निकालने में लगे हुए हैं।

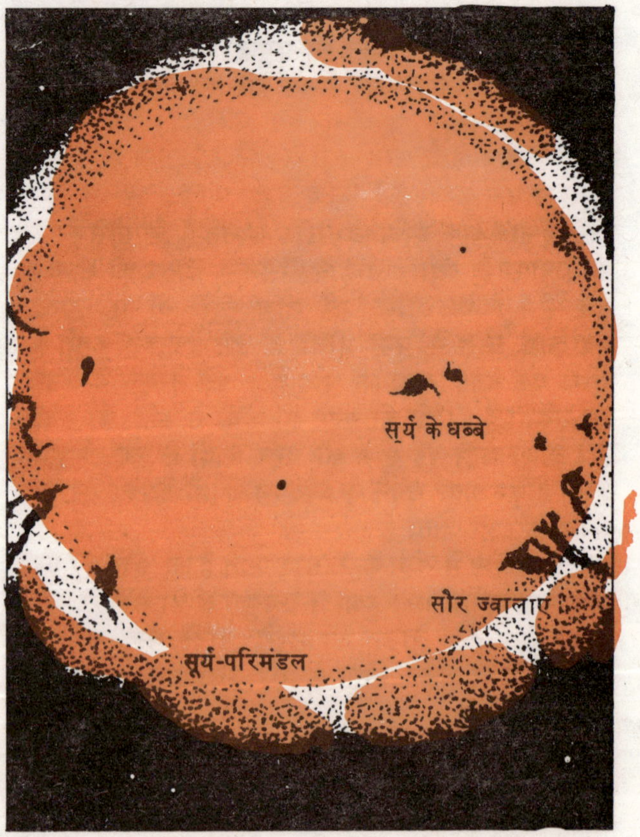

सूर्य—चमकती हुई गैसों का एक महापिंड

सूर्य की ऊर्जा (Energy) आती कहां से है? सूर्य के केन्द्र में हाइड्रोजन के परमाणु मिलकर अपने से अधिक भारी तत्त्वों का निर्माण कर रहे हैं और इस प्रक्रिया से ऊर्जा लगातार उत्पन्न होती रहती है।

पृथ्वी के घूमने के कारण हमें सूर्य उगता और अस्त होता हुआ दिखाई देता है। पहले के लोगों की यह कल्पना थी कि पृथ्वी अपने स्थान पर स्थिर है और सूर्य उसके चारों ओर घूमता है, किन्तु विज्ञान ने सिद्ध किया कि वास्तविकता इससे ठीक उल्टी है। (देखें:चन्द्रमा, तारे, पृथ्वी ग्रह, सौर परिवार, ग्रहण)

सूर्य का एक धब्बा पृथ्वी से कई गुना हो सकता है

सूर्य के धब्बे (SUNSPOTS) : सूर्य के तल पर विशाल तूफान मंडराते रहते हैं। इन तूफानों को सूर्य के धब्बे कहते हैं। सूर्य के फोटो में इन धब्बों का रंग काला दिखाई देता है, लेकिन वास्तव में ये काले नहीं होते। बात यह है कि सूर्य इतना अधिक उज्ज्वल है कि ये काले दिखाई देते हैं। इसके सबसे काले क्षेत्र को प्रच्छाया (Umbra) और कम काले क्षेत्र को उपच्छाया (Penumbra) कहते हैं।

सूर्य में ये तूफान काफी दिन तक बने रह सकते हैं। एक तूफान तो 18 महीने तक मंडराता रहा था। सूर्य के इन धब्बों का अध्ययन करके ही वैज्ञानिक इस निष्कर्ष पर पहुंचे कि सूर्य अपनी धुरी पर घूमता है।

सूर्य के धब्बों का कुछ प्रभाव हमारे वायुमण्डल पर भी पड़ता है। वे हमारे रेडियो प्रसारण को भी प्रभावित कर सकते हैं।

दूरबीन के आविष्कार से पहले सूर्य के धब्बे किसी ने नहीं देखे थे। शायद दूरबीन के आविष्कारक गैलिलियो ने उन्हें पहली बार देखा था।

सूर्य के धब्बों की बदलती स्थिति से सूर्य के घूमने का पता चलता है

सेंट लारेंस नदी (St. LAWRENCE RIVER) : यह नदी अमरीका और कनाडा की सीमाओं के बीच बहती है। यह ओंटेरियो झील से निकलकर अटलांटिक महासागर में गिरती है। ग्रेट लेक्स के साथ मिलकर यह नदी लगभग 2000 मील लम्बा व्यापारी मार्ग बनाती है। यह नदी वर्ष में कई महीने जमी रहती है।

पहले महासागर की ओर जानेवाली नावें कनाडा के सबसे बड़े बन्दरगाह से आगे नहीं जा पाती थीं। लेकिन अब नया सेंट लारेंस जल-मार्ग बन गया है और इस नदी और ग्रेट लेक्स का हर बन्दरगाह महासागरीय बन्दरगाह बन गया है।

सोना (GOLD) : सोने के लिए बहुत युद्ध हुए हैं। सोने की खोज़ में अन्वेषकों ने बड़े से बड़े खतरे उठाए हैं। सोना मिल जाने के बाद उस जगह पर लोग दूर-दूर से आकर बसे हैं। मध्ययुग में बहुत-से वैज्ञानिकों ने तांबे या पीतल से सोना बनाने की चिन्ता में अपना सारा जीवन गंवा दिया।

ज्ञात इतिहास के आरम्भ से ही सोने का पता चलता है। आश्चर्य की बात है कि ऐल्युमिनियम जैसी साधारण धातु का पता सोने के बहुत बाद लगा। ऐल्युमिनियम का पता लगाना कठिन था क्योंकि वह अन्य धातुओं के साथ मिश्रित रहता है। सोना बहुधा बिना किसी अन्य धातु के मिश्रण के भी मिल जाता है।

सोने का उपयोग सिक्के के रूप में होता है। लेकिन सिक्के के रूप में सोने के प्रयोग के बहुत पहले से इसका उपयोग गहने बनाने के काम में होने लगा था। पुराने नगरों की खुदाई में सोने के गहने और सिक्के अनेक स्थानों पर मिले हैं।

सिक्के के रूप में सोना बड़ा उपयोगी सिद्ध हुआ है। सोना कम मात्रा में मिलता है, लेकिन बहुत कम नहीं। इसके सिक्के आसानी से ढाले जा सकते हैं। आजकल कागज़ी मुद्रा का चलन बहुत बढ़ गया है। लेकिन सरकारों के खज़ानों में सोना अब भी काफी मात्रा में जमा रहता है।

सोना जल्दी घिसता नहीं और न खराब होता है, इसलिए सोने का उपयोग बार-बार किया जाता है। आज जिस सोने की अंगूठी आप पहने हैं, सम्भव है, कभी वह सोना किसी प्राचीन काल के गहने का अंश रहा हो। हो सकता है वह सोना किसी जलदस्यु के दबे खज़ाने की अशर्फी रहा हो। और यह भी सम्भव है कि वह कुछ समय पूर्व ही किसी खान से निकाला गया हो।

आरम्भ में सोना सबसे पहले ज़रूर ही ज़मीन की सतह पर या उसके कुछ ही नीचे मिला होगा। शुरू-शुरू में सोना

स्फटिक में सोने के कण

सोने का टुकड़ा

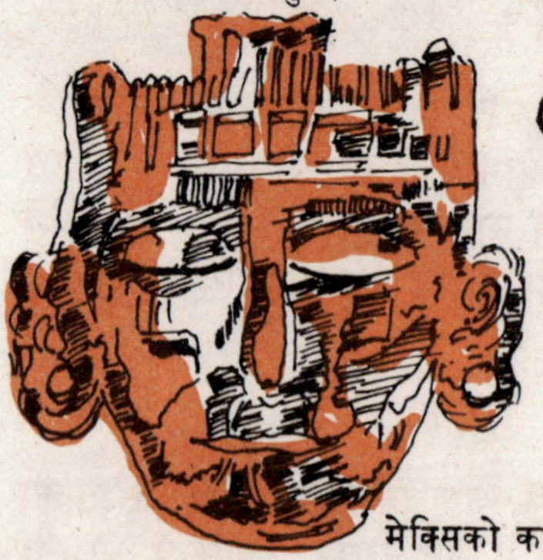

मेक्सिको का एक प्राचीन स्वर्ण-मुखौटा

मिट्टी समेत खोद लिया जाता था और उसमें से अन्य वस्तुओं को अलग कर दिया जाता था। सोना बड़े टुकड़ों में भी होता है। अधिकतर ये टुकड़े छोटे होते हैं लेकिन कभी-कभी बड़े भी मिल जाते हैं। आस्ट्रेलिया में एक बार सोने का एक बहुत बड़ा टुकड़ा मिला। इसका नाम 'वेलकम स्ट्रेंजर' रखा गया। यह उन्नीस हज़ार पौण्ड या लगभग एक लाख सत्तासी हज़ार रुपये में बिका।

आजकल सोना काफी गहरी खानों से निकाला जाता है। ठोस चट्टानों की दरारों में अक्सर शुद्ध सोना मिलता है। कुछ खानें तो एक मील तक गहरी होती हैं।

गहने बनाने में सोने को सख्त बनाने की ज़रूरत पड़ती है। इसलिए उसमें अन्य धातुएं मिलाई जाती हैं। शुद्ध सोना 24 कैरट का होता है। विदेशों में 18 कैरट के गहनों को बहुत बढ़िया समझा जाता है। इसका मतलब यह होता है कि इसमें 18 कैरट सोना और 6 कैरट मिलावट है। 14 कैरट सोने में 10 कैरट मिलावट होती है। नवम्बर सन् 1962 के पहले भारत में विशुद्ध सोने के गहने बनते थे। लेकिन उसके बाद से सरकारी आदेशों के अनुसार प्राय: 14 कैरट सोने के ही बन सकते हैं।

बहुत समय पहले लोगों ने यह जाना कि सोने के वर्क भी बनाए जा सकते हैं। कुछ वर्क तो इतने पतले होते हैं कि साढ़े तीन लाख वर्कों की मोटाई कुल 2.54 सेण्टीमीटर ही होती है। सोने के वर्कों का उपयोग पुस्तकों में सुनहली लिखावट, चीनी मिट्टी के बरतनों को सुन्दर बनाने, फर्नीचर और इमारतों को सजाने तक में होता है। सोने का उपयोग बहुत-सी औषधियों में भी होता है।

आजकल दक्षिणी अफ्रीका में संसार के सब देशों से अधिक सोना निकाला जाता है। कनाडा, सोवियत रूस और अमरीका का स्थान बाद में आता है। भारत में सोने की खानें कोलार (मैसूर राज्य) में हैं। हैदराबाद की हट्टी खान भी प्रसिद्ध है।

सौर परिवार (SOLAR SYSTEM) : सूर्य तथा उसके चारों ओर घूमनेवाले सभी आकाशीय पिंडों के समुदाय को सौर परिवार कहते हैं।

पृथ्वी एक ग्रह है। पृथ्वी के अलावा सौर परिवार में आठ ग्रह और हैं, जिनमें से प्लूटो नामक ग्रह सबसे दूर है। प्लूटो के परे और भी ग्रह हैं या नहीं, इस बारे में अभी कुछ मालूम नहीं है। आठ ग्रहों में से छ: के अपने चन्द्रमा हैं। नौ बड़े ग्रहों के अलावा सौर परिवार में कम से कम 1500 छोटे ग्रह और भी हैं। इसके अलावा सौर परिवार में सैकड़ों धूमकेतु या पुच्छल तारे हैं और दो विशालकाय उल्का-पुंज भी हैं।

सौर परिवार में एकमात्र असली तारा या नक्षत्र स्वयं सूर्य ही है। आकाश के शेष तारे प्लूटो से भी बहुत परे हैं।

सौर परिवार में अनेक आकाशीय पिंड हैं, लेकिन यह सोचना गलत होगा कि उसमें ग्रहों, उपग्रहों या धूमकेतुओं आदि की भीड़ लगी होगी। इस बात को इस तरह समझा जा सकता है :

एक खुली जगह में तीस इंच व्यास वाला एक गोला रखा है। मान लीजिए, यह सूर्य है। अब आप इसके चारों ओर सौर परिवार के अन्य ग्रह बनाना चाहें तो बृहस्पति के स्थान पर बेसबॉल की एक गेंद रख दीजिए। शनि के लिए टेनिस की गेंद से काम चल जाएगा। यूरेनस और नेपच्यून के स्थान पर टेबल टेनिस की गेंदें रख दीजिए। पृथ्वी और शुक्र के स्थान पर बच्चों के खेलने की कांच की छोटी गोलियां रख दीजिए। मंगल के लिए मटर का दाना काफी होगा और बुध व प्लूटो के लिए सरसों के दो दानों से काम चल जाएगा।

अब फासले की बात पर आइए। ऊपर माडलों के लिए जिस स्केल का प्रयोग किया है यदि उसीके अनुसार हम सौर परिवार के ग्रहों की सूर्य से दूरी भी दरशाना चाहें तो वह इस प्रकार होगी : सूर्य के सबसे निकट बुध है, यह सूर्य से 100 फुट दूर होगा। प्लूटो सूर्य से बहुत दूर है, इसलिए इसकी दूरी 10,000 फुट, अर्थात् लगभग दो मील होगी। अन्य ग्रहों की दूरी इस प्रकार होगी :

शुक्र	185 फुट
पृथ्वी	260 फुट
मंगल	390 फुट
बृहस्पति	1,300 फुट
शनि	2,500 फुट
यूरेनस	5,000 फुट
नेपच्यून	8,000 फुट

अब आप समझ गए होंगे कि सूर्य के आसपास ग्रहों की भीड़ नहीं हो सकती। यदि सभी चन्द्रमाओं, धूमकेतुओं और ग्रहिकाओं के नमूने भी सौर परिवार के इस नमूने में शामिल कर लिए जाएं तो भी भीड़ नहीं होगी।

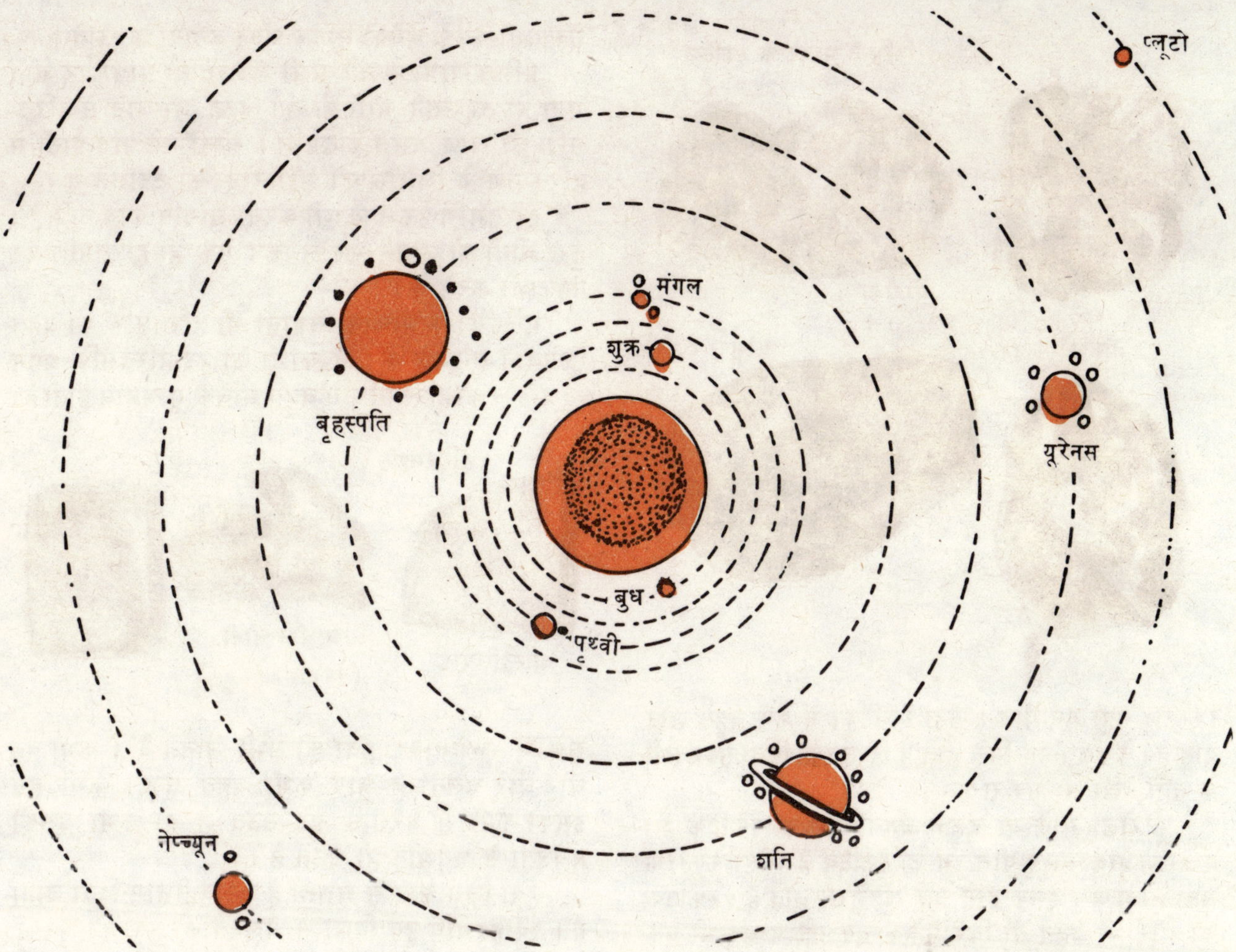

हर ग्रह सूर्य के चारों ओर अपने ग्रह-पथ में घूमता है

सूर्य की परिक्रमा करनेवाले सभी आकाशीय पिंड बड़ी तेज़ी से चलते हैं, किन्तु सूर्य उन सबको अपने गुरुत्वाकर्षण में इस तरह पकड़े रहता है कि वे भागकर कहीं नहीं जा सकते।

सौर परिवार के सब आकाशीय पिंड सूर्य के चारों ओर घूमते हैं, और सूर्य अपने इस परिवार को साथ लेकर अंतरिक्ष में घूमता है। दूसरे तारों से सूर्य की दूरी इतनी अधिक है कि उसकी स्थिति में होनेवाले परिवर्तन का हमें ठीक-ठीक पता नहीं चल पाता।

सौर परिवार का निर्माण कैसे हुआ, इस बारे में कुछ नहीं कहा जा सकता। कुछ वैज्ञानिकों का विचार है कि आरम्भ में सूर्य के चारों ओर तवे के आकार का गैस का एक बादल था। सूर्य की ही भांति यह भी बराबर घूमता था। धीरे-धीरे इसी बादल के पदार्थ से ग्रह और सूर्य के विशाल परिवार के अन्य आकाशीय पिंड बने। (देखें: ग्रह, पृथ्वी)

स्फटिक (QUARTZ) : खनिज स्फटिक आम तौर से हर जगह मिलता है। रेत के कण भी स्फटिक ही हैं। ये चट्टानों के टूटने से बनते हैं। असली स्फटिक कई चट्टानों के मिश्रण से बनता है। इसे बिल्लौर भी कहते हैं।

स्फटिक सिलिकन और ऑक्सीजन से बना होता है। सामान्य खनिजों की तुलना में स्फटिक बड़ा सख्त होता है। यह हीरे और लाल जितना कठोर तो नहीं होता, किन्तु इनके अलावा अन्य सब पत्थर स्फटिक से काटे या खुरचे जा सकते हैं। अगर हीरे को कठोरता में दस नम्बर दिए जाएं तो स्फटिक को सात नम्बर तो देने ही पड़ेंगे।

स्फटिक अत्यन्त सुन्दर पारदर्शी कणों में मिलता है। इन कणों में छः कोने होते हैं। इनका हर कोण षट्कोणीय पिरामिड होता है।

विशुद्ध स्फटिक रंगहीन होता है। यूनानी समझते थे कि स्फटिक जमा हुआ पानी है, जो कभी पिघल नहीं सकता।

अधिकतर स्फटिक अशुद्ध होता है। इसी कारण वह पूरी तरह पारदर्शी नहीं होता। लेकिन कभी-कभी अशुद्ध स्फटिक शुद्ध से भी अधिक सुन्दर होता है।

कुछ अशुद्ध स्फटिक बड़े-बड़े खण्डों में मिलते हैं। कुछ कांच जैसे पारदर्शी तो होते हैं, लेकिन इनके अलग-अलग

विभिन्न प्रकार के स्फटिक

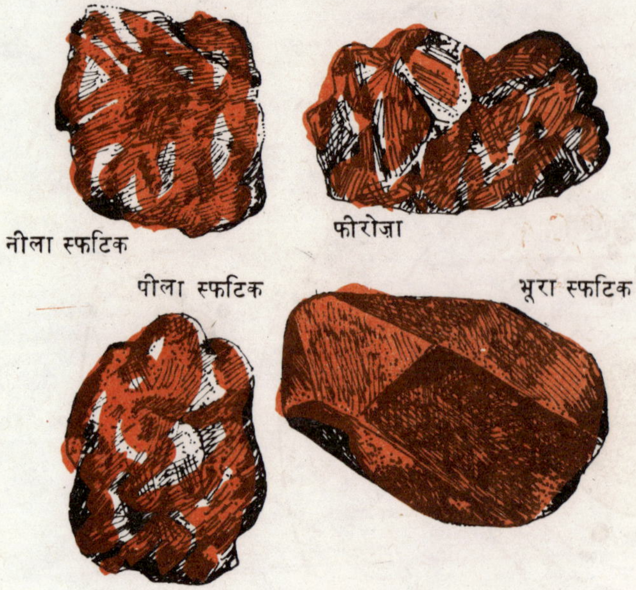

क्रिस्टल नहीं बन पाते। कुछ स्फटिकों में कण बहुत छोटे होते हैं। वे इस तरह मिले होते हैं कि उनको बिना सूक्ष्मदर्शी के नहीं देखा जा सकता।

फीरोज़ा नीले या हलके बैंगनी रंग का स्फटिक है। पुखराज प्रायः हलके पीले रंग का स्फटिक है। वैदूर्य स्फटिक भूरा होता है। इसके दाने बड़े खूबसूरत होते हैं। स्फटिक की और भी बहुत-सी किस्में हैं। चकमक पत्थर भी एक प्रकार का स्फटिक है।

स्फटिक केवल गहनों में ही नहीं बल्कि और भी कई चीज़ें बनाने में काम आता है। स्फटिक की पतली चादरें रेडियो, टेलीविज़न और रेडार के ट्रांसमीटरों में लगती हैं। टेलिस्कोप और फिल्म दिखाने के लेन्सों में भी इसका उपयोग होता है। स्फटिक को गलाकर उसकी चादरें बनाई जाती हैं। पिघले स्फटिक को जब कांच जैसी चादरों में ढाल लिया जाता है तो उसमें से पराबैंगनी किरणें गुज़र सकती हैं, जबकि शीशे से वे नहीं गुज़र पातीं। इसलिए ऐसी स्फटिक चादरों का कांच की तरह चिकित्सा यंत्रों में प्रयोग किया जाता है। अधिकांश स्फटिक का उपयोग शीशा बनाने में होता है। इस तरह स्फटिक हमारे लिए बहुत अधिक उपयोगी है।

हरितमणि (JADE) : यद्यपि हरितमणि या जेड खानों से निकाली जाती है लेकिन अधिकतर यह नदियों में पाई जाती है। इस पर नक्काशी करके विभिन्न प्रकार के सुन्दर गहने और सजावटी चीज़ें बनाई जाती हैं। परन्तु यह हीरे के समान दुर्लभ और बहुमूल्य पदार्थ नहीं है।

हरितमणि मुख्य रूप से दक्षिण-पूर्वी एशिया में पाई जाती है। चीनी लोग ईसा से पूर्व भी हरितमणि पर नक्काशी करके अनेक सुन्दर चीज़ें बनाया करते थे।

प्रसिद्ध यात्री मार्को पोलो जब अपनी यात्रा पर चीन गया था तो उसने चीनियों को बहुत जी-जान से हरितमणि की खोज करते पाया था। चीनी नगे पांव पानी में हरितमणि के शिलाखण्डों और रोड़ों को टटोलते थे।

हरितमणि पर नक्काशी करना आसान काम नहीं है। कुछ चीनी तो जीवन-भर लगकर एक ही हरितमणि पर नक्काशी करते थे।

मेक्सिको के प्राचीन निवासी भी हरितमणि को बहुत मूल्यवान समझते थे। नक्काशी की हुई हरितमणि अपने ही आकार की हरितमणि से बहुत अधिक मूल्यवान होती है।

हरितमणी

हवाएं (WINDS): हवा को सभी जानते हैं। कभी वह धीरे-धीरे चलती है और कभी बहुत तेज़। कभी हम इसकी कमी से परेशान हो उठते हैं तो कभी इसकी प्रचंडता से भयभीत हो उठते हैं।

हवा जिस ओर से चलती है उसे वहीनाम दिया जाता है। उदाहरणार्थ पूर्व दिशा से चलनेवाली हवा को 'पुरवा' के नाम से पुकारा जाता है। पश्चिम से चलनेवाली हवा को 'पछुआ' या 'पश्चिम पवन' का नाम दिया जाता है।

हवा का मौसम पर बहुत अधिक प्रभाव पड़ता है। उत्तरी देशों में दक्षिण पवन के साथ गर्मियां शुरू होती हैं। इसी प्रकार शीत लहर उत्तरी पवन के साथ आती है। पुरवा हवा के चलने के साथ-साथ अक्सर आकाश पर बादल छा जाते हैं और पछुआ में स्वच्छ नीला आकाश निखर उठता है।

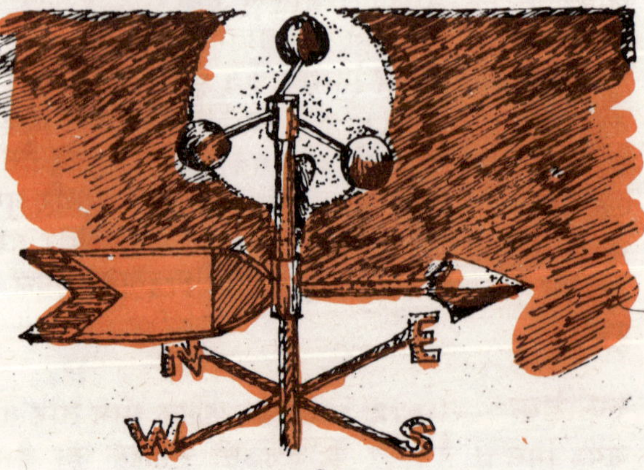

हवामुर्ग

मौसमविज्ञों के पास हवा की गति मापने के यंत्र होते हैं, लेकिन नीचे दिए गए चार्ट से हम लोग भी हवा की गति का मोटा अन्दाज़ लगा सकते हैं।

यदि :	**तो हवा की गति है :**
धुंआ सीधा ऊपर जाता है	1 मील प्रति घंटा से कम
पेड़ों की पत्तियां खड़कती हैं	1 से 7 मील प्रति घंटा
झंडा फहराता है, लेकिन शाखाएं नहीं हिलतीं	8 से 12 मील प्रति घंटा
छोटी शाखाएं हिलती हैं और हवा में छोड़ा कागज़ उड़ जाता है	13 से 18 मील प्रति घंटा
छोटे पेड़ हिलते हैं और पानी की लहरें झाग उगलती हैं	19 से 24 मील प्रति घंटा
छतरियां उलट जाती हैं और बड़ी शाखाएं हिलती हैं	25 से 38 मील प्रति घंटा
पेड़ उखड़ जाते हैं और बड़ी शाखाएं टूट जाती हैं	39 मील प्रति घंटा से अधिक

हिन्द महासागर (INDIAN OCEAN) : संसार के पांच महासागरों में हिन्द महासागर का स्थान तीसरा है। प्रशान्त और अटलांटिक महासागर इससे बड़े हैं। यह अफ्रीका से लेकर ईस्ट इंडीज़ तक फैला है। दक्षिण में इसका विस्तार दक्षिणी महासागर के ठण्डे पानी तक है। भारतवर्ष इस महासागर में काफी दूर तक एक प्रायद्वीप के रूप में निकला हुआ है, जिसके दक्षिण-पूर्व में बंगाल की खाड़ी और दक्षिण-पश्चिम में अरब सागर है।

हिन्द महासागर का क्षेत्र लगभग 2,83,57,000 मील है। इसकी औसत गहराई 13,000 फुट और अधिकतम गहराई 24,440 फुट है।

हिन्द महासागर एक गरम महासागर है। भूमध्य रेखा इसके बीच से गुज़रती है। हिन्द महासागर में कभी-कभी तूफान भी आते हैं, लेकिन वैसे यह प्रशान्त महासागर से भी अधिक शांत है।

सन् 1964 में हिन्द महासागर की जांच-पड़ताल के लिए एक अन्तर्राष्ट्रीय अभियान आरम्भ हुआ। वैज्ञानिक

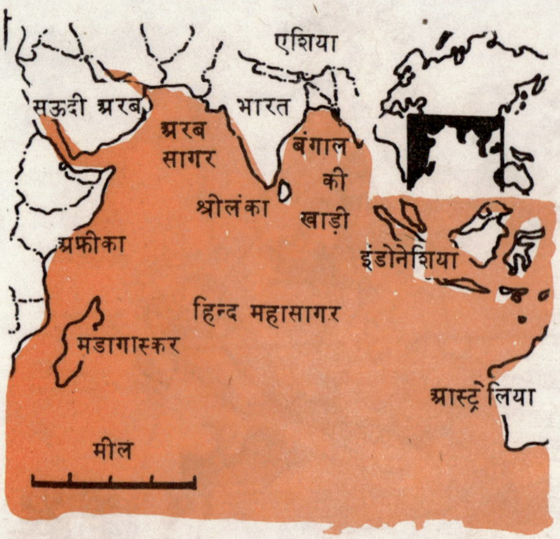

यंत्रों से सुसज्जित कई देशों के जहाज़ों ने इसमें बहनेवाली सागरीय धाराओं, इसमें पाई जानेवाली मछलियों और विभिन्न स्थानों पर इसकी गहराई की जांच की। इसकी तलहटी की भी जांच की गई और पानी के नीचे के पहाड़ों और घाटियों का पता लगाया गया। भारतीय वैज्ञानिकों ने बंगाल की खाड़ी में विशाखापत्तनम् और मद्रास के बीच तथा पांडिचेरी और पोर्तोनोवो के बीच नई गहरी समुद्रगर्भीय घाटियों का पता लगाया है। इन घाटियों की गहराई 300 से 2500 फुट तक है। ये कई मील चौड़ी हैं। 300 से 2400 फुट ऊंची एक समुद्रगर्भीय पर्वतमाला का भी पता लगा है। एक अमरीकी जहाज़ ने वाल्टेयर के समीप तीन गहरी घाटियों का पता लगाया है।

हिम (SNOW) : हिम के गाले बर्फ के छोटे-छोटे कणों से बनते हैं। एक गाले में बर्फ का एक कण भी हो सकता है और एक-दूसरे में गुंथे हुए अनेक कण भी। रूई के गाले की तरह लगनेवाले हिम के बड़े गालों में कई-कई कण होते हैं।

हिम के कण सुन्दर होते हैं। अधिकतर हिम के कण के छः कोण होते हैं, और उनमें हर एक की अलग डिज़ाइन होती है जो दूसरे से ज़रा भी मेल नहीं खाती। इस तरह जितने कण होते हैं, उतने ही डिज़ाइन होते हैं।

वर्षा की भांति हिम भी आकाश से गिरता है। हिम तभी गिरता है जब मौसम में बहुत अधिक सर्दी होती है। मौसम की सर्दी से पानी की भाप जमकर हिम के कणों में बदल जाती है।

हिम के गालों की परतों में हवा भर जाती है और उन्हें फुला देती है। पिघलने के बाद हिम का 9/10 भाग हवा में उड़ जाता है और 1/10 भाग पानी में बदल जाता है। हिम ठंडा होता है, लेकिन जब पृथ्वी पर हिम का कंबल-सा बिछ जाता है तो यह कंबल पौधों और जीवों को ठंडी हवा में ठिठुरने से बचाता है।

हिम के हर रवे की डिज़ाइन अलग होती है

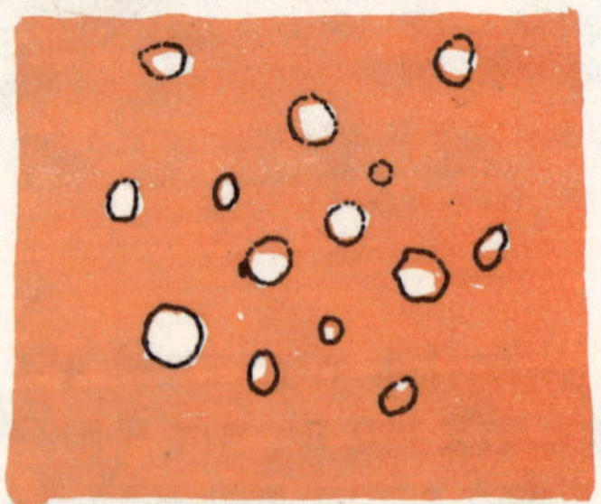

हिम के छर्रे (तीन गुना परिवर्धित)

बर्फ की सुइयों से बना प्रभामंडल

बर्फ की सुइयां
(दस गुनी परिवर्धित)

भारी हिमपात कभी-कभी कुछ समस्याएं भी उत्पन्न कर देता है। सड़कों पर हिम जम जाता है और कारों, बसों और हवाई जहाज़ों का आना-जाना बन्द हो जाता है। बर्फीले तूफान तो विशेष रूप से भयंकर और हानिकारक होते हैं। (देखें:पृथ्वी का इतिहास)

हिमधाव (AVALANCHE) : हिमधाव किसी पहाड़ी ढाल पर हिम तथा मिट्टी और जमी हुई बर्फ की धंसान को कहते हैं। अधिकांश हिमधाव पहाड़ की चोटी के आस-पास होते हैं।

पर्वतारोहण या पहाड़ों पर चढ़ना पर्वतारोहियों के लिए खतरनाक हो सकता है, लेकिन यह उन लोगों के लिए भी खतरनाक हो सकता है जो पहाड़ के निचले हिस्से में रहते हैं, क्योंकि पर्वतारोहियों का कोई भी दल बड़ी आसानी से हिमधाव शुरू कर सकता है। यहां तक कि किसी हिमक्षेत्र या चट्टानोंवाले इलाके में घूमनेवाली कोई पहाड़ी बकरी भी हिमधाव शुरू कर सकती है।

जब हिमधाव शुरू होता है तो उसकी आवाज़ तोप के गोले जैसी तेज़ होती है और वह 200 मील प्रति घंटे की रफ्तार से आगे बढ़ सकता है। पहाड़ के नीचे वह सड़क या रेल की पटरियों और यहां तक कि पूरे-पूरे गांवों को भी अपने नीचे दबा सकता है।

हिम की धंसान आम तौर से वसन्त ऋतु में होती है जब बर्फ पिघलने लगती है। भूमिस्खलन (Land Slides) या मिट्टी की धंसान आम तौर से भारी वर्षा के बाद होती है।

लंबे बालों वाला गेंडा भयानक ठंडक को सह सकता था

हिमयुग (ICE AGE) : हमारी पृथ्वी बड़ी पुरानी है। अपने लम्बे इतिहास में इसने जलवायु के अनेक परिवर्तन देखे हैं। आज से पहले दस और बीस लाख वर्ष के बीच एक ऐसा ही परिवर्तन आया था, जब पृथ्वी पर महा-हिमयुग शुरू हुआ था।

हिमयुग का आरम्भ इस प्रकार हुआ कि उत्तर में भयानक ठंड पड़ने लगी। जाड़े में इतना हिमपात होता था कि गर्मी में सारा हिम गल नहीं पाता था। धीरे-धीरे हिम की तह मोटी होती गई। उसने ठोस बर्फ का रूप ले लिया। बर्फ की यह मोटी चद्दर खिसकने लगी। विशाल हिमनदियां बह निकलीं। यहां तक कि अन्त में यूरोप, कनाडा और एशिया का अधिकांश उत्तरी भाग बर्फ से ढंक गया।

कुछ स्थानों पर बर्फ संभवत: एक मील तक गहरी थी। उसने पहाड़ों, घाटियों, नदियों और जंगलों को अपने नीचे छिपा लिया। वह बहुत धीरे-धीरे शायद एक दिन में एक फुट की गति से आगे बढ़ी। मैमथ, मस्टोडोन और लम्बे बालोंवाले गेंडे ऐसे जीव थे जो कड़ी ठंडक सहन कर सकते थे। वे इस बर्फ के किनारे के स्थानों में बने रहे। शेष सभी जीव-जन्तु दक्षिण की ओर भाग आए।

हज़ारों साल तक बर्फ दक्षिण की ओर बढ़ती रही। लेकिन अन्त में गर्मी की ऋतु अधिक लम्बी और अधिक

हिमधाव रेलगाड़ी तक को दबा सकता है

गरम होती गई। बर्फ पिघलने लगी। कुछ समय बाद फिर से ठंड बढ़ने लगी। फिर से बर्फ दक्षिण की ओर बढ़ चली। कुछ समय बाद फिर से बर्फ पिघली। ऐसा दो बार और हुआ।

हिमयुग की बर्फ अपने पीछे अपने अनेक चिह्न छोड़ गई। बर्फ की फिसलती हुई चद्दर ने चट्टानों को खरोंच डाला, पहाड़ों की चोटियों को तोड़कर समतल कर दिया और घाटियों को और भी गहरा कर दिया। उसने अपने मार्ग में बटोरी हुई मिट्टी को कई स्थानों पर बड़े-बड़े टीलों के रूप में जमा कर दिया।

वैज्ञानिकों ने अब पता लगा लिया है कि महा हिमयुग ही पृथ्वी के इतिहास का एकमात्र हिमयुग नहीं था। करोड़ों साल पहले ऐसे हिमयुग और भी आ चुके हैं।

वैज्ञानिकों का कहना है कि आगे भी कभी पृथ्वी पर हिमयुग आ सकता है।

हिमशैलों का अधिकांश भाग पानी के नीचे होता है

हिमशैल (ICEBERGS):

ग्लेशियर या हिमनदी बर्फ की एक विशाल फिसलती हुई चद्दर होती है। यह बहुत धीमी गति से आगे बढ़ती है। उत्तरी और दक्षिणी ध्रुवों के पास कई जगह हिमनदियां समुद्र के पास तक पहुंच जाती हैं। जब काफी बर्फ समुद्र के पानी में गिरती है तो वह टूटकर बड़े-बड़े टुकड़ों में बंट जाती है। ये टुकड़े पानी में बहने लगते हैं। बर्फ के ये तैरते हुए विशालकाय टुकड़े हिमशैल कहलाते हैं।

दक्षिण में हिमशैल कई मील लम्बे और पचास मंज़िले मकान तक ऊंचे होते हैं। कुछ उत्तरी हिमशैल एक मील लम्बे और 100 फुट तक ऊंचे होते हैं। गरम पानी में पहुंच कर हिमशैल गलने लगते हैं। लेकिन पूरी तरह गलने के पहले कोई हिमशैल 2,000 मील तक यात्रा कर लेता है।

'टिटानिक' जहाज़ हिमशैल से टकरा कर डूबा था

हिमतोड़क जहाज़ हिमशैलों की सूचना देते हैं

समुद्र में तैरते हुए हिमशैल जहाज़ों के लिए बड़े खतरनाक सिद्ध होते हैं। हिमशैल का जितना भाग पानी के ऊपर दिखाई देता है उसका आठ या नौ गुना पानी के नीचे होता है। इसलिए जहाज़ हिमशैल से बचने की कोशिश करता हुआ भी उसके उस भाग से टकरा जाता है जो पानी के नीचे होता है। सन् 1912 में उस समय का 'टिटानिक' नामक सबसे बड़ा यात्रीवाही जहाज़ एक हिमशैल से टकराकर नष्ट हो गया था। इस दुर्घटना में डेढ़ हज़ार से अधिक व्यक्ति मारे गए थे।

हिमालय पर्वतमाला (THE HIMALAYAS):

सारे संसार में केवल पांच पर्वत-शिखर ऐसे हैं, जो पांच मील से अधिक ऊंचे हैं। ये पांचों पर्वत-शिखर हिमालय पर्वतमाला में स्थित हैं। एक प्रकार से ये सभी हिमालय पर्वत के शिखर हैं। इनमें एवरेस्ट शिखर सबसे ऊंचा है। यह संसार का सबसे ऊंचा पर्वत शिखर है। इसकी ऊंचाई 8848 मीटर (29,028 फुट) है। कंचनजंघा, मकालु, धौलागिरि और नंगा पर्वत हिमालय के अन्य प्रमुख शिखर हैं।

सन् 1953 तक कोई भी व्यक्ति एवरेस्ट शिखर पर नहीं चढ़ पाया था। उस वर्ष 29 मई को भारत के तेनसिंघ नोरके और न्यूज़ीलैण्ड के एडमंड हिलैरी पहली बार इस शिखर पर पहुंचे।

हिमालय पर्वतमाला में स्थित एवरेस्ट शिखर

हिमालय पर्वतमाला भारत के उत्तर में भारत और तिब्वत के बीच एक लम्बी दीवार की तरह फैली है। इसमें कुछ दर्रे भी हैं। इन दर्रों को छोड़कर सैकड़ों मील तक इस दीवार को पार करना संभव नहीं है। ये दर्रे भी इतनी ऊंचाई पर स्थित हैं कि साल के अधिकांश भाग में बर्फ जमने के कारण ये बन्द रहते हैं। हिमालय की ऊंची चोटियों पर बारहों महीने बर्फ जमी रहती है। हिमालय से भारत की अनेक प्रमुख नदियां निकली हैं, जैसे गंगा, यमुना, ब्रह्मपुत्र आदि।

हिमालय आयु में कई अन्य पर्वतों की अपेक्षा छोटा है। विंध्याचल पर्वत हिमालय से अधिक पुराना है। उत्तरी अमरीका का ऐपलेशियन पर्वत इससे कहीं अधिक पुराना है। यूरोप का आल्प्स पर्वत इसका हमउम्र है। दोनों का निर्माण लगभग साथ-साथ ही हुआ था। हिमालय पर्वत अब भी ऊंचा उठ रहा है। असम में प्रायः आनेवाले भूकम्प इसके प्रमाण हैं।

हीरा (DIAMOND) : काजल या कालिख और हीरा दोनों ही कार्बन होते हैं। हीरा कार्बन का क्रिस्टल है। कार्बन के क्रिस्टल तब ही बन सकते हैं जबकि कार्बन को खूब ज़ोर से दबाया जाए और साथ ही उसे बहुत अधिक गरम किया जाए। ये क्रिस्टल आम तौर से धरती में गहराई पर मिलते हैं। जिन जगहों में हीरे मिलते हैं वे मृत ज्वालामुखियों की गरदनें हैं। इन मृत ज्वालामुखियों के सिरे हवा और पानी के प्रभाव से नष्ट हो चुके हैं।

कई सदियों तक संसार में सबसे बड़े हीरे भारत में ही मिलते थे। अब सबसे बड़े हीरे अफ्रीका की खानों में मिलते हैं।

एक गरीब डच किसान के बच्चों ने सबसे पहले यह पता लगाया था कि अफ्रीका में भी हीरे मिल सकते हैं। 1866 में एक दिन इन बच्चों को दक्षिण अफ्रीका के होपटाउन नामक नगर में अपने घर के पास की एक नदी में एक बड़ा सुन्दर कंकर मिला। यह कंकर दूधिया शीशे जैसा था, लेकिन इसका कुछ भाग शीशे से भी ज़्यादा चमकदार था। बच्चे उसे घर ले आए। एक दिन एक पड़ोसी ने उसे खरीदना चाहा। बच्चों ने उसे मुफ्त में ही दे दिया। बाद में पता चला कि वह एक अत्यन्त मूल्यवान बड़ा हीरा था।

जब आसपास के लोगों को यह खबर मिली तो उन्होंने बड़े ज़ोर-शोर से हीरों की खोज शुरू कर दी और उन्हें कई हीरे मिले। बाद में अफ्रीका के अन्य भागों में भी हीरे खोजे गए।

अफ्रीका में हीरे ब्लू ग्राउंड नामक एक प्रकार की चट्टान में मिलते हैं। चट्टान को खोदकर उसे पीसा जाता है और कीचड़ में मिला दिया जाता है। हीरे इतने कड़े होते हैं कि पिसाई की मशीनों का उनपर कोई असर नहीं पड़ता है। बाद में पीसी हुई चट्टान और कीचड़ को जब धोया जाता है तो हीरे बचे रह जाते हैं।

हीरे की चट्टानों की खुदाई बड़ी कठिन होती है। खानें इतनी गहरी होती हैं कि वहां की गर्मी को सहन कर पाना बड़ा कठिन होता है। इसके अलावा, खनिकों को काम के बाद घर नहीं जाने दिया जाता। उन्हें खानों पर ही रहना पड़ता है।

हीरे अब तक हमें ज्ञात सभी चीज़ों से ज़्यादा कड़े होते हैं। छोटे हीरों को बड़ी चट्टानों को खोदने या उनमें छेद करने के औज़ारों में लगाया जाता है। बड़े हीरे गहनों में लगाए जाते हैं।

हीरे को गहने की तरह इस्तेमाल करने के पहले उसे काटा या तराशा और चमकाया जाता है। चमकाने को पालिश करना कहते हैं। कटाई और पालिश पर ही हीरे की चमक निर्भर करती है।

हीरे को कैरट के हिसाब से तोला जाता है। एक कैरट

△ △ △